高等院校精品课程系列教材

证券投资学

Securities
Investments

主编 朱晋
参编 楼迎军 蒋美云 张水泉

机械工业出版社
China Machine Press

图书在版编目（CIP）数据

证券投资学 / 朱晋主编 . —北京：机械工业出版社，2015.9（2024.1 重印）
（高等院校精品课程系列教材）

ISBN 978-7-111-51525-8

I. 证⋯　II. 朱⋯　III. 证券投资－高等学校－教材　IV. F830.91

中国版本图书馆 CIP 数据核字（2015）第 210013 号

  本书立足于证券投资学的基本原理，同时兼顾证券投资的实务，本着深入浅出的原则，对证券投资学做了全方位的解读。全书共分三篇：第一篇为投资环境篇，主要介绍证券投资的背景、证券及其衍生品、证券发行与流通市场以及证券机构等；第二篇为证券分析篇，主要介绍债券和普通股价值的评估、证券投资的基本分析和技术分析；第三篇为现代投资理论篇，主要介绍有效资本市场假说、行为金融、证券投资组合理论、资本资产定价模型和套利定价模型。

  本书既可以作为金融学专业本科生的教材，又可以作为经济类和管理类其他专业投资学课程的教材。

出版发行：机械工业出版社（北京市西城区百万庄大街 22 号　邮政编码：100037）
责任编辑：董凤凤　　　　　　　　　　　责任校对：董纪丽
印　　刷：北京捷迅佳彩印刷有限公司　　版　　次：2024 年 1 月第 1 版第 7 次印刷
开　　本：185mm×260mm　1/16　　　　印　　张：19.25
书　　号：ISBN 978-7-111-51525-8　　　定　　价：40.00 元

客服电话：(010) 88361066　68326294

版权所有·侵权必究
封底无防伪标均为盗版

前言

市场经济要求持续发展各类市场,着重发展资本、劳动力、技术等生产要素市场,完善生产要素的价格形成机制。资本市场是市场经济的重要组成部分,承担了经济活动中的诸多功能:既是上市公司融资之所,又是投资者获取回报之地;既是宏观经济和产业市场的重要承载,又是上市公司完善治理的重要方式;既高效配置了社会资源,又令百姓广泛地分享到了经济增长的红利。作为资本市场的核心,自20世纪90年代以来,中国证券市场从无到有,在工具、规模、市场结构及参与者等诸多方面都有了很大的变化,国际化特征日趋明显,市场效率及市场影响力大幅提升。

在这样的大背景下,证券投资学已经成为高等院校经济和管理类专业普遍设置的课程。早在20世纪90年代中期,也就是中国证券市场刚刚起步的时候,我们就开设了证券投资学课程,并在此后的20多年间四度编写了教材。

随着中国进入改革开放后的转型发展新阶段,改革有了新特征,经济进入新常态,备受关注的中国资本市场也出现了一系列新特点、新变化,一种新生态正逐步形成。市场结构方面,主板市场之后,中小板、创业板后来居上,成为投资者追逐的热点,新三板快速发展,锐不可当;交易工具方面,融资融券、股指期货的推出,建立了真正意义上的做空机制,丰富了市场交易方式,给投资者提供了避险工具。2014年5月9日,国务院发布《关于进一步促进资本市场健康发展的若干意见》(俗称"新国九条")被看作中国资本市场发展的顶层设计和指南,意义非凡。在接下来的一年里,市场大动作频繁,比如作为中国资本市场对外开放的重要举措，沪港股票市场交易互联互通机制（简称"沪港通"）试点于2014年11月17日正式启动；2015年2月9日，上证50ETF期权正式上线，中国资本市场进入期权时代，向多层次资本市场又迈出了坚实的一步；时隔10年，《中华人民共和国证券法》再度大修，2015年4月20日，《中华人民共和国证券法（修订草案）》提请全国人大常委会一审，草案首次从法律层面明确了实行股票发行注册制。

根据市场的变化及大学教育的特点，加之我们在教学实践中积累的经验，我们对原有教材的内容编排做了重大的改进和补充，引入了国债期货、股票权证等证券品种，增加了债券免疫、行为金融的内容，并对每章重点、习题、参考文献等内容做了进一步完善。

本书主要阐述证券投资学的基本原理，也兼顾了证券投资的实务。本书共分三篇：第一篇为投资环境篇，主要介绍证券投资的背景、证券及其衍生品、证券发行与流通市场以及证券机构等；第二篇为证券分析篇，主要介绍债券和普通股价值的评估、证券投资的基本分析和技术分析；第三篇为现代投资理论篇，主要介绍有效资本市场假说、行为金融、证券投资组合理论、资本资产定价理论和套利定价理论。全书由浅入深，自成体系。

本书既吸收了西方投资学的理论精要，同时又努力联系中国证券市场的实际情况，引用中国证券市场的素材和数据，尽量使内容适合中国国情，具有时代感和现实感。本书引用的资料力求最新。本书内容丰富、覆盖面广、材料翔实，对证券基础知识有全面的阐述。证券价值分析和现代投资理论部分逻辑严密，具有一定的深度，要求读者具备一定的高等数学和数理统计的基础。本书既可作为金融学专业本科生的教材，又可以作为经济类和管理类其他专业投资学课程的教材。任课教师可以根据不同层次学生的要求，选取其中的主要章节讲授。本书中的资料有一定的保留和参考价值。

全书分3篇共11章。编写者为朱晋（第1、5、11章）、蒋美云（第2、6、7章）、楼迎军（第3、4、8章）和张水泉（第9、10章）。全书由朱晋总纂定稿。本书借鉴了大量的中外文献资料，在此对这些文献作者一并致谢。

书中可能出现的缺点和错误，敬请广大读者指正，更希望诸位专家赐教，以利于我们不断改进与提高。

编者
2015年5月于浙江工商大学金融学院

目 录

前言

第一篇　投资环境篇

第1章　导论 ·············· 2
1.1 投资的概念 ················ 2
1.2 投资的收益和风险 ········ 6
1.3 证券市场的投资和投机 ··· 8
本章小结 ························ 15
重点内容 ························ 15
主要术语 ························ 15
习　　题 ························ 16

第2章　证券投资工具 ······· 17
2.1 债券 ························ 17
2.2 普通股 ····················· 29
2.3 优先股 ····················· 36
2.4 证券投资基金 ············· 38
2.5 金融衍生工具 ············· 47
本章小结 ························ 66
重点内容 ························ 66
主要术语 ························ 66
习　　题 ························ 67

第3章　证券市场 ············ 69
3.1 证券市场概述 ············· 69
3.2 证券市场微观结构 ······· 75
3.3 股票价格指数 ············· 92
本章小结 ······················ 104
重点内容 ······················ 104
主要术语 ······················ 104
习　　题 ······················ 104

第4章　证券市场监管 ····· 106
4.1 证券监管理论概述 ····· 106
4.2 证券监管机构和体系 ··· 111
4.3 证券监管的主要内容 ··· 116
本章小结 ······················ 126
重点内容 ······················ 126
主要术语 ······················ 126
习　　题 ······················ 126

第二篇　证券分析篇

第5章　债券价值分析 ····· 128
5.1 债券的内在价值 ········ 128
5.2 债券定价理论 ············ 136
5.3 债券的凸性、久期与免疫 ··· 138
5.4 债券利率期限结构理论 ····· 145

本章小结 ············ 151
重点内容 ············ 151
主要术语 ············ 151
习　题 ············ 151

第6章　普通股价值评估 ······ 153
6.1　股利贴现模型 ············ 153
6.2　现金流量贴现模型 ······ 161
6.3　相对价值法 ············ 163
本章小结 ············ 166
重点内容 ············ 166
主要术语 ············ 167
习　题 ············ 167

第7章　股票投资分析 ······ 168
7.1　宏观经济分析 ············ 168
7.2　行业分析 ············ 180
7.3　公司财务分析 ············ 184
7.4　技术分析 ············ 193
本章小结 ············ 217
重点内容 ············ 217
主要术语 ············ 218
习　题 ············ 218

第三篇　现代投资理论篇

第8章　有效资本市场假说 ······ 222
8.1　有效资本市场概述 ······ 222
8.2　有效资本市场的检验 ······ 227
8.3　证券市场异象与行为金融学产生 ············ 233
本章小结 ············ 241
重点内容 ············ 241

主要术语 ············ 241
习　题 ············ 241

第9章　投资组合理论 ············ 242
9.1　投资收益率和风险的度量 ······ 242
9.2　投资组合理论 ············ 250
9.3　单指数模型 ············ 263
本章小结 ············ 268
重点内容 ············ 269
主要术语 ············ 269
习　题 ············ 269

第10章　资本资产定价模型 ······ 271
10.1　引入无风险资产后投资的有效边界 ············ 271
10.2　资本资产定价模型 ············ 278
本章小结 ············ 287
重点内容 ············ 288
主要术语 ············ 288
习　题 ············ 288

第11章　套利定价理论 ············ 290
11.1　因素模型 ············ 290
11.2　套利定价理论 ············ 292
11.3　APT模型 ············ 296
11.4　APT模型与CAP模型综合应用 ············ 297
本章小结 ············ 298
重点内容 ············ 298
主要术语 ············ 299
习　题 ············ 299

参考文献 ············ 300

第一篇

投资环境篇

第1章　导论
第2章　证券投资工具
第3章　证券市场
第4章　证券市场监管

第 1 章

导　　论

投资（investment）是国民经济和人民生活中不可或缺的重要内容，大到国家外汇储备，小到个人购买俱乐部健身卡，都可以视作投资。投资的目的可以多种多样，有帮助企业成长发展的风险投资，有出于财富保值、增值的金融资产投资，也有为子女未来职业筹划的教育投资，以及为自身利益的健康投资等。所以，投资涉及面极为宽泛，不仅企业、事业法人参与投资，而且越来越多的城乡居民和家庭也进入了投资领域。而我国实体经济与金融市场的快速发展，也给投资者提供了更多的机会与选择。

1.1　投资的概念

1.1.1　投资的含义

投资是人类生存和发展过程中一种主要的行为方式，即人类为了组织社会生产和再生产，就要不断地将有限的社会资源加以分配，以获取更多的财富。从人类经济行为的角度看，人们会在时间跨度上根据自身的偏好来安排过去、现在和未来的消费结构，并使得这种消费结构安排下的当期和预期效用最大化。投资正是为了这种最大化而产生的当期消费延迟行为。

威廉·夏普（William Sharpe）在《投资学》（第5版）一书中是这样定义投资的："投资就是为获得可能的不确定的未来值而做出的确定的现值牺牲。"这个定义比其他各种定义更概括、更全面、更具有适应性。

西方从事投资学研究的学者，虽然认为广义的投资含义也包括进行基本建设的直接投资，但"投资"一词主要指金融投资，特别是指通过金融市场进行的证券投资。

1.1.2 投资方式的分类

随着人类进步及社会财富的不断增长，投资方式越来越多元化、精细化、专业化，可以有多种分类。总体而言，从资金运动路径看，投资方式分为直接投资和间接投资，而间接投资最终是为了转化为直接投资（见图1-1）；从投资对象来看，投资方式可分为金融性资产投资和实物性资产投资。两种分类方式有共通之处。

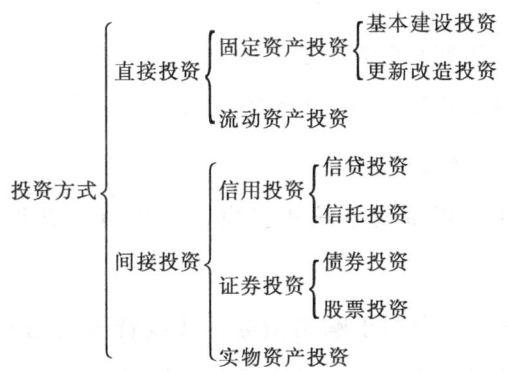

图1-1　直接投资与间接投资的具体方式

1. 直接投资和间接投资

直接投资是指资金投向能产生商品或劳务的实体经济环节的行为，包括固定资产投资与流动资金投资两大类。固定资产投资又可再分成基本建设投资和更新改造投资两种。

固定资产投资是指投入资金运用购置和建造固定资产。固定资产是指在社会再生产过程中，能够在较长时期（通常在一年以上）为生产、生活等方面服务的物质资料。固定资产按其经济用途，可分为生产性固定资产和非生产性固定资产两大类。

流动资金投资是指投入资金用于增加流动资产,以满足生产和经营中周转的需要。在任何时候,流动资金是以货币计量的流动基金(生产储备资金、生产资金)和流通基金(成品资金、货币资金)的总和。铸币、黄金和外汇储备属于国民经济中的流通基金。流动资金的数量同生产和经营的规模成正比,同流动资金的周转速度成反比。流动资金投资是国民经济中原有流动资金的增加,应以在加速周转的条件下满足生产和经营需要的原则。

投资主体进行直接投资的资金,并不一定是自己所有的,可以通过银行中介进行直接融资。例如,投资主体可以向资金所有者直接融资,从而获取资金的所有权,进行直接投资。资金所有者则可以通过银行中介,对直接投资的主体让渡资金使用权,进行间接投资,分享投资效益。这个过程就是间接投资。

信贷投资是指将资金贷款给借款者,由后者做直接投资,前者从直接投资主体以利息形式分享投资收益。

信托投资是指委托人基于对受托人(信托投资公司或商业银行的信托部等)的信任,将其合法拥有的财产委托给受托人,由受托人按委托人的意愿以自己的名义,为受益人的利益或者特定的目的,进行管理或者处分的行为。概括地说是"受人之托,代人理财"。

信贷投资和信托投资都属于信用投资,是以资金换得借据或信托受益权证书。

债券投资是指投入资金用于购买债券,让渡资金使用权给债券发行者进行直接投资,并从直接投资主体以债息形式分享投资收益。

股票投资是指投入资金用于购买股票,让渡资金使用权给股票发行者(股份公司)进行投资,并从股份公司以红利形式分享投资收益。

债券和股票都是有价证券,对发行证券的公司而言,都属于直接融资的工具。购买债券、股票都称为证券投资。

实物资产投资是一类特殊的投资方式,尽管其投资的内容及性质与上述几种投资方式有较大的差异,但是西方投资学将其纳入间接投资范畴。它包括购买房地产、贵金属、首饰、宝石、古董、邮票、各种名贵艺术品等有形资产的投资,其目的是为了保值和增值。这种实物投资要求投资者必须了解或熟悉所投资领域的专门知识，必须具备相应的鉴赏能力，如购买名贵艺术品。

明确了投资方式的分类之后，有必要进一步阐明间接投资（这里的含义排除实物资产投资）与直接投资之间的关系。就投资的性质而言，间接投资是将货币资金转化为金融资产，并没有转化为社会的实物资产，所以并不会引起社会总需求的增加。然而，间接投资的归宿是直接投资，金融资产只有转化为资本存量即固定资产总量时，才会成为直接投资，才会引起社会总需求的增加。所以，计算社会固定资产总投资时，应以直接投资总量为根据，不能把间接投资计算在内，以免造成重复计算。

2. 金融资产投资与实物资产投资

单纯以投资对象的性质来分类的话，我们可以将投资分为金融资产（financial asset）投资与实物资产（real asset）投资。

金融资产是指一切可以在有组织的金融市场上进行交易、具有现实价格和未来估价的金融工具的总称。金融资产的最大特征是能够在市场交易中为其所有者提供即期或远期的货币收入流量。金融资产以价值形态存在，是一种索取实物资产的权利，具有一定的虚拟性。前面所列的间接投资中，信用投资、证券期货外汇投资都属于金融资产投资。本书阐述的证券投资即为金融资产投资的主要部分。

实物资产是指经济生活中所创造的用于生产物品和提供服务的资产，为经济创造净利润，是创造财富和收入的资产，具有强烈的现实性。直接投资的结果是形成生产项目，引起社会总需求的增加，即为实物资产投资；间接投资中的实物资产投资比较难以定性，它有投资对象可直接使用的现实性质，又有定价中因稀缺而人为炒作的虚拟成分。一般情况下，房地产和耐用品属实物资产，而收藏品艺术品更具有金融资产的特点。

综上所述，投资概念包括内涵和外延两部分。在内涵上，投资既是指为获得预期收益的一定量的货币、资金，也是指这种预期的实现过程。在外延上，投资既是指固定资产投资及实际资本的形成，同时又是指金融资产投资及虚拟资本的运动。所以，投资在外延上有广义和狭义之分。广义的投资包括直接投资和间接投资等。在现代投资学意义上，狭义的投资仅仅指金融投资（financial investment），其主要内容是证券投资（securities investment）。因此，本书的内容将围绕证券投资的理论及实务问题而展开。

1.2 投资的收益和风险

1.2.1 投资者的目标

投资是一个过程，其间涉及资产价值的变化，收益和风险一直处于运动状态。作为一个投资者，首先应理解投资的要素。

1. 投资三要素

从投资的含义中，我们可以看到，投资具备以下三个基本要素。

1）投资收益。投资是为了获得未来报酬而延迟当期消费的一种经济行为，以谋取效用的最大化，而投资收益是投资所取得的报酬，也是效用增加的体现。

2）投资时间。投资是一个行为过程，从投入到可能的未来报酬的获得，要经过一定的时间间隔。没有时间就难以完成一个投资过程，但不同的投资需要的时间周期长短不一，比如在当前中国的证券市场，股票投资的最短周期是一个交易日，而一个工程项目的投资可能需要几年甚至几十年才能完成。

3）投资风险。投资风险是指投资面临本金损失或者报酬未能达到预期目的的危险，是一种可能性。大部分投资获取的报酬是不确定的，即是以风险为代价的。时间间隔越长，由于不可测因素越多，不确定性就越大，风险性越大。

2. 投资者的目标

投资者的目标是什么？有人将其仅仅看作取得最大的利润或收益，那就过于简单化了。厌恶风险是理性的投资者的决策前提，而收益又是投资者希冀得到的。在理想的状态下，投资者会选择风险小收益高的资产进行投资。但是，证券投资必然要承担一定的风险，投资可能得不到收益，甚至有一定的损失。因此，将投资的风险控制在一定的限度内，是投资的一个重要因素。也就是说，投资获利的主要约束是使风险最小化，这被称为避险心理。可以这么假设：若投资者面前有两种证券可作投资选择，其预期收益相同，但风险有别，那么一个理智的投资者将选择风险最小的证券；如果两种证券风险程度相同，理智的投资者将选择预期收益大的证券。因此，理性投资者的目标是：在两个重要的目标之间加以权衡，使收益最大或者使风险最小。

1.2.2 投资收益与风险的度量

1. 持有期

人们做证券投资，购买股票或债券，心理上有一个未来的到期日，即兑现日。从购买日到最终兑现日的时间长度被称为持有期。如果购买金融资产的持有期很短，那么，这不是真正意义上的投资，只能被称为**投机**。

我们对投机和投资之间的持有期很难做一个精确的划分。美国国税局（The Internal Revenue Service）对长期资本所得征收所得税的税率给予优惠。这里，长期资本所得指的是一年以上拥有资产的增值。我国证券市场是个新兴的发展中的市场，具有较强的投机性，投资者购买股票的平均持有期比成熟股市投资者的平均持有期可能要短一些。目前上市公司的股票红利税征采用分级征收，持有一个月以内、一年以内或一年以上分别有三种税率，说明我国管理层开始重视投资持有期，鼓励长期投资。

2. 投资收益度量

衡量投资者在一定期限内的收益有多种方式，比如持有期收益（holding period return，HPR），它用以测定投资者财富增加或减少（如遭受损失）的速度。HPR 的定义由式（1-1）表示：

$$HPR = \frac{持有期的总收入}{购买价格} \times 100\% \qquad (1\text{-}1)$$

以普通股投资收益为例，投资者在一定持有期内能够得到以下两种收入。

1）股票价格的升值所得收入，或者股价贬值造成的损失，被称为资本所得或所失。

2）从现金红利的支付得到收入。

这样，普通股的 HPR 可用公式表示：

$$HPR = \frac{价格变化 + 现金红利}{购买价格} \times 100\% \qquad (1\text{-}2)$$

HPR 有一定的局限性，由公式我们可以看出，收益未强调时间因素，且没有考虑红利再投资等细节属单利投资而非复利投资。在计算持有期较短的投资时可以采纳，长期投资期间有现金流产生的，用 HPR 来计算收益情况并不很合适。

对债券投资而言，我们要考虑的是单位时间的收益状况，以及其他因素对债券收益的影响，所以我们会用票面收益率、到期收益率等指标来度量。本书的第 5 章将会对此进行重点讲述。

股票投资的收益需考虑投资对象所承受的风险，所以收益率计算通常会包括无风险收益和风险收益两部分，具体方法在第 6 章、第 9 章、第 10 章有详细描述。

3. 投资风险度量

由前所述，风险是指投资面临本金损失或者报酬未能达到预期目的的可能性，是对未来状况的预期。投资活动的收益风险具有很强的随机性，需要用到概率统计的知识。投资理论的重要人物哈里·马科维茨（Harry Markowitz）在 1952 年发表的论文《资产组合选择——投资的有效分散化》中对金融资产投资风险的测度给出定义，以单个证券或组合收益率的波动（收益率方差或标准差）作为风险指标，为投资风险收益分析奠定基础。我们将在第 9 章就具体方法展开详细讨论。

1.3 证券市场的投资和投机

证券投资是指个人或法人购买有价证券的行为，这种行为会使投资者在证券持有期内获得与所承担的风险相称的可能收益。证券投资是现代社会投资活动中的主要内容，是发达国家中最主要的投资方式，也是动员和再分配资金的重要渠道。证券投资可使社会上的闲散资金转化为投资资金，也可使一部分待用资金和信贷资金加入投资活动，对促进社会资金合理流动，促进经济增长起着重要的作用。在证券投资活动中，投资与投机贯穿始终。

1.3.1 证券市场投资与投机的定义

从广义上看，证券市场上的个人或法人购买有价证券的行为通称为证券投资。一般我们认为，证券投资者会选择证券价值被低估或价格相对合适的阶段买入持有，投资报酬以股利或债息等经常性收入为主，证券价格过高时抛出获得增值收入。投机相对于投资而言，指完全不以取得股利或债息等经常性收入为目的，而希望在买进卖出之间，谋取证券价格差额利益的一种交易活动。所以，投机也是证券交易的一种积极活动。

投机的方式主要有两种：多头和空头。多头（long position）是投资者认为行情看涨时，先买后卖以图获利的行为；空头（short position）则是投资者认为证券行情看跌时，从经纪人处融券卖出，以希望价格下跌到一定程度时，再以低价买回获利的行为。

2010年融资融券出台之前，中国证券市场缺乏做空机制，投机的方式比较单一，以多头为主。之后，融资融券、股指期货、国债期货、股票期权等工具相继问世，给交易参与者提供了更多的选择，市场投机活跃程度有所上升，效率得以提高。在现实的证券市场里，人们会给投资者和投机者贴上"价值投资者""趋势交易者"这样的标签，但实际上，人们很难区分谁在投资、谁在投机。

1.3.2 证券市场投机行为产生的原因

证券市场在世界上已有200多年的历史，投资行为与投机行为自始至终贯穿其中。我们必须追溯证券市场投机行为产生的原因。

1. 投机产生的市场原因

债券是一种有价证券，无论是作为债权证书的债券，还是作为所有权证书的股票，投资者投资的初衷都是为了获取债息或股息，作为其投资收益，故而，投资者将证券投资看作金融资产保值增值的一种手段。

然而，证券市场的发展，特别是股票市场的发展，使得当前世界上单纯指望获取股息和红利作为投资目的的投资者人数比例有很大的下降。道理很简单，股票流通市场的价格是不断变化的，投资者经常可以从股票价格的波动中获取价差收益，而股息及红利与价差收益相比往往显得微不足道。于是，许多投资者非常重视股票市场的供求关系和股票价格的变动趋势，通过买卖交易在短期内获取价差收益。当然，他们要为此承担一定的风险。这就是证券投机行为的起因。

2. 投机产生的机制原因

更深一层地剖析，导致投机活动产生和发展的机制原因是什么？

(1) 证券发行市场与流通市场的分离

证券投资并不涉及资本存量的增加，是一种长期信用活动。证券市场的流通关系使证券市场与实物资本市场分离，逐步形成了自身发展及运行的规律。

这两个不同层次的市场与处于实物资本市场中的企业各自有不同的关系。证券发行的依据是企业经营或政府、金融部门筹资的要求，因此，证券发行市场直接反映了实物部门的具体需要。但证券在一级市场上往往匆匆而过，停留的时间很短，短则几天，长则几个月，它就从一级市场流入了二级市场。证券的生命周期大部分是在二级市场度过的。许多证券从一级市场创造出来以后不再与一级市场发生联系。证券在二级市场的流通活动与投资者的各种动机相联系。有为取得债息、股息收益的投资行为；有为资金周转需要的买卖行为；有为博取价差而获高额盈利的投机行为；也有为了参与某公司的经营决策，控制或收购某公司股权的股票购买行为等。证券一旦进入二级市场，就成了一种金融工具，各种投资者出于各自的利益动机，实施其市场行为。

(2) 证券市场流通活动与实物资本市场活动的脱离

证券市场上的投资活动几乎没有特定的地点要求，可以通过任何中介机构进行买卖活动，投资周期也无特定的限制，可长可短，视投资者的愿望而定。证券交易的清算交割也无特定的时空限制。而实物资本市场上的投资活动要遵循一般的经济运行的周期性规律。

正是由于证券市场流通活动与实物资本市场活动的脱离，证券市场流通活动实际上形成了一种虚拟资本的活动，这为证券投资向投机转化提供了种种可能性。

证券市场发展的过程表明，证券市场的投机活动是伴随着市场本身的发展而共生的。虚拟资本的投资活动必然伴随着投机活动，投机是投资的孪生兄弟。证券市场从诞生之日起，其交易机制就决定了投机伴随着投资而生。投资是证券市场赖以生存的基础，投机则是润滑剂。它加速了证券的周转，促进了市场的活跃，使之更具生命力。

1.3.3 从股票流通市场功能看投机的实质

我们进一步可以从股票的性质和股票流通市场的功能出发来剖析股票投机的实质。

1. 股票的性质决定其投机性

1) 股票是动态的财产所有权。从法权关系上看，股票是一种财产所有权证书，但我们对这种所有权的理解不应局限于静态，而应是动态的。因为这份财产是一种经营性资产，从经济发展的眼光看，公司的资产是在不断运营过程中逐渐增值的。于是，股票持有者拥有的股权也不断地在自我增值，股票的含金量在提高。

2) 股票的增值在流通中得到反映。股票使所有权市场化，使抽象意义上的资产转化为资本市场交换过程中用价格度量的标准化金融商品。股票流通本质上就是资源的重新配置。它引发了市场经济体制下资源配置方式的革命，导致社会资源的优化配置。股票的增值也只有在流通中通过不断变化的价格得到反映。

3) 股票的增值是一种预期。股票投资者对财产所有权增值的评估只能是一种预期，而不是现实。对它的评估是由市场做出的。股票的市场价格是由全体投资者的共同行为产生的，这就决定了股票的属性必然是投机的。

投机的英文是 speculation，它的含义是思索、推测和预测。因此，一个合格的投资者，必须持有理性的投资观念，在对证券未来价值预期的基础上，寻求较好的买入或卖出的时机。事实上，即使你标榜自己是个投资者而非投机者，但在购入证券之前，总要理性地分析某种证券的投资价值，期望在某一时间阶段中以该证券的较低价格买入，便于获取较高的投资收益率。寻找合适的买卖时机，恐怕就是投机的本意，这是任何投资者回避不了的现实问题。从这个意义上说，任何证券投资都包含投机的成分。

事实上，投资和投机很难被严格划分。但是我们可以对投机活动从理论上加以区分，从逻辑角度划分，投机可分为理性投机与非理性投机；从法律角度划分，投机可分为合法投机与非法投机。

2. 理性投机与非理性投机

理性投机者对于证券的投机是建立在对宏观经济的发展、行业与市场前景、公司业绩的预测以及国家政策取向等因素综合分析的基础上，挖掘证券收益的潜力。这种投机行为实际上体现了一种价格发现功能。证券市场的理性投机无形中形成了证券价格发现机制。如果没有这种价格发现机制，那么证券市场将成为一潭死水，缺乏价格的波动，缺乏充分的流通，缺乏资源优化配置的功能。这样的证券市场势必缺乏生命力，是难以持久的。证券市场的理性投机是活跃证券市场不可缺乏的有机组成部分。它与证券的投资观念是不矛盾的。而非理性投机则是撇开了理性投机赖以存在的基本分析，不顾宏观经济情况，不顾证券的内涵质地，采用博傻手法炒作证券，使证券价格完全脱离上市公司股票的实际背景，脱离人们普遍的预期收益。由于非理性投机缺乏基础，最终必然以失败而告终。18 世纪英国南海公司股票的暴涨暴跌，1929 年纽约股市的狂热投机遍及全美，最终爆发金融危机等事例都反映了证券市场非理性投机造成的严重恶果及其对参与这种非理性投资者造成的重大伤害。因此，投资者应该从理论上认识理性投机与非理性投机的本质差异，同时在实践中提高自己辨别理性投机与非理性投机的能力，从而保护自己，避免参与非理性投机给自己造成不必要的损失。

3. 合法投机与非法投机

合法投机指的是在法律法规制约下的投机性交易行为，非法投机行为则是触犯法律或法规的投机行为，通常表现为虚假和欺诈行为。世界各国对证券管理的法律调整差异较大。有的国家制定专门的证券法和证券交易法，如美国、日本等，对证券管理十分严格。有的国家则没有单独的证券法，只在公司法或商法中对股票、债券加以规定，对证券交易所的交易没有专门立法。这些国家主要依靠证券交易所自身制定的规章制度来约束各会员的行为，对证券管理较为宽松。纵观世界证券史，非法投机现象屡见不鲜。20 世纪 90 年代初期，俄罗斯"三 M"公司股票诈骗案就是一例；21 世纪初期，美国的安然破产案和世通公司事件等都是震惊全球的证券欺诈案件。在我国 20 多年的证券史上，已发生过多起操纵市场和欺诈行为，有亿安科技、东方电子、杭萧钢构等上市公司股票的异常交易，也有基金公司经理利用"老鼠仓"为自身牟取暴利的行为。这些现象的出现往往与缺乏健全的法律法规或者有法不依、执法不严相联系。

迄今为止，我国已颁布《中华人民共和国公司法》（1993年12月29日第八届全国人民代表大会常务委员会第五次会议通过）、《中华人民共和国证券法》（1998年12月29日第九届全国人民代表大会常务委员会第六次会议通过）以及许多证券方面的法规，且法律法规在不断修改、完善中。这些法律法规的制定为规范证券发行和交易行为，保护投资者的合法权益，维护社会经济秩序和社会公共利益，促进社会主义市场经济的发展提供了法律保障。

1.3.4 投资与投机的区分

证券市场上的投资与投机难以明确地区分开。实际上，对于投资与投机的行为在一般商品的买卖上比较容易辨别，然而在瞬息万变的证券市场上，投资与投机仅仅是一线之隔。因为有时候投资者本来打算买进质地优良的证券后想长期拥有，获取红利和长期资本增值，这种行为自然应该属于投资，但是一旦股市发生变化，投资者眼见形势不妙，为了减少损失，只好立即脱手，这种短期买进卖出的行为又类似于投机。所以，投资与投机并无绝对的界限。若要加以区分，可以从下面四个方面进行考察。

1. 从愿意承担风险的大小来区分

因为投资与投机的未来收益都带有不确定性，因而二者都包含有风险因素。当行为的动机是为了谋求短期的买卖差价，而且投资主体甘愿冒很大风险来追逐可能有偶发的暴利则称之为投机；当行为的动机是为了将资金购买上市公司发行的证券，以期望获得较长时期的收益及资本增值，并且宁愿牺牲部分收益来承受适度的风险，这种行为称为投资。

2. 从愿意持有证券时间的长短来区分

投资者一般愿意购买证券后长期持有，享受收益及资本增值。而投机者则热衷于交易的快速周转，从频繁的买进卖出中获得价差利润。这一点也不能过于绝对。有的投资者购买短期证券，以避免长期风险；有的投机者购买长期证券,以获取较长时间的差价收入;投机者买进证券后"套牢",被迫长期投资,这种情况不在少数。所以投机也可称为"短时间的投资"。

3. 从资金来源来区分

投资者使用的是自己的资金,有多少钱购买多少证券,不超过自己的实际能力,其目的是投资理财。而投机者为放大投资收益而经常融资,涉及信用交易,用不属于自己的钱或用较少的钱,做大交易量。这种行为有较强的投机性,伴随的是高风险或高收益。

4. 从对证券所做分析的方法来区分

投资者注重于基本分析,即立足于对证券的质地、公司的业绩、宏观经济背景及行业发展前景等因素做细致的分析和评价,从而做出投资决策。投机者着重于技术分析,注重于证券市场的价格表现,研究价格变化的规律,寻求买进与卖出的时机。他们也做基本分析,但这主要是配合价格变化而已,并非长期持有。

以上从四个方面来区分投资与投机并非是绝对的。其实,区分投资与投机行为最本质的是上述第四点,即投资者注重的是证券内在价值的分析,而投机者注重的是证券价格的运动。

1.3.5 投机的作用

证券市场上的投机活动是一种普遍的现象,它既有积极作用,也有消极作用。其积极作用主要有以下两个方面。

1. 有助于平衡证券市场价格

因为投机者在低买高卖的"负反馈"模式中,对于高涨的价格能起到一定的抑制作用,而对于低落的价格又能起到一定的支持作用。这样能够使供求情况不断地得到调整,使证券价格在变化中趋于均衡。

2. 有助于证券的流动性和交易的连续性

由于投机者的存在,使得证券买卖流通量增大。如果证券投资者都做长期投资,则二级市场流通量将很小,交易活动将成为一潭死水,这将不利于市场的活跃和发展。投机者的频繁交易使得证券高度流动,投机者和投资者买进和卖出很方便，随时可以变现。这样能够使证券市场正常和连续地运行。

证券投机也有其消极作用。由于投机者的目的是在短时间内获取尽可能多的利润，他们往往会过分地追涨杀跌，强化羊群效应。这种高买低卖的"正反馈"模式实际上就是一种过度的投机行为，会导致证券价格暴涨暴跌，影响市场的稳定性。

因此，我们应正确地认识投机的两重性，使广大的投资者形成正确的投资理念。从交易制度上鼓励投资，限制投机，当然不是消灭投机。证券市场上的投机是永远不可能灭绝的。限制投机是充分利用和发挥投机的有利的、积极的作用，而减少投机的不利的、消极的作用。

关于投资和投机，我们可以用下面这些通俗而又准确的句子来说明它们的关系：投机和投资相同的是，都是投入资金以谋取盈利，同时承担本金损失的危险；投资和投机很难准确地分开，所谓投资是稳健的投机，投机是冒险的投资；投机有助于活跃证券市场和证券交易，有助于提供充足的风险基金和投资基金；在证券市场上，投机活动永远无法绝迹。

本章小结

本章主要介绍了投资的含义和投资方式的分类；提出了投资的三要素：收益、时间和风险；引入了持有期收益的概念，并对风险和收益的度量给出了基本定义；分析了证券市场投机产生的原因和实质；对投资与投机做了区分，并阐述了投机的正面和负面作用。

重点内容

投资的含义；理性投资者的目标；持有期收益的概念；如何区分投资与投机；投机的正面和负面作用。

主要术语

投资　金融投资　直接投资　间接投资　投资收益　投资风险　持有期收益率　投机

习　题

1. 投资的含义是什么？
2. 市场经济和计划经济下的投资有什么不同？
3. 投资有哪些要素？投资者的目标是什么？
4. 为什么投资者制定投资目标时，要同时考虑收益和风险的影响？
5. 证券市场投机行为产生的原因是什么？证券市场投机的实质是什么？
6. 证券市场上的投资与投机如何区分？
7. 证券投机有何积极作用和消极作用？

第 2 章

证券投资工具

证券是一种金融商品,是所有权与债权凭证的统称。证券自产生以来,极大地推动了经济的发展。20世纪70年代以来证券投资工具不断创新,在股票、债券的基础上,产生了第二代证券投融资工具——证券衍生品,其名目繁多,主要有可转换公司债券、期货、期权、互换等,本章将对这些产品做简单介绍。

2.1 债券

债券是政府、金融机构、工商企业等各类经济主体为筹措资金直接向投资者发行的、载明一定面额、承诺定期还本付息并表明债权债务关系的有价证券。债券本质上是债权证明书,具有法律效力。债券购买者与发行者之间是一种债权债务关系,债券发行人是债务人,债券持有人是债权人。

债券是一种固定收益证券。它承诺在将来支付固定的现金流。这一节主要论述债券的特征和分类。

2.1.1 债券的特征

债券作为一种重要的融资手段和投资工具,从投资者角度看具有如下特征。

1. 偿还性

债券一般都规定偿还期限，发行人必须按约定条件偿还本金并支付利息。

2. 流动性

债券的流动性是指债券能迅速转变为货币而又不会在价值上蒙受损失的一种能力。由于债券一般都可以在流通市场上自由转让，因而流动性较好。

3. 安全性

债券的安全性表现在利率固定和本利安全两个方面上。与股票相比，债券通常规定固定的利率，与公司绩效没有直接联系，收益比较稳定，即使发债企业破产，其索偿权的次序也排在股票之前，因此风险较小。

4. 收益性

债券的收益性主要表现在两个方面，一是投资债券可以定期或不定期地取得稳定的利息收入；二是投资者可以利用债券价格的变动，买卖债券赚取差额。

债券的四个特性之间存在着一定的矛盾。一种债券，很难同时具备这四个特性。如果某种债券流动性强，安全性高，人们就会争相购买，该种债券的收益率就会降低；反之，收益高的债券（如公司债券）相对风险较大，安全性就差。

2.1.2 债券的要素

债券发行者在决定以债券融资后，就要考虑发行何种类型的债券以及债券的发行条件。债券的发行条件是指债券发行时所必须考虑的有关因素，包括发行时间、面值、期限、偿还方式、票面利率、付息方式、发行价格、发行费用、有无担保等，适宜的发行条件可以使筹资者顺利地筹集资金。

1. 债券面值

债券面值包括面值币种和面值大小两方面内容。面值币种取决于债券的发行对象和债券的种类，如国内债券币种是国内货币，外国债券币种则是债券发行地所在国家的货币或第三国的货币。债券的面值大小取决于发行人的需要和市场的需求状况，发行者可根据不同认购者的需要，使债券面值多样化。

2. 偿还期限

债券发行日起到偿还本息日止的这段时间称为债券的偿还期限。发行者通常根据资金需求的期限、未来市场利率走势、流通市场的发达程度、债券市场上其他债券的期限情况、投资者的偏好等来确定发行债券的期限结构。一般而言,当资金需求量较大,债券流通市场较发达,利率有上升趋势时,可发行中长期债券,否则,应发行短期债券。

3. 票面利率

票面利率是债券年利息与面值之比,可分为固定利率和浮动利率两种。前者在偿还期内固定不变,后者则参照某个特定利率(如银行利率)的变动而变动。一般而言,发行者应根据自身资信情况、市场资金状况、利率变化趋势、债券期限的长短等决定选择何种利率形式及利率的高低。

4. 债券价格

债券价格分为发行价格和流通价格。发行价格可分为平价发行(按面值发行)、折价发行(以低于面值的价格发行)和溢价发行(以高于面值的价格发行)三种;流通价格,即债券的二级市场价格,主要取决于市场利率和供求状况。

2.1.3 债券的分类

债券的种类繁多,各具特色。世界各国对债券的分类方法不尽相同,最常见的有以下七种。

1. 按债券发行主体分类

1)政府债券。政府债券的发行主体为各级政府,分为中央政府债券和地方政府债券。

A. 中央政府债券。中央政府债券是指所有中央政府发行的债券,即国家债券。中央政府代表国家,它以该国的征税能力作为国债还本付息的保证,投资者一般不用担心国家债券的偿还能力,如英国的金边债券、美国的国库券、日本的国债、中国的国库券等。为了鼓励投资者购买国债,大多数国家都规定国债投资者可以享受国债利息收入方面的税收优惠,甚至免税。因此,国家债券为投资者所追捧,流动性很强,并被广泛地用于质押和担保。

我国的国债从形式上可分为凭证式国债、无记名（实物）国债和记账式国债三种。凭证式国债是一种国家储蓄债，可记名、挂失，以"凭证式国债收款凭证"记录债权，一般不能上市流通，购买之日起计息。在持有期内，持券人如遇特殊情况需要提取现金，可以到购买网点提前兑取。提前兑取时除偿还本金外，利息按实际持有天数及相应的利率档次计算，经办机构按兑付本金的总额收取手续费。

无记名（实物）国债是一种实物债券，以实物券的形式记录债权，不记名，不挂失，可上市流通。发行期内，投资者可直接在销售国债的机构的柜台购买。在证券交易所设立账户的投资者，可委托证券公司通过交易系统申购。发行期结束后，实物券持有者可在柜台卖出，也可将实物券交证券交易机构托管，再通过交易系统卖出。

记账式国债以记账形式记录债权，通过证券交易所的交易系统发行和交易，可以记名、挂失。投资者进行记账式国债买卖，必须在证券交易所设立账户。由于记账式国债的发行和交易都实行无纸化，所以效率高，成本低，交易安全。

B. 地方政府债券。除中央政府发行债券之外，不少国家中有财政收入的地方政府及地方公共机构也发行债券，它们发行的债券称为地方政府债券。

地方政府债券一般用于交通、通信、住宅、教育、医院和污水处理系统等地方性公共设施的建设。同中央政府发行的国债一样，这类地方政府债券一般也是以当地政府的税收能力作为还本付息的担保，称为普通债券（general bond），如美国的市政债券、英国的地方当局债券、日本的地方债券等。但是，有些地方政府债券的发行不是以地方政府税收作为担保，而是以债券发行人经营所获的收益作为担保，这类地方政府债券称为收入债券（revenue bond）。例如，地方政府为解决当地交通问题，利用发行债券所得收入修建公路和桥梁，由此获得的过路费用于偿还债券的本金和利息。

地方政府债券的安全性较高，被认为是安全性仅次于中央政府债券的一种债券。而且，投资者购买地方政府债券所获得的利息收入一般都免交所得税，对投资者有很强的吸引力。目前我国地方政府尚不能发行债券。

2）金融债券。金融债券是由银行和非银行金融机构发行的债券。在英、美等欧美国家，金融机构均为股份公司，其发行的债券归类于公司债券。在我国及日本等国家，金融机构发行的债券称为金融债券。

金融债券能够较有效地解决银行等金融机构的资金来源不足和期限不匹配的矛盾。一般来说，银行等金融机构的资金有三个来源，即吸收存款、向其他机构借款和发行债券。存款资金的特点之一，是在经济发生动荡的时候，易发生储户争相提款的现象，从而造成资金来源不稳定；向其他商业银行或中央银行借款所得的资金主要是短期资金，而金融机构往往需要进行一些期限较长的投融资，这样就出现了资金来源和资金运用在期限上的矛盾，发行金融债券比较有效地解决了这个矛盾。债券在到期之前一般不能提前兑换，只能在市场上转让，从而保证了所筹集资金的稳定性。同时，金融机构发行债券时可以灵活规定期限，比如为了一些长期项目投资，可以发行期限较长的债券。因此，发行金融债券可以使金融机构筹措到稳定且期限灵活的资金，从而有利于优化资产结构，扩大长期投资业务。

由于银行等金融机构在一国经济中占有较特殊的地位，政府对它们的运营又有严格的监管，因此，金融债券的资信通常高于其他非金融机构债券，违约风险相对较小，具有较高的安全性。所以，金融债券的利率通常低于一般的公司债券，但高于风险更小的国债。

3）公司债券。公司债券是股份制公司依照法定程序发行，约定在一定期限内还本付息的凭证。由于公司主要以本身的经营利润作为还本付息的保证，因此公司债券的风险与本身的经营状况直接相关。如果公司发行债券后，经营状况不好，连续出现亏损，就可能无力支付投资者本息，因而公司债券是一种风险较大的债券。所以，在发行公司债券时，一般要对发债公司进行严格的资格审查或要求有财产抵押，以保护投资者的利益。由于公司债券风险较大，它们的利率通常也高于其他债券。

4）国际债券。国际债券是一国政府、金融机构、工商企业或国际组织为筹措和融通资金，在国外金融市场上发行的，以外国货币为面值的债券。国际债券的重要特征，是发行者和投资者属于不同的国家，筹集的资金来源于国外金融市场。国际债券的发行和交易，既可用来平衡发行国的国际收支，也可用来为发行国政府或企业引入外资从事开发和生产。按照发行债券所用货币与发行地点的不同，国际债券又可分为外国债券和欧洲债券。

A. 外国债券。外国债券是一国政府、金融机构、工商企业或国际组织在另一国发行的以该国货币为面值的债券。外国债券中最有名的是扬基债券和武士债券。

扬基债券是外国经济组织在美国国内发行的、以美元为计值货币的债券。扬基债券由于期限长、数额大且申请手续烦琐，其发行者以外国政府和国际组织为主，投资者也以人寿保险公司、储蓄银行等机构为主。1993年，高盛牵头经办了中国的首次扬基债券发售交易，成功地为中信集团筹资2.5亿美元。1996年1月23日，我国向美国发行的1亿美元100年期特长期扬基债券，年复利率高达9%。

武士债券是在日本债券市场上发行的外国债券。武士债券一般为无担保发行，典型期限为3~10年，可在东京证券交易所交易。我国金融机构进入国际债券市场发行外国债券就是从发行武士债券开始的。1982年1月，中国国际信托投资公司在日本东京发行了100亿日元的武士债券；1984年11月，中国银行又在日本东京发行了200亿日元的武士债券。○

龙债券是以非日元的亚洲国家或地区的货币计价并在相应的亚洲国家或地区发行的外国债券，它是东亚经济迅速增长的产物。从1992年起，龙债券得到了迅速发展，一般在香港联合交易所或新加坡证券交易所挂牌上市，偿还期限一般为3~5年。

B. 欧洲债券。欧洲债券是一国政府、金融机构、工商企业或国际组织在国外债券市场上以第三国货币为面值发行的债券。例如，法国一家机构在英国债券市场上发行的以美元为面值的债券即是欧洲债券，欧洲债券的发行人、发行地以及面值货币分别属于三个不同的国家。

欧洲债券最初主要以美元为面值货币，发行地以欧洲为主。20世纪70年代后，随着美元汇率波动幅度增大，以德国马克、瑞士法郎和日元为面值货币的欧洲债券的比重逐渐增加。欧洲债券自产生以来，发展十分迅速。1999年欧元正式诞生后，单一的欧元面值债券逐渐成为欧洲债券市场的主流。欧元面值

○ 资料来源：除第23页脚注外，本节所有数据来自孙禄杰著《解读国际债券市场》（http://www.paper.edu.cn）。

证券余额由 1999 年 1 月的 57 080 亿欧元上升到 2006 年 1 月的 92 640 亿欧元，上升了 62%，年增长率为 8%。[注]

2. 按利率是否浮动分类

1) 固定利率债券。固定利率债券是指在偿还期内利率固定不变的债券，分为附息债券和一次性还本付息债券。国外的固定利率债券一般附有息票，每半年或一年凭息票领取一次利息。我国发行的国债多数为到期一次性还本付息，1993 年第三期国债实行按年付息，成为我国第一期附息国债，1996 年起，附息国债成为国债的一个重要品种。

2) 浮动利率债券。浮动利率债券是指票面利率随市场利率变动而变动的债券。欧洲债券大多为浮动利率债券；此外，累进利率债券也可看作浮动利率债券。

3) 累进利息债券。累进利息债券的利率不固定，在不同的时间段有不同的利率，并且一年比一年高，也就是说，债券的利率随着债券期限的增加累进，比如面值 1 000 元、期限为 5 年的金融债券，第一年利率为 9%，第二年利率为 10%，第三年利率为 11%，第四年利率为 12%，第五年利率为 13%。投资者可在第一年至第五年之间随时去银行兑付，并获得规定的利息。

3. 按债券偿还期限分类

1) 短期债券。短期债券是指偿还期为一年或一年以下的债券。为平衡市场货币需求量而发行的国库券大多为短期债券。

2) 中期债券。中期债券是指偿还期为一年以上十年以下的债券。公司债券由于资金产生效益需要一定时间，一般为中期债券。

3) 长期债券。长期债券是指偿还期在十年以上的债券。欧洲一些国家还发行过永久债券，发行时不规定到期日，只是按期付息，因而也称不还本债券。

4. 按债券有无担保分类

1) 信用债券。信用债券也称无担保债券，是指仅凭发行人的信用发行的、没有担保的债券，信用债券只适用于信用等级高的债券发行人，如政府、金融

[注] 资料来源：《中国货币市场》，2006 年第 5 期。

机构和大型企业。

2）担保债券。担保债券是指以抵押、质押、保证等方式发行的债券。其中，抵押债券是指以土地、设备、房屋等不动产作为担保品所发行的债券；质押债券是指以有价证券作为担保品所发行的债券；保证债券是指由第三者担保偿还本息的债券。公司债券中担保债券较多。

5. 按是否记名分类

1）记名债券。债券票面上注明持有人姓名的债券。投资者领取债息时要凭印章或其他有效的身份证明，转让时要在债券上签名，同时还要到发行公司登记。

2）不记名债券。债券票面上不注明持有人姓名的债券。还本付息及流通转让仅以债券为凭证，不需登记，转让时也无须背书，因而流动性较强，但安全性较差。

6. 按发行人是否给予投资者选择权分类

1）附有选择权的债券。附有选择权的债券是指债券发行人给予债券持有人一定的选择权，如可转换公司债券、含认股权证的公司债券、可返还公司债券等。可转换公司债券的持有者能够在一定时间内按照规定的价格将债券转换成公司发行的股票；含认股权证的公司债券持有者可凭认股权证购买所约定的公司的股票；可返还公司债券的持有者在规定的期限内可以将债券按面值回售给发行公司。

2）不附有选择权的企业债券。债券持有人没有上述选择权的债券。相应地，这种债券的价格要比前一种低一些。

7. 按发行方式分类

1）公募债券。公募债券是指按法定手续经证券主管部门批准公开向社会投资者发行的债券，一般募集资金量大。

2）私募债券。私募债券是指以特定的少数投资者为对象发行的债券，发行手续简单，一般不能公开上市交易。

2.1.4 可转换公司债券

可转换公司债券是可转换证券的一种。从广义上来说，可转换证券是一种证券，其持有人有权将其转换成另一种不同性质的证券，如期权、认股权证等都可以称为可转换证券；但从狭义上来看，可转换证券主要包括可转换公司债券和可转换优先股。可转换公司债券是 20 世纪 80 年代发展起来的一个衍生债券品种，它是一种可以在特定时间内按特定条件转换成公司普通股的特殊债券。可转换公司债券兼具债券和股票的特性，是一种混合型证券。

1. 可转换公司债券的特点

1）债权性。可转换公司债券首先是一种公司债券，是固定收益证券，具有确定的债券期限和定期息率，为可转换公司债券投资者提供了稳定利息收入和还本保证，因此可转换公司债券具有较充分的债权性质。这就意味着可转换公司债券持有人虽可以享有还本付息的保障，但与股票投资者不同，他不是企业的拥有者，不能获取股票红利，不能参与企业决策。在企业资产负债表上，可转换公司债券属于企业"或有负债"，在转换成股票之前，可转换公司债券仍然属于企业的负债资产，只有在可转换公司债券转换成股票以后，投资可转换公司债券才等同于投资股票。一般而言，可转换公司债券的票面利率总是低于同等条件和同等资信的公司债券，这是因为可转换公司债券赋予投资人转换股票的权利，作为补偿，投资人所得利息就低。

2）股票期权性。可转换公司债券为投资者提供了转换成股票的权利，这种权利具有选择权的含义，也就是投资者既可以行使转换权，将可转换公司债券转换成股票，也可以放弃这种转换权，持有债券到期。也就是说，可转换公司债券包含了股票看涨期权（call option）的特征，投资者通过持有可转换公司债券可以获得股票上涨的收益。因此，可转换公司债券是股票期权的衍生品，往往被视作期权类的二级金融衍生产品。

实际上，可转换债权一般还具有赎回（redeem）和回售（resell）等特征，其属性较复杂，但以上两个性质是可转换债权最基本的属性。

可转换公司债券于 20 世纪 80 年代出现在欧美市场，时间并不长，但作为一种具有保证的回报和有限的下跌风险的股权投资，广受外国投资者的欢迎。我国证券市场早期进行过可转换公司债券的试点，如深宝安、中纺机、深南玻等公司先后在境内外发行了可转换债券。1996 年，我国政府决定要选择有条件的公司进行可转换债券的试点，并于 1997 年颁布了《可转换公司债券管理暂行办法》，于 2001 年颁布了《上市公司发行可转换公司债券实施办法》，允许上市公司发行可转换公司债券。现在可转换公司债券已成为我国证券市场的一个重要的投资品种。

2. 可转换公司债券的优势

对于发行人，以可转换公司债券融资比直接发行债券或直接发行股票更为有利，原因可以归纳如下。

1）可转换公司债券的利率比直接发行的公司债券利率要低。如果可转换公司债券未被转换，相当于公司发行了较低利率的债券，大大降低了筹资成本。

2）发行可转换公司债券可以避免一般股票发行后产生的股本迅速扩张的问题。

3）一般可转换债券的转换价格比公司股票市场价格高出一定的比例（溢价）。如果可转换债券被转换了，相当于公司发行了比市价高的股票。

对于投资者，可转换公司债券的持有人实际多了一项选择品种，也多了一条规避风险的渠道，原因如下。

1）股市向好，可转换公司债券随市价上升超出其原有成本价时，持有者可以卖出可转换债券，直接获取收益。

2）当发行公司的业绩转好，其股票价格预计有较大提高时，投资者可选择将债券按照发行公司规定的转换价格转换为股票，以享受公司较好的业绩分红或公司股票攀升的利益。

3）可转换债券和其发行公司的股票价格双双下跌，卖出可转换债券及将可转换债券转换为股票都不合适时，持券者依然可以获得可转换债券作为债券可获得的固定利息收入。

因此，可转换债券具有股票和债券的双重属性，结合了股票的长期增长潜力和债券的固定利息收入优势，颇受投资者的欢迎。

阅读材料

可转换公司债券的起源

1843 年，美国 New York Erie 铁道公司发行了第一张可转换公司债券，但此后 100 多年，可转换公司债券一直在证券市场中处于非常不清晰的地位，没有得到市场的认同和重视。直到 20 世纪 70 年代，美国经济陷入极度通货膨胀使得债券投资人开始寻找新的投资工具，可转换公司债券由此进入人们的视野，并于此后 30 年在全球迅速发展起来。

资料来源：摘自《可转换公司债券实务》连载（http://www.dushu.com）。

3. 可转换公司债券的主要条款

可转换公司债券的条款和普通公司债券的条款有些不同，这里在讲述可转换公司债券条款的基础上，结合普通公司债券的条款做些说明。

1）可转换公司债券的发行总额。相比于普通公司债券，可转换公司债券的发行规模较大。尤其是在欧洲，可转换公司债券的平均发行规模比较庞大。

2）票面金额。票面金额也称票面价值，与普通公司债券一样，可转换公司债券的票面价值是其作为债券在最后到期日的赎回价值（债券本金）。

3）票面利率。可转换公司债券的利率比普通公司债券的利率要低，欧洲可转换公司债券的票面利率一般为同等风险水平公司债券利率的 2/3。

4）基准股票。基准股票是可转换公司债券的标的物，即可转换公司债券可以转换成的那种股票，也称正股。

5）转换价格。转换价格是指可转换公司债券在有效期内可以据此转换成该公司股票的每股价格。转换价格一般高于其定价时的股票市价。

6）转股价格确定方式。转股价格是指将可转换公司债券转换成公司股票时所应付出的价格。转股价格确定方式一般为固定转股价，即可转换公司债券在发行时将转换价格予以确定，债券有效期内不能改变，除非发生下列的情况，如配股、发售红股、分发股票红利、合并或收购以及其他在可转换债券有效期内会引起未偿付股票价格改变的重大事件，转换价格才做相应调整。

7）转换比率。可转换公司债券的转换比率是一个单位的可转换公司债券能够换成股票的数量。其计算公式为：

$$转换比率 = 单位债券面值/转换价格$$

8）转换期限。通常有两种方法规定转换期限：一种是发行公司制定一个特定的转换期限，只有在该期限内，公司才受理转股事宜；另一种是不限转换的具体期限，只要可转换公司债券尚未还本付息，投资者可以任意选择转换时间。

一般为特定转换期限。

9）赎回条款。可转换债券的发行人拥有强制赎回债券的权利。一些可转换债券在发行时附有赎回条款，规定在一定时期内，若公司股票的市场价格高于转股价达到一定幅度并持续一段时间时，发行人可按约定条件强制赎回债券。制定这一条款，主要是为了促使投资者将债券转换为股票，并保护发行公司的利益。

10）回售条款。可转换公司债券的投资者享有将债券回售给发行人的权利。一些可转换债券附有回售条款，规定当公司股票的市场价格持续低于转股价达到一定幅度时，债券持有人可以把债券按约定条件出售给债券发行人。回售价格一般高于债券包含票面利息的价值，主要是为了保护债券持有人的利益。

2007年，我国出台了《上市公司证券发行管理办法》，分离交易可转换公司债券（以下简称分离交易可转债）被首次列为上市公司再融资品种。

分离交易可转换公司债券的全称是"认股权和债券分离交易的可转换公司债券"，它是债券和股票的混合融资品种。分离交易可转换公司债券由两大部分组成：一是可转换债券，二是股票权证。可转换债券是上市公司发行的一种特殊的债券，债券在发行的时候规定了到期转换的价格，债权人可以根据市场行情把债券转换成股票，也可以把债券持有到期归还本金并获得利息。股票权证是指在未来规定的期限内，按照规定的协议价买卖股票的选择权证明。因此，分离交易可转换债券可以简单地理解成"买债券送权证"的金融创新品种。

分离交易可转换债券与普通可转换债券的本质区别在于债券与期权可分离交易。也就是说，分离交易可转换债券的投资者在行使了认股权利后，其债权依然存在，仍可持有到期归还本金并获得利息；而普通可转换债券的投资者一旦行使了认股权利，则其债权就不复存在。

此外，分离可转换债券不设赎回条款，有利于发挥发行公司通过业绩增长来促成转股的正面作用，避免了普通可转换债券发行人往往不是通过提高公司经营业绩，而是以不断向下修正转股价或强制赎回方式促成转股而带给投资人的损害。同时，分离交易可转换债券持有人与普通可转换债券持有人同样被赋予一次回售的权利，从而极大地保护了投资人的利益。再者，普通可转换债券中的认股权一般是与债券同步到期的，分离交易可转换债券则并非如此。以新钢钒（000629，SZ）分离交易可转换债券为例，债券的期限为6年，而认股权证的存续期仅有2年。因为认股权证分离交易导致市场风险加大，缩短权证存续期有助于减少投机。

2.2 普通股

普通股是一种股权证券，代表着公司股份中的所有权份额。普通股是股份公司资本的基本组成部分，可以转让、买卖或质押，是金融市场主要的长期信用工具。

普通股的收益随公司利润变动而变动，不限制股东权利。普通股股东不仅有权按公司章程从公司领取股息和分享公司的经营红利，还有权出席股东大会，选举董事会，参与公司经营管理的决策，当然股东也要承担相应的责任和风险。

普通股是股份公司资本构成中最重要、最基本的股份，是股份公司资金的基础部分，也是风险最大的股票。在我国上海证券交易所与深圳证券交易所上市的股票都是普通股。

> **阅读材料**
>
> **"中国与股市握手"——邓小平送出的一张中国股票**
>
> 1986年11月，邓小平会见了以纽约证券交易所董事长约翰·范尔霖为团长的美国纽约证券交易所代表团，在接受客人赠送给他的纽约证券交易所的证章和证券样后，将一张上海飞乐音响股份有限公司的股票回赠给客人。国际社会因此发出了"中国与股市握手"的惊呼。邓小平——中国改革开放的总设计师用这样一个举动向世界宣布：股票市场并非资本主义所专有，社会主义国家同样可以利用这一有效工具发展自己的经济。
>
> 曾任中国证监会首任主席的刘鸿儒回忆这段历史时说，当年范尔霖赠送给邓小平的精美证章，凭着它可以在华尔街股票市场中通行无阻；邓小平回赠的则是新中国首批公开发行的股票之一的"小飞乐"股票（见图2-1）。范尔霖获得"中国的第一张股票"后非常兴奋，并亲自到中国工商银行信托

投资公司上海静安证券业务部办理了过户手续。

图 2-1　飞乐音响股票（600651 SSE）

资料来源：新华网上海 2004 年 8 月 20 日电（http://news.xinhuanet.com/newscenter）——摘译自 SEC 官方网站（http://www.sec.gov）。

2.2.1　普通股股东的权利

1. 不固定收益分配权

普通股是风险最大的股票，持有普通股的股东有权获得股利，但必须是在公司支付了债息和优先股股息之后才能分得。普通股的股利是不固定的，一般视公司净利润的多少而定。

2. 投票选举权

普通股股东通过参加股东大会来参与股份公司的重大经营决策。一般地，股份公司每一年度都至少要召开一次股东大会，在遇到重大事件时还要召开临时股东大会。在股东大会上，股东除了听取公司董事会的业务和财务报告外，还可对公司的经营管理发表意见，参加公司董事会和监事会的选举。如果认为公司账目不清时，股东还有权查阅公司的有关账册。如果发现董事违法失职或违反公司章程而损害公司利益时，普通股股东有权将之诉诸法庭。

3. 剩余资产分配权

普通股股东具有分配公司剩余资产的权利。当公司因破产或结业而清算时，普通股股东有权分得公司剩余资产,但普通股股东必须在公司的债权人、优先股股东之后才能分得剩余资产。

4. 优先认股权

当股份公司为增加资本而决定增资扩股时,普通股股东有权按持股比例优先认购新股,以保证其在股份公司中的持股比例不变。

5. 股份转让权

普通股股东具有随时转让自己股份的权利。

 阅读材料

股东投票权

在股份公司中,股东大会是最高的权力机构。股东均享有股东大会的出席权和表决权。股东出席股东大会是一种权力并非义务,股东可以不亲自出席而委托他人代为出席,这一表决权代理行使机制引发了投票代理权的征集问题。股东投票授权委托书的征集是指公司的股东为在特定事项上控制或支配公司,征集其他股东的授权,并代理该授权的股东行使同意权或投票权的行为。

2001年年初,我国证券市场首次出现了大规模公开征集委托书争夺公司控制权案例,这就是通百惠征集胜利股份(000407,SZSE)股东投票授权委托书事件。该事件的结果体现了中国证券市场第一次征集投票代理权活动中流通股股权所发挥的作用,标志着提高中小股东参与程度和维护中小股东权益这个公司法和证券法的重大课题已发展到一个新的阶段。

资料来源:王彭. 公司制度中征集投票代理权问题研究 [N]. 山西高等学校社会科学学报,2003,15(6).

2.2.2 普通股的性质

股票作为一种有价证券,具有如下特征。

1. 永不返还性

股票投资是一种没有期限的长期投资,股票一经买入,只要股票发行公司存在,任何股票持有者都不能退股,不能向发行公司要求抽回本金。股票持有者可以通过股票交易市场将股票卖出,使股份转让给其他投资者,以收回自己的投资。这种买卖对公司资本没有影响,只是持有人发生变更。

2. 流通性

股票可以随时转让、买卖,也可以继承、赠与、抵押。因此,股票是一种流通性较强的资产。无记名股票的转让只要把股票交付给受让人,即可达到转让的法律效果;记名股票转让则要在卖出人签章背书后才可转让。股票的这种流通性,弥补了其无到期日和不能返还本金的不足,使股票成为一种重要的融资工具。

3. 风险性

股票是一种高风险的投资工具。能否获得预期的股利收入,要看公司的经营情况及其股利政策。这样,股东面临的价格风险就更大了,股价的高低既取决于公司的经营状况,又受到股票交易市场行情变化的影响。

4. 责任有限性

股票持有者具有参与股份公司盈利分配和承担有限责任的权利和义务。对公司债务,股东只承担有限清偿责任,以认购金额为限,一旦公司破产,股东不负连带责任。

5. 决策参与性

股东有权出席或通过其代理人出席股东大会,通过选举董事会、投票表决公司重大经营决策、审议批准公司盈余分配方案等手段,间接参与公司的经营决策。股东权力的大小,取决于其持有股份的多少。

6. 收益性

股东可凭其持有的股份向股份公司领取股息并同时享有资产索偿权。在债权人的债务清偿后,优先股和普通股的股东对剩余资产也可按其所持有股份的比例向公司请求清偿(即索偿),但优先股股东要优先于普通股股东,普通股股东只有在优先股股东索偿后如仍有剩余资产时，才具有追索清偿的权利。

7. 权益的同一性

同一种类的每一单位股票在权利和收益上是相同的，体现了投资的公平和公正。这种同一性使股票成为一种非个人性质的投资工具，得以在不同的投资者之间转让。

2.2.3 普通股股利

1. 股利的来源

股利是股东从股份公司分取的盈利。获取股利，是股东投资股票的基本目的，也是股东的基本权利。

股份公司一般按季、半年、年向股东发放股利。在分配时，首先按规定的股息率分配优先股的股息，然后给普通股股东分配股利。

2. 股利发放的影响因素

股利的多少取决于股份公司的经营业绩，因为股利是从税后利润中提取的，所以税后利润是股利的唯一来源，股份公司分红派息时，其总额一般都不会高于每股税后利润，除非有前一年度节余下来的利润。由于各国的公司法对公司的分红派息都有限制性规定，股份公司分配股利的总额总是要少于公司的税后利润。

除了经营业绩以外，公司的股利政策也影响股利的分派。公司税后利润一般有两大用途，除了分配股利外，还要补充资本金以扩大再生产。如果公司的股利政策倾向于公司的长远发展，就有可能少分红派息或不分红而将利润转为资本公积金。反之，分红派息的量就会大一些。

股利的分配还受国家税收政策的影响。上市公司的股东不论是自然人还是法人都要依法承担纳税义务。

3. 股利的种类

股份公司实施股利分配时，主要采取以下三种形式。

1）现金股利。现金股利是最普通、最常见的股利形式，为大多数投资者所欢迎，特别是那些需要以红利作为经常性收入以支付日常开支的投资者。

2）股票股利。股票股利是股份公司以股票的形式支付的股利，俗称红股。派发股票股利的一般方法是规定一个拥有股票数的百分比。例如，股份公司决定股票红利为10%，即表示拥有100股该公司股票的股东可享受10股股票红利。

3）特殊股利。特殊股利有以下几种形式：财产股利、清算股利、债券股利、临时凭证红利。财产股利指股份公司以本公司债券或优先股、其他公司证券或本公司产品作为股利分发给投资者。清算股利指股份公司以本公司清算后的余额作为股利分发给股东。债券股利指股份公司以债券或中期票据作为股利分发给股东。临时凭证红利指股份公司先给股东一张短期期票（即临时凭证）作为红利，到期凭票换取现金。特殊股利一般是公司财务状况不佳的表现。

现金股利与股票股利都是股份公司对股东的回报，但方式不同。对公司来说，派现金需要拿出较大额度的现金来应付派息工作，而给股东送红股时，这部分利润作为追加的股本增加了股本金，成为股东权益的一部分。对投资者来说，派现金是看得见的收益，但要交税；送红股以后，股票的数量虽然增加了，但由于除权降低了股票的价格，投资者的收益无任何变化。

4. 股利的派发

我国上市公司的股利主要有现金股利和股票股利。

股利的发放一般是在期末结算后，在股东大会通过结算方案和利润分配方案之后进行。有些公司一年派发两次股利，除年终派发之外还有中期派发。股利的派发权属于股东大会，但派发股利的具体方案则由董事会提出，一经股东大会认可，即可确定进行。

为了确定哪些人可以领到股利，必须在发放股利前确定一些日期界限。股利派发过程可以用以下四个日期为代表来说明。

1）宣布股利日。宣布股利日即董事会宣布决定在某日发放股利的日期。

2）股权登记日。这是上市公司规定股东登记股权的日期，只有在这一天收盘后，持有公司股票的股东才享有分红派息的权利。

3）除权除息日。除权除息日为股权登记日的下一个交易日。除权除息指的是将股票中含有的分红派息的权利予以解除，这一天购买股票的股东将不再享有分红派息的权利。

4）股利发放日。股利发放日是指将股利正式发放给股东的日期。

5. 除权与除息的计算

上市公司在派发股票红利或增资配股时，就有一个对股价进行除息或除权的过程，并在证券行情表上进行相应的提示。除权除息都在股权登记日的收盘后进行。电脑自动计算出股票的除权除息价，以作为投资者在除权除息日开盘的参考。除权除息价实际上是对股权登记日的收盘价进行调整。

在只派发红利的情况下，除息报价公式为：

$$除息报价 = P - e \tag{2-1}$$

在无偿送股的情况下，除权报价公式为：

$$除权报价 = \frac{P}{1 + r_s} \tag{2-2}$$

在有偿配股的情况下，除权报价公式为：

$$除权报价 = \frac{P + P_p \times r_p}{1 + r_p} \tag{2-3}$$

在送配股与派发红利同时进行时，除权报价公式为：

$$除权除息报价 = \frac{P + P_p \times r_p - e}{1 + r_s + r_p} \tag{2-4}$$

式中 P——登记日的收盘价；

P_p——配股价；

r_p——配股比率；

r_s——送股比率；

e——每股派发的红利。

在股市的行情表中，股票在除权日这天在其名称前冠以"XR"表示除权，如"XR万邦达"就表示万邦达当日除权。"XD"表示股票当日除息，既除权又除息用"DR"表示。

例2-1 北京万邦达环保技术股份有限公司（300055）2014年末期以总股本24 506万股为基数，每10股派0.6元（含税，税后0.57元）转增20股，股权登记日：2015-04-03，除权除息日：2015-04-07，红股上市日：2015-04-07，红利发放日：2015-04-07（4月4日至6日节假日不交易）。

这个方案表明，万邦达股东每10股股票可以得到20股股票股利和0.6元（含红利税）的现金股利。万邦达公司的股权登记日为2015年4月3日，意味着这一天收盘后持有万邦达股票的投资者享有分红派息的权利。2015年4月7日是万邦达的除权除息日，这一天买入万邦达股票的投资者将不再拥有分红派息的权利，而股票的报价进行除权除息。

4月3日，万邦达收盘价为144.39元，4月7日除权除息报价为：

$$除权除息报价 = (144.39 - 0.06) \div (1 + 2) = 48.11(元)$$

4月7日，万邦达股东每10股股票分配所得的20股股票可上市流通。

4月7日，每10股股票享有的0.6元现金红利发放到万邦达股东的资金账户上。

值得注意的是，除权日的开盘价并不一定等于除权报价，除权报价仅是对股权登记日收盘价的一个调整，体现在昨日收盘价上，是除权日开盘价的一个参考价格。当实际开盘价及走势高于除权报价时，称为"填权"，反之，称为"贴权"。股票除权后的"填权"或"贴权"走势与整个市场状况、上市公司状况、送配股比例等多种因素有关。但一般来说，上市公司股票通过除权，每股股票价格下降，能够增加股票的市场吸引力。

万邦达在5月8日收盘价为35.06元，4月3日以收盘价买入的股票每股市值为：

$$35.06 \times 3 + 0.06 = 105.24 （元）$$

2.3 优先股

优先股是相对于普通股而言的，主要指在利润分红及剩余财产分配的权利方面，优先于普通股。优先股股票一般是股份公司出于某种特定的目的和需要而发行的，且在票面上要注明"优先股"字样。

优先股拥有股权和债务的双重特征。它与债券的相同点是承诺每年付给持有人一笔固定的收入，在这个意义上优先股与无限期的债券相同，但优先股是一种股权投资。

我国《公司法》并未规定优先股，所以我国的股票指的就是普通股。

优先股具有以下三个主要特征。

1. 股息收益率预先约定且固定

由于优先股股息率事先固定，所以优先股的股息一般不会根据公司经营情况而增减，而且一般也不能参与公司的分红，但优先股可以先于普通股获得股息，对公司来说，由于优先股股息固定，它不影响公司的利润分配。普通股的红利却不固定，视公司盈利情况而定，利多多分，利少少分，无利不分，上不封顶，下不保底。

2. 优先股的权利范围小

优先股股东一般没有选举权和被选举权，对股份公司的重大经营无投票权，但在某些情况下可以享有投票权。例如，涉及优先股股东的利益时，享有表决权。

3. 剩余资产优先索取权

股份公司在解散、破产清算时，优先股具有剩余资产优先清偿权，即优先股的索偿权优先于普通股，而次于债权人。

股份公司发行优先股，主要是以"保险安全"型投资者为发行对象，对于那些比较富有"冒险精神"的投资者，普通股才更具魅力。总之，发行这两种不同性质的股票，目的在于更多地吸引具有不同兴趣的资本。

阅读材料

中国优先股试点

经2013年12月9日中国证券监督管理委员会第16次主席办公会会议审议通过，2014年3月21日中国证券监督管理委员会令第97号公布《优先股试点管理办法》（以下简称《办法》）。该《办法》分总则、优先股股东权利的行使、上市公司发行优先股、非上市公众公司非公开发行优先股、交易转让及登记结算、信息披露、回购与并购重组、监管措施和法律责任、附则9章70条，自公布之日起施行。2014年11月28日，中国农业银行400亿元优先股在上海证券交易所正式挂牌，标志着中国境内资本市场第一只优先股产品圆满完成发行及挂牌工作。作为首只登陆境内资本市场的优先

> 股产品，农业银行优先股成为新型融资工具发行的一次有益探索和尝试。一方面，实现了中国银行业融资模式的突破，有效缓解了市场对商业银行再融资的担忧。与发达国家相比，中国银行业融资渠道单一，由此造成核心一级资本和二级资本相对充足，其他一级资本短缺。此次发行的优先股，符合《巴塞尔资本协议》和中国银监会相关监管标准，能够补充一级资本，增强银行可持续发展能力，同时实现了商业银行资本结构的优化，有效节约了资本成本。按照2014年年末数据计算，农行在发行400亿元优先股后，一级资本充足率将提升约0.41个百分点。通过发行优先股补充资本，有效缓解了此前市场对银行再融资的担忧，对银行业估值修复形成利好。另一方面，丰富了投资品种，为多层次资本市场建设创造了条件。优先股的推出填补了国内证券产品的空白，为投资者特别是保险、年金等追求长期稳定收益的长线投资者提供了良好的投资工具，有利于促进境内市场"价值投资"理念的形成和巩固。同时，作为一项新的融资手段，优先股为企业间并购重组、股权置换等资本管理以及员工持股等新型公司治理建设创造了有利条件。
>
> 资料来源：新浪财经（http://www.sina.com）。

2.4 证券投资基金

证券投资基金作为一种投资工具，通过公开发售基金份额募集，是由基金管理人管理，基金托管人托管，为基金份额持有人的利益，以资产组合方式进行证券投资活动的投资方式。

基金投资人享受基金的收益，承担亏损的风险。投资基金在不同国家或地区的称谓有所不同，美国称为"共同基金"，英国和中国香港地区称为"单位信托基金"，日本和中国台湾地区则称为"证券投资信托基金"。

2.4.1 投资基金的特点

1. 专业性

基金资产由专业的基金管理公司负责管理，基金管理公司配备了大量的投资专家，他们不仅掌握了广博的投资分析和投资组合理论知识，而且在投资领域也积累了相当丰富的经验。

2. 间接性

证券投资基金是一种间接的证券投资方式。投资者通过购买基金间接投资于证券市场。与直接购买证券相比，投资者与上市公司没有任何直接关系，不参与公司的决策和管理，只享有公司利润的分配权，是一种间接投资方式。

3. 规模性

投资基金汇集了大量投资者的资金，规模较大。投资者进行证券交易时，通常能在手续费方面得到优惠，投资成本较低。为了支持基金业的发展，很多国家和地区还对基金的税收给予优惠，使投资者通过基金投资证券所承担的税赋不高于直接投资于证券须承担的税赋，降低了投资者的负担。

4. 组合性

投资基金具有组合投资、分散风险的好处。根据投资专家的经验，要在投资中做到起码的分散风险，通常要持有 10 种左右的股票。投资学上有一句谚语："不要把你的鸡蛋放在同一个篮子里。"然而，中小投资者通常无力做到这一点。如果投资者把所有资金都投资于一家公司的股票，一旦这家公司破产，投资者便可能尽失其所有。证券投资基金通过汇集众多中小投资者的小额资金，形成雄厚的资金实力，可以把投资者的资金分散投资于各种股票，使某些股票价格下跌造成的损失可以用其他股票价格上涨的盈利来弥补，分散了投资风险。

5. 流动性

投资基金流动性强，基金的买卖程序非常简便。尤其是开放式基金，投资者可以通过代理销售机构（国内一般是商业银行）购买或赎回。国外的基金大多为开放式基金，国内的证券投资基金也由单纯的封闭式基金转为开放式基金为主的格局。

2.4.2 投资基金的分类

根据不同标准可将投资基金划分为不同的种类。

1. 根据基金单位是否可以赎回，证券投资基金可分为开放式基金和封闭式基金

开放式基金是指基金规模不固定，可随时根据市场供求情况发行新份额或被投资人赎回的投资基金。封闭式基金，是相对于开放式基金而言的，是指基金规模在发行前就已确定，在发行完毕后和规定的期限内，基金规模固定不变的投资基金。

2. 根据组织形态的不同，投资基金可分为公司型基金和契约型基金

公司型基金是具有共同投资目标的投资者依据《公司法》组成的以盈利为目的、投资于特定对象（如各种有价证券、货币）的股份制投资公司。契约型基金则是根据一定的信托契约原理，由基金发起人、基金管理人、基金托管人订立基金契约发行基金单位而组建的投资基金。英国、日本和我国香港、台湾地区多是契约型基金。

3. 根据投资风险与收益的不同，投资基金可分为收入型基金、成长型基金和平衡型基金

1）收入型基金。收入型基金的目标在于获取最大的当期收入，投资于各种可以带来收入的有价证券。通常，它可分为两类，即固定收入型基金和股票收入型基金。固定收入型基金的主要投资对象是债券和优先股股票。比较起来，固定收入型基金的收益率较高，但长期成长的潜力较小。利率波动时，净资产价值也较易影响。股票收入型基金的成长潜力较大，但比较容易受股市波动的影响。一般而言，收入型基金适合较保守的投资者和退休者。

2）成长型基金。成长型基金重视资金的长期稳定而持续的增长，是投资基金中数量最大的一种。基金选择的公司一般成长性很好，通常目标是所构建的投资组合的业绩增幅要比大盘的高；成长型基金的红利收入通常比收入型基金少，这种基金的净值波动较大，风险也较大。

3）平衡型基金。平衡型基金追求资本的成长和当期收入。平衡型基金最大的特点就是将资金分散投资于股票和债券。这样使得基金的净资产值较稳定，收入和成长性呈适度发展趋势。因此，平衡型基金的风险较低，适合于资金量小的中小投资者，属于保守型投资。

此外，平衡型基金还可细分为成长及收入型基金、积极成长型基金、新兴成长型基金等。

4. 根据投资对象的不同，投资基金可分为股票基金、债券基金、货币市场基金、期货基金、期权基金、指数基金等

股票基金以股票为主要投资对象；债券基金以各种债券为投资对象；货币市场基金则以国库券、大额银行可转让存单、商业票据、公司短期债券等货币市场短期有价证券为投资对象；期货期权基金以各类期货品种及能分配股利的股票期权为主要投资对象；指数基金是以构成某种证券市场的价格指数的成分股为投资对象，且投资比例和指数权重接近的投资基金。

此外，根据资本来源和运用地域的不同，投资基金又可分为国际基金、海外基金、国内基金、国家基金等。国际基金是指资本来源于国内，投资于国外市场的投资基金；海外基金也称离岸基金，其资本来源于国外，又投资于国外市场；国内基金是指资本来源于国内，并投资于国内市场的投资基金；国家基金是指资本来源于国外，投资于某一特定国家或地区的投资基金。

2.4.3 封闭式基金和开放式基金的区别

1. 基金规模的可变性不同

封闭式基金均有明确的存续期限（如我国封闭式基金均存续期限不得少于 5 年），在此期限内已发行的基金单位不能被赎回，虽然特殊情况下此类基金可进行扩募，但扩募应具备严格的法定条件。因此，在正常情况下，基金规模是固定不变的。而开放式基金所发行的基金单位是可赎回的，而且投资者在基金的存续期间也可随意申购基金单位，从而基金的资产总额每日不断变化。换言之，它始终处于"开放"的状态。这是封闭式基金与开放式基金的根本差别。

2. 基金单位的买卖方式不同

封闭式基金发起设立时，投资者可以向基金销售机构认购；封闭式基金在证券交易所上市后，投资者又可委托中介机构按市价买卖。而投资者投资于开放式基金时，只能随时向基金销售机构申购或赎回，不能上市交易。

3. 基金单位的买卖价格形成方式不同

封闭式基金因在交易所上市，其买卖价格受市场供求关系影响较大。当市场供小于求时，基金单位买卖价格可能高于每份基金单位资产净值，这时投资者拥有的基金市值就会增加；当市场供大于求时，基金价格则可能低于每份基金单位资产净值，这时投资者拥有的基金市值就会减少。而开放式基金的买卖价格是以基金单位的资产净值为基础的，买卖价格反映了基金单位资产净值的高低。另外，基金的买卖费用也有所不同。投资者买卖封闭式基金与买卖上市股票一样，向券商支付一定比例的佣金；开放式基金的投资者买卖基金需向基金销售机构缴纳一定比例的认购费或赎回费。

4. 基金的投资策略不同

由于封闭式基金不能随时被赎回，其募集得到的资金可全部用于投资，这样基金管理公司便可据以制定长期的投资策略，取得长期经营绩效。而开放式基金则必须保留一部分现金，以便投资者随时赎回，而不能全部用于长期投资，投资效益受到一定影响。

在一定的条件下，经过管理部门的批准，封闭式基金可以转为开放式基金。

阅读材料

基金"封转开"

基金"封转开"是指通过证券市场交易的封闭式基金，转为可以直接按净值申购和赎回的开放式基金。

基金"封转开"并非只有等到存续期满后才能实施，在存续期内，只要基金管理人、基金持有人、基金托管人三方同意，按照基金契约召开基金持有人大会并获准后，即可报监管部门实施。但从自身的利益角度考虑，几乎找不到一家基金管理公司愿意"封转开"。因为封闭式基金一旦转为开放式基金，就有可能面临大规模赎回，清盘也不是没有可能。

2006年9月8日至26日，由华夏兴业基金转型而来的华夏平稳增长基金集中申购，成为我国第一只"封转开"基金。

资料来源：新浪财经（http://www.sina.com）。

2.4.4 契约型基金和公司型基金的区别

1）法律依据不同。契约型基金是依照基金契约组建的，《中华人民共和国信托法》是契约型基金设立的依据，公司型基金则是依照《中华人民共和国公司法》组建的。

2）法人资格不同。契约型基金不具有法人资格，而公司型基金本身就是具有法人资格的股份有限公司。

3）投资者的地位不同。契约型基金的投资者作为信托契约中规定的受益人，对基金如何运作不具有发言权；公司型基金的投资者作为公司的股东有权对公司的重大决策发表自己的意见。

4）融资渠道不同。公司型基金由于具有法人资格，在资金运用状况良好，业务开展顺利，又需要扩大公司规模增加资产时，可以向银行借款；契约型基金因不具有法人资格，一般不能向银行借款。

5）经营财产的依据不同。契约型基金凭借基金契约经营基金财产；公司型基金则依据公司章程经营资产。

6）基金运营方式不同。公司型基金像一般的股份公司一样，除非依据《公司法》到了破产、清算阶段，否则公司型基金一般都具有永久性；契约型基金则依据基金契约建立、运作，契约期满，基金运营也就终结。

2.4.5 证券投资基金的参与者

证券投资基金的参与者包括基金持有人、基金管理人、基金托管人、基金销售机构、注册登记机构、注册会计师及律师等中介服务机构。

1. 基金持有人

我国基金持有人即基金份额持有人。

《中华人民共和国证券投资基金法》规定，基金份额持有人享有下列权利：

1）分享基金财产收益；

2）参与分配清算后的剩余基金财产；

3）依法转让或者申请赎回其持有的基金份额；

4）按照规定要求召开基金份额持有人大会；

5）对基金份额持有人大会审议事项行使表决权；

6）查阅或者复制公开披露的基金信息资料；

7）对基金管理人、基金托管人、基金份额发售机构损害其合法权益的行为依法提起诉讼；

8）基金合同约定的其他权利。

2. 基金管理人

基金管理人是指凭借专门的知识与经验，运用所管理基金的资产，根据法律、法规及基金章程或基金契约的规定，按照科学的投资组合原理进行投资决策，谋求所管理的基金资产不断增值，并使基金持有人获取尽可能多收益的机构。基金管理人是负责基金的具体投资操作和日常管理的机构。

基金管理人在不同国家（地区）有不同的名称。例如，在英国称为投资管理公司，在美国称为基金管理公司，在日本多称为投资信托公司，在我国台湾地区称为证券投资信托事业，但其职责都是基本一致的，即运用和管理基金资产。

基金管理人是基金资产的管理和运用者，基金收益的好坏取决于基金管理人管理运用基金资产的水平。为了保护投资者的利益，各国对基金管理人的任职资格都有严格限定，只有具备一定条件的机构才能担任基金管理人。在我国，按照《证券投资基金法》，基金管理人由基金管理公司担任。基金管理公司通常由证券公司、信托投资公司发起成立，具有独立法人地位。

我国《证券投资基金法》规定，基金管理人应当履行下列职责：

1）依法募集基金，办理或者委托经国务院证券监督管理机构认定的其他机构代为办理基金份额的发售、申购、赎回和登记事宜；

2）办理基金备案手续；

3）对所管理的不同基金财产分别管理、分别记账，进行证券投资；

4）按照基金合同的约定确定基金收益分配方案，及时向基金份额持有人分配收益；

5）进行基金会计核算并编制基金财务会计报告；

6）编制中期和年度基金报告；

7）计算并公告基金资产净值，确定基金份额申购、赎回价格；

8）办理与基金财产管理业务活动有关的信息披露事项；

9）召集基金份额持有人大会；

10）保存基金财产管理业务活动的记录、账册、报表和其他相关资料；

11）以基金管理人名义，代表基金份额持有人利益行使诉讼权利或者实施其他法律行为；

12）国务院证券监督管理机构规定的其他职责。

3. 基金托管人

基金托管人是投资人权益的代表，是基金资产的名义持有人或管理机构。为了保证基金资产的安全，基金应按照资产管理和保管分开的原则进行运作，并由专门的基金托管人保管基金资产。

基金托管人由依法设立并取得基金托管资格的商业银行担任。

我国《证券投资基金法》规定，基金托管人应当履行下列职责：

1）安全保管基金财产；

2）按照规定开设基金财产的资金账户和证券账户；

3）对所托管的不同基金财产分别设置账户，确保基金财产的完整与独立；

4）保存基金托管业务活动的记录、账册、报表和其他相关资料；

5）按照基金合同的约定，根据基金管理人的投资指令，及时办理清算、交割事宜；

6）办理与基金托管业务活动有关的信息披露事项；

7）对基金财务会计报告、中期和年度基金报告出具意见；

8）复核、审查基金管理人计算的基金资产净值和基金份额申购、赎回价格；

9）按照规定召集基金份额持有人大会；

10）按照规定监督基金管理人的投资运作；

11）国务院证券监督管理机构规定的其他职责。

2.4.6 基金的收益和费用

1. 基金收益

基金收益是基金资产在运作过程中所产生的收益。基金收益包括基金投资所得的股利、债券利息、买卖证券价差、存款利息等。

2. 基金的费用

1）基金管理费。基金管理费是支付给基金管理人的管理报酬。《证券投资基金法》规定基金管理人的管理费，以基金净资产值的1.5%年费率计提，这意味着基金规模越大，提取的管理费就越多。管理费逐日计提，月底由托管人从基金资产中一次性支付给基金管理人。此费用是从基金资产中支付，无须另向投资者收取。

2）基金托管费。基金托管费是指基金托管人为基金提供服务而向基金收取的费用。基金托管费通常按照基金资产净值的一定比例提取，逐日计算并累计，至每月末支付给托管人。基金托管费收取的比例与基金规模和所在地区有一定关系，通常基金规模越大，基金托管费率越低。

阅读材料

分 级 基 金

分级基金（structured fund）又叫"结构型基金"，是指在一个投资组合下，通过对基金收益或净资产的分解，形成两级（或多级）风险收益表现有一定差异化基金份额的基金品种。它的主要特点是将基金产品分为两类或多类份额，并分别给予不同的收益分配。

根据分级母基金的投资性质，母基金可分为分级股票型基金（其中多数为分级指数基金）、分级债券基金。分级债券基金又可分为纯债分级基金、混合债分级基金、可转债分级基金。它们之间的区别在于纯债基金不能投资于股票，混合债券基金可用不高于20%的资产投资股票，可转债分级基金投资于可转债。根据分级子基金的性质，子基金中的A类份额可分为有期限A类约定收益份额基金、永续型A类约定收益份额基金；子基金中的B类份额又称为杠杆基金，杠杆基金可分为股票型B类杠杆份额基金、债券型B类杠杆份额基金、反向杠杆基金等。

分级基金可以通过场内、场外两种方式认购或申购、赎回。场内认购、申购、赎回通过深交所内具有基金代销业务资格的证券公司进行。场外认购、

> 申购、赎回可以通过基金管理人直销机构、代销机构办理基金销售业务的营业场所办理或按基金管理人直销机构、代销机构提供的其他方式办理。分级基金的两类份额上市后，投资者可通过证券公司进行交易。永续 A 类份额是否值得购买的标准是隐含收益率，有期限 A 类的标准是看到期收益率；而 B 类是否值得购买的标准是母基金所跟踪指数的波动性、价格杠杆的大小、成交量大小（流动性）。
>
> 根据 2014 年发布施行的《上海证券交易所开放式基金业务管理办法》，在上交所发行的分级基金的母基金和子份额均可申请上市交易。
>
> 资料来源：百度百科（http://www.baidu.com）。

2.5 金融衍生工具

衍生工具是英文 derivatives 的中文意译，其原意是派生物、衍生物的意思。金融衍生工具通常是指从原生资产（underlying asserts）派生出来的金融工具。美国财务会计准则公告第 119 号《衍生金融工具和金融工具公允价值的揭示》中将衍生金融工具定义为：价值由名义规定的，衍生于所依据的资产或指数的业务或合约。这里所依据的资产是指货币、债券、股票等基本金融工具。由于许多金融衍生工具交易在资产负债表上没有相应科目，因而也被称为"资产负债表表外交易"（简称表外交易）。

1. 金融衍生工具的特征

金融衍生工具的共同特征是保证金交易，即只要支付一定比例的保证金就可进行全额交易，不需要实际上的本金转移；合约的了结一般也采用现金差价结算的方式进行，只有在期满日以实物交割方式履约的合约才需要买方交足货款。因此，金融衍生工具交易具有杠杆效应。保证金比率越低，杠杆效应越大，风险也就越大。国际上金融衍生工具种类繁多，活跃的金融创新活动接连不断地推出新的衍生工具。

2. 金融衍生工具的分类

（1）根据衍生工具的形态，可以分为远期、期货、期权和掉期四大类远期合约（forward）和期货合约（futures）都是交易双方约定在未来某一特定时间买卖某一特定数量和质量资产的交易形式。期货合约是期货交易所制定的标准化合约，对合约到期日及其买卖的资产的种类、数量、质量都做出了统一规定。远期合约是根据买卖双方的特殊需求由买卖双方自行签订的合约，属于非标准化合约。因此，期货交易流动性较高，远期交易流动性较低。

期权（options）交易是买卖选择权的交易。期权合约规定了在某一特定时间、以某一特定价格买卖某一特定种类、数量、质量原生资产的选择权。期权合约有在交易所上市的标准化合约，也有在柜台交易的非标准化合约。

掉期合约（swap）是一种由交易双方签订的在未来某一时期相互交换某种资产的合约。准确地说，掉期合约是当事人之间签订的在未来某一期间内相互交换他们认为具有相等经济价值的现金流（cash flow）的合约。较常见的是利率掉期合约和货币掉期合约。掉期合约中规定的交换货币若是同种货币，则为利率掉期；若是异种货币，则为货币掉期。

（2）根据原生资产可以分为四类，即股票、利率、汇率和商品的衍生工具

如果再加以细分，股票类中又包括具体的股票和由股票组合形成的股票指数；利率类中又可分为以短期存款利率为代表的短期利率和以长期债券利率为代表的长期利率；货币类中包括各种不同币种之间的比值；商品类中包括各类大宗商品。

（3）根据交易方法，可分为场内交易和场外交易

场内交易，又称交易所交易，指所有的供求方集中在交易所进行竞价交易的交易方式。这种交易方式由交易所向交易参与者收取保证金，同时负责进行清算和承担履约担保责任。此外，由于每个投资者都有不同的需求，交易所事先设计出标准化的金融合同，由投资者选择与自身需求最接近的合同和数量进行交易。所有的交易者集中在一个场所进行交易，这就增加了交易的密度，一般可以形成流动性较高的市场。期货交易和部分标准化期权合同交易都属于这种交易方式。

场外交易，又称柜台交易，指交易双方直接成为交易对手的交易方式。这种交易方式有许多形态，可以根据每个使用者的不同需求设计出不同内容的产品。同时，为了满足客户的具体要求，出售衍生产品的金融机构需要有高超的

金融技术和风险管理能力。场外交易不断产生金融创新。但是，由于每个交易的清算是由交易双方相互负责进行的，交易参与者仅限于信用程度高的客户。掉期交易和远期交易是具有代表性的柜台交易的衍生产品。

这一节我们将主要介绍与股票相关的金融衍生产品。

2.5.1 远期与期货

最初的现货远期交易是双方口头承诺在某一时间交收一定数量的商品，随着交易范围的扩大，口头承诺逐渐被买卖契约代替，出现了1571年伦敦开设的世界第一家商品远期合同交易所——皇家交易所。1848年，82位商人发起组织了芝加哥期货交易所（CBOT）；1851年，芝加哥期货交易所引进远期合同；1865年，芝加哥谷物交易所推出了一种被称为"期货合约"的标准化协议，取代原先沿用的远期合同，于是一种专门买卖标准化合约的期货市场形成了。1882年，交易所允许以对冲方式免除履约责任，增加了期货交易的流动性。

1. 远期合约

远期合约是一种柜台交易的合约，合约的买卖双方约定在将来的某一确定的时间（如明年的2月1日），以事先商定的价格交易某一数量的物品（可以是商品、有价证券或是外汇），也称为标的物（underlying）；合约的买方（long position）是指届时以现金买入合约中提及的标的物的一方；合约的卖方（short position）是指届时卖出合约中提及的标的物而得到现金的一方。合约到期日，合约的买卖双方交割标的物和现金（make delivery）或是不进行实物交割（non-delivery），双方以现金补偿标的物现价和合约中价格之间的差价（cash settlement）。远期合约有很多种，其中最常见的是外汇远期合约。

2. 期货合约

期货合约是一种交易所交易的合约，和远期合约一样，它也要求合约的买卖双方在将来的某一时间，以事先商定的价格交易某一数量的标的物。但与远期合约不同的是，期货合约是在交易所交易的标准化合约（标的物的数量标准化和质量标准化），引入了专门的清算机构（clearance house），每日结算保证金（mark-to-market settlement），同时交割日可为到期月中的任意一天等。

期货交易的产生，为现货市场提供了一个回避价格风险的场所和手段，其主要原理是利用期现货两个市场进行套期保值交易。在实际的生产经营过程中，为避免商品价格的千变万化导致成本上升或利润下降，可利用期货交易进行套期保值，即在期货市场上买进或卖出与现货市场上数量相等但交易方向相反的期货合约，使期现货市场交易的损益相互抵补，锁定企业的生产成本或商品销售价格，保住既定利润，回避价格风险。

3. 股价指数期货

股价指数期货（以下简称股指期货）是一种以股票价格指数作为标的物的金融期货合约。

股票投资者在股票市场上面临的风险可分为两种：一种是股市的整体风险，又称系统风险，即所有或大多数股票的价格一起波动的风险；另一种是个股风险，又称非系统风险，即持有单个股票所面临的市场价格波动的风险。通过投资组合，可以较好地规避非系统风险，但不能有效地规避系统风险。20世纪70年代以后，西方国家股票市场波动日益加剧，投资者规避股市系统风险的要求也越来越迫切。由于股价指数基本上能代表整个市场股票价格变动的趋势和幅度，人们开始尝试将股票指数改造成一种可交易的期货合约并利用它对所有股票进行套期保值，规避系统风险，由此股指期货应运而生。

1982年2月24日，美国堪萨斯期货交易所推出第一份被称为价值线综合平均指数的股票指数期货合约。这种期货合约的买卖双方在市场上根据股票指数的升降按照事先约定的买卖时间和价格进行交易。目前，世界上股价指数期货交易主要集中于《金融时报》股价指数、日经指数、恒生指数等。

（1）股指期货合约

由于股指期货交易的标的物的独特性质，决定了其独特的交易规格。

1）交易单位。在股指期货交易中，合约的交易单位是以一定的货币金额与标的指数的乘积来表示的。这里一定的货币金额是由合约所固定的。因此，期货市场只以该合约标的指数的点数来报出它的价格。例如，在芝加哥商业交易所（CME）上市的S&P500指数期货合约规定，每个指数点的价值为250美元，交易单位为250美元与指数的乘积。因而若期货市场报出主要市场指数为1 000点，则表示一张合约的价值为1 000乘以250美元，为250 000美元。若

S&P500 指数期货合约上涨了 20 点，则表示一张合约的价值增加了 5 000 美元。香港恒生指数期货合约每点对应 50 港元，沪深 300 指数期货合约每点对应 300 元人民币（见表 2-1）。

表 2-1　中国金融期货交易所沪深 300 指数期货合约表

交易品种	沪深 300 指数
合约乘数	每点人民币 300 元
报价单位	指数点
最小变动价位	0.2 点
合约月份	当月、下月及随后两个季月
交易时间	上午：9:15～11:30，下午：13:00～15:15
最后交易日交易时间	上午：9:15～11:30，下午：13:00～15:00
每日价格最大波动限制	上一个交易日结算价的 ±10%
最低交易保证金	合约价值的 12%
最后交易日	合约到期月份的第三个周五，遇国家法定假日顺延
交割日期	同最后交易日
交割方式	现金交割
交易代码	IF
上市交易所	中国金融期货交易所

2）最小变动价位。股价指数期货的最小变动价位（即一个刻度）通常也以一定的指数点来表示，如 S&P500 指数期货的最小变动价位是 0.05 个指数点。由于每个指数点的价值为 250 美元，因此，就每个合约而言，其最小变动价位是 12.5 美元，它表示交易中价格每变动一次的最低金额为每合约 12.5 美元。

3）每日价格波动限制。自 1987 年 10 月股灾以后，绝大多数交易所均对其上市的股价指数期货合约规定了每日价格波动限制，但各交易所的规定不同。

4）结算方式。以现金结算是股价指数期货交易不同于其他期货交易的一个重要特点。在现金结算方式下，每一个未平仓合约将于到期日得到自动的冲销。也就是说，交易者通过比较成交及结算时合约价值的大小，来计算盈亏，进行现金交收。

（2）股指期货的特征

1）现金结算。在具体交易时，股指期货合约的价值是用指数的点数乘以事先规定的单位金额来加以计算的。合约到期时以股票市场的收盘指数作为结算的标准，合约持有人只需交付或收取按购买合约时的股指的点数与到期的实际指数点数计算的点数差折合成的现金数，即可完成交收手续。

2）交易成本较低。相对现货交易、指数期货交易的成本是相当低的。指数期货交易的成本包括交易佣金、买卖价差、用于支付保证金的机会成本和可能的税项。例如在英国，期货合约是不用支付印花税的，并且购买指数期货只进行一笔交易，而想购买多种（如100种或者500种）股票则需要进行多笔、大量的交易，交易成本很高。而美国一笔期货交易（包括建仓并平仓的完整交易）收取的费用只有30美元左右。有人认为指数期货交易成本仅为股票交易成本的1/10。

3）较高的杠杆比率。在英国，对于一个初始保证金只有2 500英镑的期货交易账户来说，它可以进行的《金融时报》100种指数期货的交易量可达70 000英镑，杠杆比率为28:1。由于保证金交纳的数量是根据所交易的指数期货的市场价值来确定的，交易所会根据市场的价格变化情况，决定是否追加保证金或是否可以提取超额部分。

以2015年4月16日上市的股指期货中证1505（IC1505）为例，保证金比例为8%，5月7日收盘价7 911.4点，每点200元，合约价值7 911.4 × 200 = 1 582 280（元），每张合约需保证金1 582 280 × 0.08 = 126 582.4（元）。5月8日指数上涨至8 171.2点，上涨259.8点，合约价值为8 171.2 × 200 = 1 634 240（元），投资者获利51 960元，收益率为41.05%，大幅放大了收益率。

4）市场的流动性较高。有研究表明，指数期货市场的流动性明显高于现货股票市场。如在1991年，《金融时报》指数FTSE–100指数期货交易量就已达850亿英镑。

5）提供较方便的卖空交易。卖空交易的一个先决条件是必须首先从他人手中借到一定数量的股票。国外对于卖空交易的进行设有较严格的条件，这就使得在金融市场上，并非所有的投资者都能很方便地完成卖空交易。例如，在英国只有证券做市商才有可能借到英国股票；而美国证券交易委员会规则10A-1规定，投资者借股票必须通过证券经纪人来进行，还得交纳一定数量的费用。因此，卖空交易并非人人可做。进行指数期货交易则不然。实际上，有半数以上的指数期货交易中都包括拥有卖空的交易头寸。

从国外股指期货市场发展的情况来看，使用指数期货最多的投资人是各类基金（如各类共同基金、养老基金、保险基金）的投资经理。另外，其他市场参与者主要有承销商、做市商、股票发行公司等。

（3）股指期货交易的主要功能

期货交易的功能有两个：一是价格发现功能，二是套期保值功能。作为金融期货的一种，股指期货同样具有这两个功能。

价格发现功能是指利用期货市场公开竞价交易等交易制度，形成一个反映市场供求关系的市场价格。具体来说就是，指数期货市场的价格能够对股票市场未来走势做出预期反应，它同现货市场上的股票指数一起，共同对国家的宏观经济和具体上市公司的经营状况做出预期。从这个意义上讲，股指期货对经济资源的配置和流向发挥着信号灯的作用，可以提高资源的配置效率。

套期保值功能是指投资者通过买进或卖出与现货数量相等但交易方向相反的期货合约，以抵消现货市场价格变动带来的实际损失，避免现货市场价格波动的风险。股指期货的这种套期保值功能，丰富了股票市场参与者的投资工具，增强了股票现货市场交易的活跃度，并减轻集中性抛售对股票市场造成的恐慌性影响，对平均股价水平的剧烈波动起到缓冲作用。

（4）股指期货合约的定价

股指期货的理论价格是投资者做出买入或卖出合约决策的重要依据。实际上，我们可以把股指期货看作一种证券的价格，而这种证券就是指数所涵盖的股票所构成的投资组合。

同其他金融工具的定价一样，股指期货合约的定价在不同的条件下也会出现较大的差异。但是有一个基本原则是不变的，即由于市场套利活动的存在，期货的真实价格应该与理论价格保持一致，至少在趋势上是这样的。为说明股指期货合约的定价原理，我们假设投资者既进行股指期货交易，同时又进行股票现货交易，并假定：①投资者首先构造出一个与股市指数完全一致的投资组合（即两者在组合比例、股指的"价值"与股票组合的市值方面都完全一致）；②投资者可以在金融市场上很方便地借款用于投资；③卖出一份股指期货合约；④持有股票组合至股指期货合约的到期日，再将所收到的所有股息用于投资；⑤在股指期货合约交割日立即全部卖出股票组合；⑥对股指期货合约进行现金结算；⑦用卖出股票和平仓的期货合约收入来偿还原先的借款。

2010年4月16日，沪深300指数期货"破茧而出"，为我国内地股票市场提供了一个场内风险对冲工具。5年来，沪深300指数期货整体运行安全平稳，交投日趋活跃，市场规模逐年扩大，功能发挥逐步深化，很好地满足了国内股票市场相关参与主体的风险管理等需求。从上市以来的运行情况看，沪深300指数期货走势与现货指数高度拟合，价格相关性高达99.9%，很好地促进了国内股票现货市场良性发展。2015年4月16日，沪深300指数期货迎来5周岁生日，上证50和中证500指数期货也呱呱坠地。

4. 国债期货

国债期货（treasury future）是指通过有组织的交易场所预先确定买卖价格并于未来特定时间内进行钱券交割的国债派生交易方式。国债期货属于金融期货的一种，是一种高级的金融衍生工具（见表2-2）。它是在20世纪70年代美国金融市场不稳定的背景下，为满足投资者规避利率风险的需求而产生的。美国国债期货是全球成交最活跃的金融期货品种之一。2013年9月6日，国债期货正式在中国金融期货交易所上市交易。

表2-2 国债期货合约

5年期国债期货合约表	
合约标的	面值为100万元人民币、票面利率为3%的名义中期国债
可交割国债	合约到期月首日剩余期限为4~5.25年的记账式附息国债
报价方式	百元净价报价
最小变动价位	0.005元
合约月份	最近的三个季月（3月、6月、9月、12月中的最近三个月循环）
交易时间	09:15~11:30，13:00~15:15
最后交易日交易时间	09:15~11:30
每日价格最大波动限制	上一交易日结算价的±1.2%
最低交易保证金	合约价值的1%
最后交易日	合约到期月份的第二个星期五
最后交割日	最后交易日后的第三个交易日
交割方式	实物交割

国债期货交易和股指期货交易非常相似。国债期货交易一般不牵涉债券所有权的转移，只是转移与这种所有权有关的价格变化的风险；国债期货交易必须在指定的交易场所进行，禁止场外交易和私下对冲，一般较少发生实物交割现象。

事实上，1992年12月28日中国国债期货就已经在上交所上市，但是由于"327国债期货事件"，1995年5月18日中国证监会宣布国债期货暂停交易。

> **阅读材料**
>
> ### 327国债期货事件
>
> 327国债是1992年发行的三年期国债，发行总量为240亿，1995年6月到期兑付，利率是9.5%的票面利息加保值贴补率。由于1992~1994年中国面临高通胀压力，存款利率不断调高，为保证国债的顺利发行，国家对已经发行的国债实行保值贴补。保值贴补率由财政部根据通胀指数每月公布，因此，对通胀率及保值贴补率的不同预期，成了327国债期货品种的主要多空分歧。
>
> 1995年2月23日，财政部证实要对327国债进行贴息，眼看327国债期货涨势在即，此时在327国债期货上持有大量空单的万国证券总裁管金生，为挽救亏损，挪用万国证券客户资金在收盘前的8分钟之内，抛出1 056万口的卖单，面值达2 112亿元，而所有的327国债总额只有240亿元，国债期货大跌，使当日开仓的多头合约全线爆仓。管金生由巨额亏损转为巨额盈利，市场一片混乱。英国《金融时报》称这是"中国证券史上最黑暗的一天"。
>
> 事件发生后，为了挽救陷入困境的万国，避免可能发生的金融风潮，上海市政府采取了一系列紧急措施，平息了股民的挤兑风波。4月25日，万国召开董事会，原董事长徐庆熊和总裁管金生双双辞职，管金生也被开除出了他一手创办的万国证券。
>
> 9月15日，上证所第一任总经理尉文渊也宣布辞职，从此离开了证券舞台。9月20日，国家监察部、中国证监会等公布了对事件的调查结果和处理决定。1996年4月，万国与它原来在上海市场上最为强劲的竞争对手申银证券公司合并，当年7月17日，申银万国挂牌成立。1997年1月，管金生被上海市高院判处有期徒刑17年。
>
> 资料来源：百度百科（http://www.baidu.com）。

2.5.2 期权和权证

2.5.2.1 期权

1. 期权的概念

期权又称为选择权（options），是在期货的基础上产生的一种衍生性金融工具。期权是一种选择权，期权的买方向卖方支付一定数额的权利金后，就获得这种权利，即拥有在一定时间内以一定的价格（执行价格）出售或购买一定数量的标的物（实物商品、证券或期货合约）的权利。

期权实质上是在金融领域中对权利进行定价。在期权交易时，购买期权的一方叫作买方，而出售期权的一方则叫作卖方；买方即是权利的受让人，而卖方则是必须履行买方行使权利的义务人。期权的买方行使权利时，卖方必须按期权合约规定的内容履行义务。相反，买方可以放弃行使权利，此时买方只是损失权利金，同时卖方则赚取权利金。

期权交易起始于18世纪后期的美国和欧洲市场，1973年4月26日美国芝加哥期权交易所（CBOE）开张，进行统一化和标准化的期权合约买卖，期权合约的有关条款包括合约量、到期日、敲定价等都逐渐标准化，不但提高了交易效率，也降低了交易成本，促进了期权市场的发展。1983年1月，芝加哥商业交易所提出了S&P500股票指数期权，获得成功，各交易所将期权交易迅速扩展至其他金融期货上。自期权出现至今，期权交易所已经遍布全世界，其中芝加哥期权交易所是世界上最大的期权交易所。

2. 期权的分类

由于期权的权利、交割时间、合约上的标的资产等方面的不同，期权市场上存在众多的期权品种。

（1）按期权的权利划分，有看涨期权和看跌期权两种类型

看涨期权（call options）是指期权的买方向期权的卖方支付一定数额的权利金后，即拥有在期权合约的有效期内，按事先约定的价格向期权卖方买入一定数量的期权合约规定的特定商品的权利。而期权卖方有义务在期权规定的有效期内，应期权买方的要求，以期权合约事先规定的价格卖出期权合约规定的特

定商品。

例 2-2　1 月 1 日，标的物是铜期货，它的期权执行价格为 1 850 美元/吨。张三买入这个权利，付出 5 美元；李四卖出这个权利，收入 5 美元。2 月 1 日，铜期货价上涨至 1 905 美元/吨，看涨期权的价格涨至 55 美元。张三可采取两个策略：①行使权利——张三有权按 1 850 美元/吨的价格从李四手中买入铜期货；李四在张三提出这个行使期权的要求后，必须予以满足，即便李四手中没有铜，也只能以 1 905 美元/吨的市价在期货市场上买入而以 1 850 美元/吨的执行价卖给张三，而张三可以 1 905 美元/吨的市价在期货市场上抛出，获利 50 美元/吨（1 905 - 1 850 - 5 = 50），李四则损失 50 美元/吨（1 850 - 1 905 + 5 = -50）。②售出权利——张三可以以 55 美元的价格售出看涨期权，获利 50 美元/吨（55 - 5 = 50）。如果铜价下跌，即铜期货市价低于敲定价格 1 850 美元/吨，张三可以放弃这个权利，损失 5 美元权利金，李四则净赚 5 美元。

看跌期权（put options）是指按事先约定的价格向期权卖方卖出一定数量的期权合约规定的特定商品的权利。而期权卖方有义务在期权规定的有效期内，应期权买方的要求，以期权合约事先规定的价格买入期权合约规定的特定商品。

例 2-3　1 月 1 日，铜期货的执行价格为 1 750 美元/吨，A 买入这个权利，付出 5 美元；B 卖出这个权利，收入 5 美元。2 月 1 日，铜价跌至 1 695 美元/吨，看跌期权的价格涨至 55 美元/吨。此时，A 可以采取两个策略：①行使权利——A 可以按 1 695 美元/吨的价格从市场上买入铜，而以 1 750 美元/吨的价格卖给 B，B 必须接受，A 从中获利 50 美元/吨（1 750 - 1 695 - 5 = 50），B 损失 50 美元/吨。②售出权利——A 可以 55 美元的价格售出看跌期权。A 获利 50 美元/吨（55 - 5 = 50）。如果铜期货价格上涨，A 就会放弃这个权利而损失 5 美元权利金，B 则净赚 5 美元。

由上述例子可以得出以下结论：一是作为期权的买方（无论是看涨期权还是看跌期权）只有权利而无义务。他的风险是有限的（亏损最大值为权利金），但在理论上获利是无限的。二是作为期权的卖方（无论是看涨期权还是看跌期权）只有义务而无权利，在理论上他的风险是无限的，但收益是有限的（收益最大值为权利金）。三是期权的买方无须付出保证金，卖方则必须支付保证金以作为必须履行义务的财务担保。

（2）按期权的交割时间划分，有美式期权、欧式期权和百慕大期权三种类型

美式期权是指在期权合约规定的有效期内任何时候都可以行使权利；欧式期权是指在期权合约规定的到期日方可行使权利，期权的买方在合约到期日之前不能行使权利，过了期限，合约则自动作废；百慕大期权是一种可以在到期日前所规定的一段时间内行权的期权。百慕大期权可以被视为美式期权与欧式期权的混合体，如同百慕大群岛混合了美国文化和英国文化一样。

（3）按合约上的标的资产划分，有股票期权、股指期权、利率期权、商品期权以及外汇期权等

每一期权合约都有一标的资产，标的资产可以是众多的金融产品中的任何一种，如普通股票、股价指数、期货合约、债券、外汇等。通常，把标的资产为股票的期权称为股票期权，依此类推。所以，期权有股票期权、股票指数期权、外汇期权、利率期权、期货期权等，它们通常在证券交易所、期权交易所、期货交易所挂牌交易，当然，也有场外交易。

3. 期权的主要构成要素

期权主要有以下几个构成因素：①执行价格（又称履约价格或敲定价格）。期权的买方行使权利时事先规定的标的物买卖价格，比如例2-2中的1 850元。行使价格在期权合约中都有明确的规定，通常是由交易所按一定标准以减增的形式给出，故同一标的的期权有若干个不同价格。②权利金。期权的买方支付的期权价格，即买方为获得期权而付给期权卖方的费用，比如例2-2中的5元。权利金是期权合约中的唯一变量，期权合约上的其他要素，

如执行价格、合约到期日、交易品种、交易金额、交易时间、交易地点等要素都是在合约中事先规定好的，是标准化的，而期权的价格由交易者在交易所里竞价得出的。③履约保证金。期权卖方必须存入交易所用于履约的财力担保。

4. 期权的价格

期权价格主要由内涵价值、时间价值两部分组成。

（1）内涵价值

内涵价值指立即履行合约时可获取的总利润。具体来说，它可以分为实值期权、虚值期权和两平期权。

1）实值期权。当看涨期权的执行价格低于当时的实际价格时，或者当看跌期权的执行价格高于当时的实际价格时，该期权为实值期权。

2）虚值期权。当看涨期权的执行价格高于当时的实际价格时，或者当看跌期权的执行价格低于当时的实际价格时，该期权为虚值期权。当期权为虚值期权时，内涵价值为零。

3）两平期权。当看涨期权的执行价格等于当时的实际价格时，或者当看跌期权的执行价格等于当时的实际价格时，该期权为两平期权。当期权为两平期权时，内涵价值为零。

（2）时间价值

期权距到期日时间越长，价格大幅度变动的可能性越大，期权买方执行期权获利的机会也越大。与较短期的期权相比，期权买方对较长时间的期权应付出更高的权利金。期权的时间价值随着到期日的临近而减少，期权到期日的时间价值为零。期权的时间价值反映了期权交易期间时间风险和价格波动风险，当合约0%或100%履约时，期权的时间价值为零。期权的时间价值等于期权价格和内涵价值的差。

2015年2月9日，中国股票市场上首个期权——上证50ETF（510050）期权上市，宣告了中国期权时代的到来，也意味着我国已拥有全套主流金融衍生品（见表2-3）。

表 2-3　上证 50ETF 期权合约基本条款

合约标的	上证 50 交易型开放式指数证券投资基金（即 50ETF）
合约类型	认购期权和认沽期权
合约单位	10 000 份
合约到期月份	当月、下月及随后两个季月
行权价格	5 个（1 个平值合约、2 个虚值合约、2 个实值合约）
行权价格间距	3 元或以下为 0.05 元，3 元至 5 元（含）为 0.1 元，5 元至 10 元（含）为 0.25 元，10 元至 20 元（含）为 0.5 元，20 元至 50 元（含）为 1 元，50 元至 100 元（含）为 2.5 元，100 元以上为 5 元
行权方式	到期日行权（欧式）
交割方式	实物交割（业务规则另有规定的除外）
到期日	到期月份的第四个星期三（遇法定节假日顺延）
行权日	同合约到期日，行权指令提交时间为 9:15~9:25、9:30~11:30、13:00~15:30
交收日	行权日次一交易日
交易时间	上午 9:15~9:25、9:30~11:30（9:15~9:25 为开盘集合竞价时间） 下午 13:00~15:00（14:57~15:00 为收盘集合竞价时间）
委托类型	普通限价委托、市价剩余转限价委托、市价剩余撤销委托、全额即时限价委托、全额即时市价委托以及业务规则规定的其他委托类型
买卖类型	买入开仓、买入平仓、卖出开仓、卖出平仓、备兑开仓、备兑平仓以及业务规则规定的其他买卖类型
最小报价单位	0.000 1 元
申报单位	1 张或其整数倍
涨跌幅限制	认购期权最大涨幅 = max｛合约标的前收盘价 × 0.5%，min［(2 × 合约标的前收盘价 − 行权价格)，合约标的前收盘价］× 10%｝ 认购期权最大跌幅 = 合约标的前收盘价 × 10% 认沽期权最大涨幅 = max｛行权价格 × 0.5%，min［(2 × 行权价格 − 合约标的前收盘价)，合约标的前收盘价］× 10%｝ 认沽期权最大跌幅 = 合约标的前收盘价 × 10%
熔断机制	连续竞价期间，期权合约盘中交易价格较最近参考价格涨跌幅度达到或者超过 50% 且价格涨跌绝对值达到或者超过 5 个最小报价单位时，期权合约进入 3 分钟的集合竞价交易阶段
开仓保证金最低标准	认购期权义务仓开仓保证金 =［合约前结算价 + max(12% × 合约标的前收盘价 − 认购期权虚值，7% × 合约标的前收盘价)］× 合约单位 认沽期权义务仓开仓保证金 = min［合约前结算价 + max(12% × 合约标的前收盘价 − 认沽期权虚值，7% × 行权价格)，行权价格］× 合约单位
维持保证金最低标准	认购期权义务仓维持保证金 =［合约结算价 + max(12% × 合约标的收盘价 − 认购期权虚值，7% × 合约标的收盘价)］× 合约单位 认沽期权义务仓维持保证金 = min［合约结算价 + max(12% × 合标的收盘价 − 认沽期权虚值，7% × 行权价格)，行权价格］× 合约单位

2.5.2.2 权证

权证是最基本的金融衍生产品,指的是标的证券发行人或其以外的第三方发行,约定持有人在规定期间内或特定到期日,有权按约定价格向发行人购买或出售标的证券或以现金结算方式收取结算差价的有价证券。权证包括认股权证、配股权证、备兑权证和可转换债权证等。按行权方式不同,又可分为欧式、美式、百慕大式权证。所谓欧式权证是持有人只能于契约到期日当天才能行权,百慕大式可在数个执行日行权,美式权证持有人于到期日前的任何一个时点均可行权。

1. 权证中"权"的主要意义

1)"权"指的是持有人行权的权利,而非行权的义务。例如,按照2007年3月15日的收盘数据,标的股票包钢股份收盘价为5.47元,包钢认购权证(见图2-2)的行权价为1.94元,包钢认沽权证的行权价为2.37元。那么,假设行权期间包钢股价依然为5.47元,不考虑交易费用,如果行权,则认购权证持有人每份权证获取3.53元(5.47-1.94=3.53)的行权收益,包钢认沽权证持有人每份权证产生3.1元(2.37-5.47=-3.1)的行权损失。

2)"权"是具有时间限制的。到了到期日权证既不能交易也不能行权,不再具备任何价值。例如,"包钢JTB1"认购权证及"包钢JTP1"认沽权证的最后交易日为2007年3月23日,之后停止交易,进入为期5天的行权期(2007年3月26日~2007年3月30日),行权终止日尚未行权的"包钢JTB1"认购权证及"包钢JTP1"认沽权证将予以注销,持有人将失去行权的权利(当然权证持有人有权选择在进入行权期前卖掉权证)。

3)"权"是通过实物交割来体现的,而非直接获取差价。例如,投资者如果对1 000份包钢认购权证行权,那么必须保证资金账户中有1 940元(行权价1.94元×1 000份=1 940元)的可用资金,以及足以支付过户费等相关手续的费用,行权后获取1 000股的包钢股份;投资者如果对1 000份包钢认沽权证行权,那么必须保证股票账户中有1 000股的包钢股份,行权后投资者相当于以2.37元的价格向包钢集团卖出1股包钢股份股票。

根据标的股价与行权价格相对高低不同,权证可分为价内、价外、价平权

```
权证类别：认购权证    行权方式：百慕大式
--------------------------------------------------
存续期        : 365天（2006年03月31日至2007年03月30日）
权证发行数量   : 71491万份
行权日        : 2007年03月26日至2007年03月30日
最新行权比例   : 1:1.000
最新行权价    : 1.94元
初始行权比例   : 1:1
初始行权价    : 2.00元
结算方式      : 证券给付
权证到期日    : 2007年03月30日
最后交易日    : 2007年03月23日
2007年03月23日是'包钢JTB1'认购权证（交易代码：580002）的最后交易日，
之后该权证将停止交易。
```

图 2-2 包钢认购权证——包钢 JTB2（580002）

证。对于认购（沽）权证，若标的股价高（低）于行权价，则称为"价内权证"；若低（高）于行权价，则称为"价外权证"；若二者相等，则为"价平权证"。需要注意的是，在权证的存续期内，权证的价内、价外、价平状态并不是一成不变的，而是可能发生转变的。例如，某投资者在购买了某种行权价为 5 元的认购权证，在 10 月 17 日、10 月 24 日、10 月 31 日标的股票的收盘价分别为 5.1 元、5 元、4.9 元，则在这三个时点此权证分别处于价内、价平、价外。

> **阅读材料**
>
> ## 最后一只权证谢幕
>
> 2011 年 8 月 11 日，四川长虹认股权证"长虹 CWB1"进入最后一个交易日。早盘四川长虹的正股价也低开 0.13 元，跌幅 2.4%。由于权证的杠杆效应，长虹权证也低开 5.03%。之后随着大盘反弹，长虹权证很快翻红并最高上涨 3.42%。从 10 点 45 分开始，长虹权证单边下行，收盘报 0.863 元，跌幅 13.27%。全天，长虹权证的换手率高达 808.06%，成交金额高达 42.19 亿元。超过了昨天 A 股市场任何一只股票的成交额。根据公告，8 月 12 日到 8 月 18 日的 5 个交易日是长虹权证的行权日，行权价为 2.79 元/股，每份长虹权证有权认购 1.87 股四川长虹的股票。

> 权证的出现，是 A 股市场作为配合股改进行的一项创新业务，2005 年 8 月，中国内地诞生了第一只权证———宝钢权证。截至 2009 年 8 月 19 日，先后有 95 只权证上市，其中 68 只认购权证，27 只认沽权证。从 2005 年至 2011 年，权证的 6 年也是证券市场波澜壮阔的历史。从最初宝钢权证上市的疯狂，到长虹权证的孤身奋战，权证市场经历了由盛转衰的过程，从此以后，我国证券市场迎来了权证的"空白期"。
>
> 资料来源：新浪财经（http://www.sina.com）。

2. 权证的价值

同期权一样，权证的价值由两部分组成：内在价值和时间价值。随着时间的推移，由于标的股价向有利方向变动的机会更小，权证在到期时拥有更高价值的可能性也越小，因此权证的时间价值会随着到期日的临近而衰减，并在到期日变为零。值得注意的是，时间价值的损耗在临近到期日有加剧的趋势，且临近到期的权证，流动性一般较差。

以 2007 年 4 月 17 日开始行权的首创 JTB1（580004）为例。该权证为认购权证，行权价格为 4.40 元，行权比例为 1:1，即行权时持有权证的投资者有权以 1 份权证按 4.40 元买进 1 股首创股份。4 月 17 日首创股份的收盘价为 9.19 元，而权证的价格为 4.907 元。不考虑时间价值，假设投资者以 4.907 元买入一份权证，到行权时再以 4.40 元买进一股首创股份，合计成本为 9.307 元，而假设行权时市场价格仍为 9.19 元，那么投资者合计成本高于股价便出现了浮动亏损，意味着目前的权证价格过高，偏离合理价值。

因此，权证投资价值的体现完全基于投资者对标的股票价格走势的预期上。股票看涨，认购权证就上涨，认沽权证就下跌。股票看跌，认购权证就下跌，认沽权证就上涨。只不过，权证的波动性较强，具有以小博大的特点，投机性介于股票和期货之间。

3. 权证的涨跌幅价格

为了反映权证作为股票衍生品的特性，证券交易所对权证实施与股票价格有关的涨跌幅限制，而不是 A 股 10% 或 5% 的固定涨跌幅限制。权证的涨跌幅度为标的证券涨跌金额的 1.25 倍。当计算结果小于等于零时，权证跌幅价格为零。

以武钢 JTB1 为例，2006 年 11 月 23 日，武钢 JTB1 收盘价格为 2.77 元，武钢涨跌变动价位为 0.28 元，乘以 1.25 倍可得到权证涨跌变动价位为 0.350 元，武钢 JTB1 收盘价格为 0.822 元，两者相加就等于 11 月 24 日武钢 JTB1 以涨停价收盘，收盘价为 1.172 元。

4. 权证与期权的区别

期权与权证都是一种选择权。它们都是在支付一定的权利金后，给予持有者按照合约内容，在规定的期间内或特定的到期日，按约定价格买入或卖出标的资产的权利。它们是持有者一种权利（但没有义务）的证明，但又存在许多差别。

1）发行主体不同。期权没有发行人，每一位市场参与人在有足够保证金的前提下都可以是期权的卖方。期权交易是不同投资者之间的交易。当投资者买入某公司的认购期权时，卖出期权的是普通投资者。而权证通常是由标的证券上市公司、投资银行（证券公司）或大股东等第三方发行的。交易双方为股票权证的发行人与持有人。当投资者买入 A 公司的权证时，卖出权证的是 A 公司自己或者它所委托的证券公司。如果卖出的机构是 A 公司自己，则称为股本权证；卖出的机构是证券公司，则称为备兑权证。

2）交易方式不同。期权交易比权证更灵活。投资者可以买入或卖出认购期权，也可以买入或者卖出认沽期权。但对于权证，普通投资者只能买入权证，只有发行人才可以卖出权证收取权利金。当然，投资者也可以在二级市场交易手中已有的权证。

3）合约特点不同。期权合约是标准化合约而权证不是。期权合约中的行权价格、标的物和到期时间等都是由市场统一规定好的，而权证合约中的行权价格、标的物、到期时间等都是由发行者决定的。

4）合约供给量不同。期权在理论上供给无限，不断交易就不断产生。而权证的供给有限，由发行人确定，受发行人的意愿、资金能力以及市场上流通的标的证券数量等因素限制。

5）履约担保不同。期权的开仓一方因承担义务需要缴纳保证金，其随标的证券市值变动而变动。而权证的发行人以其资产或信用担保履行。

6）行权后效果不同。认购期权或认沽期权的行权，仅是标的证券在不同投资者之间的相互转移，不影响上市公司的实际流通总股本数；对于上市公司发行的股本权证，当投资者对持有的认购权证行权时，发行人必须按照约定的股份数增发新的股票，从而导致公司的实际流通总股本数增加。

例2-4 中国平安（601318）的实际流通总股本数是50亿份，小李持有上交所中国平安6个月期限的看涨期权1份（不考虑合约乘数），执行价格是40元，那么，如果6个月后股票价格上涨到50元，小李的预期收益将是$\max(50-40, 0)=10$元，中国平安的实际流通总股本仍保持50亿份不变。但是假设中国平安另外发行的是10亿份6个月期限、执行价格为40元的股本认购权证，小李购买了1份，如果6个月后股票价格上涨到50元，那么小李选择行权的预期收益也将是$\max(50-40, 0)=10$元。如果权证的持有人均选择行权，那么中国平安将新发行10亿份的股本，因此，中国平安的实际流通总股本将增加至60亿份。

阅读材料

市价委托成就1天700倍利润的神话

以1厘钱的价格买到收盘价近0.70元的82万份海尔认沽权证，南京股民张浩（化名）820元变56万元。

"这种机会只有一次，以后不可能再有了，你们报道之后更不可能有了。"张浩告诉记者，他从2006年8月1日出现市价委托规则后，就留了心，"市价委托就是当天必须要成交的，按市价交易，只要有人挂出了按市价委托的卖单，而大家恰恰都不买，没有什么买单，理论上我就有可能以1厘钱的价格买到权证。"从那以后，只要有空，张浩每个交易日都会挂出1厘钱的买单。昨天，张浩动用了账户上1万元钱，挂出了海尔等10个认沽权证品种的买单，"今天只有10个认沽权证有可能挂到1厘钱，我事先都研究过了，今天全挂了"。"说实话我也没想到今天真的会成交。"张浩称，收盘之后他查了一下自己的账户,一下子多出了 50 多万元。"我想是不是搞错了?以前也有一次,因为系统出错,我的账户上多出了 100 多万元。"但是这次张浩仔细看了盘面之后,确信这次 50 多万元是真的到了自己的账户上。"因为今天的盘面上我看到了 1 厘钱的成交价格。我一共买到 82 万份海尔认沽权证。""这种事情只有在一种情况下发生,那就是在 9∶25~9∶30,首先要有人挂出按市价委托的卖单,卖单先进交易所,同时没有什么买单。然后张先生挂出了 1 厘钱的买单,买单后进交易所。"拿张浩自己的话说,以前从来没有人挂过按市价委托的单子。就这一次机会,让他给碰上了。

昨天上海证券交易所的一位工作人员向记者证实,这次交易在权证交易历史上是绝无仅有的,而且交易确实成功了。

资料来源:上海证券报(http://stockxp.com),2007-03-01。

本章小结

本章对债券、股票、证券投资基金以及几种衍生金融工具期权和期货进行了论述与分析,介绍了这些常用的金融投资工具的概念、特点、分类和性质等,并着重对我国证券市场上现有的或即将推出的投资工具进行了分析。通过本章的学习,学生可以全面了解当前各种投资工具,为以后章节的学习打下扎实的基础。

重点内容

股票、债券、基金三种投资工具的异同;债券的不同种类;普通股股东的权利;优先股股东与债权人权利的不同点;公司型基金与契约型基金、开放式基金与封闭式基金的差别;认股权证与股票期权的区别;股票价格指数期货的概念及作用;期货合约的空头头寸与看跌期权之间的差别;期权合约的多头头寸与看涨期权之间的差别。

主要术语

国债 国际债券 公司债券 到期收益率 流动性 市政债券 抵押债券 可

转换公司债券　普通股　股利　优先股　衍生资产　期货合约　股指期货
除权　认股权证　看涨期权　看跌期权

习题

1. 讨论股票、债券、基金三种投资工具的异同。
2. 认股权证与股票期权有什么不同点？
3. 普通股股东有哪些权利？试讨论我国股票市场普通股股东享受权利的情况。
4. 论述优先股股东的权利与债权人权利的不同点。
5. 公司型基金与契约型基金、开放式基金与封闭式基金的差别有哪些？
6. 简述股票价格指数期货的概念及作用。
7. 公司的优先股通常以低于其债券的收益率出售，这是因为（　　）。
   A. 优先股通常有更高的代理等级
   B. 优先股持有人对公司的收入有优先要求权
   C. 优先股持有人在公司清算时对公司的资产有优先要求权
   D. 拥有股票的公司可以将其所得红利收入免征所得税
8. 一家公司买入一股优先股，价格为40美元，在年终以40美元售出并获得4美元的年终红利，公司的应税等级为20%，求公司税后收益。
9. 在股指期权市场上，如果预期股市会在交易完成后迅速上涨，以下哪种交易风险最大？（　　）
   A. 卖出看涨期权　B. 卖出看跌期权
   C. 买入看涨期权　D. 买入看跌期权
10. 小陈持有10万股上港集团现货股票，他想规避股票价格下行风险，他如何利用期权（股指期货）作为保险？小陈打算一个月后以25元的价格买入中国平安股票，目前该股票价格为28元，小陈如何利用期权（股指期货）降低他的股票买入成本？
11. 说明期货合约的空头头寸与看跌期权之间的差别。
12. 说明期货合约的多头头寸与看涨期权之间的差别。
13. 投资者于2015年1月25日以16元的价格购进X股票1 000股，该股已公布的分配方案为每10股送3股转增5股派3元。该股票4月20日除权，该投资者参与全部股利分配，并于4月25日以每股21元的价格全部卖出股票。若不计交易成本，该投资者此次投资X股票的年收益率是多少？

14. ABC 股票当期的分红方案为 10 送 5 股红股，2014 年 5 月 20 日除权。小李在 2014 年 3 月 15 日以每股 18 元的价格购进 ABC 股票 3 000 股，5 月 18 日以每股 20.5 元卖出 1 000 股。试问 5 月 23 日李四持有 ABC 股票多少股？每股前复权价和后复权价分别是多少？如除权后以每股 18.5 元卖出，李四的收益率为多少？

第 3 章

证 券 市 场

所谓证券市场（securities market），就是指有价证券发行与流通以及与此相适应的组织和管理方式的统称。从狭义上讲，证券市场是指股票、债券、投资基金凭证等有价证券及其衍生产品发行和流通的场所；从广义上讲，证券市场是指一切以证券为对象的交易关系的总和。本章按照证券发行主体、进入市场顺序以及市场组织形式对证券市场进行分类，分别对应证券市场的主体结构、层次结构和组织结构，以证券流通市场的市场结构、交易程序及股价指数等实务为主，并讨论证券发行市场的参与主体、发行目的及方式，这对未来的投资将起着重要的作用。

3.1 证券市场概述

证券市场的构成比较复杂。按交易性质区分，证券市场包含证券发行市场（也称证券一级市场）和证券流通市场（或者说二级市场）两大部分。两个部分在市场范畴、业务范围和运作方式等方面有明显区别，但两者是密不可分的整体。首先，证券发行市场是证券流通市场的前提和基础。发行市场提供证券，给投资者选择机会，并创造出新的投资工具，吸引更多的资金供需者，增加了投资总量和有价证券总量，进而使得市场结构更为完善，交易过程更为平稳。

其次，证券流通市场是发行市场得以持续、扩大的必要条件。

3.1.1 证券发行市场

证券发行市场又称一级市场或初级市场，是发行人以筹集资金为目的，按照一定的法律规定和发行程序，向投资者出售新证券所形成的市场。证券发行市场的买卖成交活动并不局限于一个固定的场所，如债券发行可通过商业银行的柜台系统，也可以通过证券交易所完成。证券发行市场的作用可用八个字概括：提供证券，筹集资金。证券发行市场按业务分类有股票发行市场与债券发行市场两大块。

1. 债券发行市场

债券发行是指发行人以借贷资金为目的，依照法律规定的程序向投资人要约发行代表一定债权和兑付条件的债券的法律行为。债券发行是证券发行的重要形式之一。

1）债券发行市场的主体。债券发行市场一般由发行人、认购人（投资者）和中介机构（承销者）三部分构成。发行人是债务人，可以是政府，也可以是企业。投资者是债权人，可以是法人，也可以是自然人。承销者也就是中介机构，国外一般都是专门的投资银行或金融公司等机构，国内的中介机构主要有商业银行、证券公司、信托投资公司等。

2）债券发行方式。债券的发行方式可分为公募与私募发行，直接与间接发行，招标发行等。

债券公募发行又称公开发行，是指由承销商组织承销团将债券向广泛的不特定的投资者发行。其特点是发行数量大，票面利率适中，影响面广。

债券私募发行相对于公募而言，指向特定的少数投资者发行债券的方式，又称为定向发行或私下发行。这里所指的特定的投资者，大致有两类：一类是个人投资者；另一类是机构投资者，如大的金融机构或是与发行人有密切业务往来关系的企业、公司等。和公募发行相比，私募发行手续简易，周期短，效率快，但数量不能很大，且承诺的债息要高一些。

债券直接发行指由发行人直接承担发行债券的一切手续，并直接向投资人发行债券的发行方式，限于熟悉债券业务，信用程度较高，能承担债券发行风险的机构，一般见于金融债券。

债券间接发行指发行单位委托承销商向社会公开发行债券的方式。承销商接受委托，收取一定的代理手续费。间接发行又可分为以下几种。

A. 代销发行。代销发行是指承销商代发行人发售证券，在承销期结束时，将未售出的证券全部退还给发行人的承销方式。在代销方式下，在承销协议规定的承销期结束后，如果投资者实际认购总额低于发行人的预定发行总额，承销商（承销团）将未出售的债券全部退还给发行人。采用代销方式时，发行风险由发行人自行承担。其特点有手续费低，发行人得到资金周期较长且有发行风险。

B. 助销发行。承销商代办全部发行业务，承担部分风险。一般是代销债券，发行结束后未发完部分由代理机构收购。助销发行的费用比代销发行略高。

C. 包销发行。承销商将发行人的债券按照协议全部购入的承销方式。采用这种方式，承销商先买下债券，然后发行。当实际招募额达不到预定发行额时，剩余部分就作为承销商自己的投资。这种发行方式的特点有：发行风险全部由代理机构承担；集资单位能及时获得资金；要求发行人信誉好；手续费高。

D. 招标发行。招标发行是国债发行中最常见的方式，分为美国式招标和荷兰式招标两种。投标的标的主要是发行价格或收益率，也有以缴款时间作为标的的。美国式招标中标者得到的实际条件就是投标值，比如以发行价格为标的招标发行，最后发行人就以中标者的投标价将债券卖给中标者，所以美国式招标中，不同的中标者认购成本是不等的。荷兰式招标只有唯一的中标价，所有中标者认购成本是相同的。

另外，对于公司债券，还有担保发行和信用发行。担保发行即公司以不动产、有价证券、设备、第三者信用等作为抵押，发行债券筹集资金；信用发行的公司不用抵押物，仅凭公司自身的信用发行债券筹资。

2. 股票发行市场

股票发行市场是新股票初次交易的市场，是股份公司筹集资金，将社会闲散资金转化为生产资本的场所。

股票发行分为初次发行和增资发行两种。初次发行（initial public offering，IPO）是非公众公司首次公开向社会发行新股，成为公众的股份公司，即公开上市。增资发行（seasoned equity offering）是上市公司在经营过程中根据公司经营发展的需要进行的股票发行。增资发行有三种形式：有偿增资、无偿增资、有偿与无偿增资搭配。有偿增资发行中认购人需交纳一定的费用才能得到新股票，而无偿增资认购人无须交纳费用。通常所说的配股属于有偿增资，发放股票红利和公积金转增股本则属于无偿增资。

大部分情况下，新股发行委托承销商进行，如果数量较大，还需组成承销团发行。在股票发行前的准备阶段，拟发行股票的公司通过向承销商仔细咨询，最后决定股票发行的关键问题。这些问题包括股票的发行方式、承销商的确定、发行定价等环节。发行公司着手完成准备工作之后即可按照预定的方案发售股票。对于承销商来说，就是执行承销合同认购下的股票，然后将其出售给投资者。股票发行也有公募（public sale）和私募（private placements）之分，公募发售的具体方式通常有以下几种。

1）代销（best-effort underwriting）。代销，即"尽力销售"，指承销商许诺尽可能多地销售股票，但不保证能够完成预定销售额，任何没有出售的股票可退给发行公司。这样，承销商不承担发行风险。

2）备用包销（standby underwriting）。通过认股权来发行股票并不需要投资银行的承销服务，但发行公司可与投资银行协商签订备用包销合同，该合同要求投资银行作为备用认购者买下未能售出的剩余股票而发行公司为此支付备用费（standby fee）。但应该指出的是，在现有股东决定是否购买新股或出售他们的认股权的备用期间，备用认购者不能认购新股，以保证现有股东的优先认股权。

3）包销（firm underwriting）。包销是指承销商以低于发行定价的价格把公司发行的股票全部买进，再转卖给投资者，这样承销商就承担了在销售过程中股票价格下跌的全部风险。承销商所得到的买卖差价（spread）是对承销商所提供的咨询服务以及承担包销风险的报偿，也称为承销折扣（underwriting discount）。

在包销发行时，发行公司与承销商正式签订合同，规定承销的期限和到期承销商应支付的款项，如到截止日期股票销售任务尚未完成，承销商必须按合同规定如数付清合同确定的价款。若承销商届时财力不足又不能商请延期，就必须向银行借款支付。为了增加潜在投资者的基础以便在较短时间内把股票销售出去，主承销商往往会组织承销团（underwriting group），团中各成员的角色相当于零售商。

在销售过程中，如果股票的市场价格跌到发行报价以下时，主承销商可能会根据协议在市场上按市价购买股票以支持发行价格。但如果市场价格已显著低于发行价从而预定的发行额难以完成，则承销团只好解散，各个成员尽力去处理自己承诺的部分，最终损失也各自承担。

与公募相比，私募条件下的认购和销售较为简单，它通常是根据认购协议（subscription arrangement）直接出售给投资者，而投资银行为安排投资者和提供咨询而得到酬劳所得。[○]

承销商及投资银行业务可参考本书其他相关章节。

3.1.2　证券流通市场

证券流通市场是指已发行并被投资人认购的证券进行转让、买卖、流通的市场，也称二级市场或者次级市场。证券流通市场在结构上可分为证券交易所、场外交易市场（over the counter，OTC）、三级市场和四级市场。

1. 证券流通市场的功能

1）证券流通市场的微观功能。对于投资者来说，证券流通市场的作用有这几个方面：①选择合适的证券，以期获取较好的投资收益；②利用市场价格变动低买高抛，赚取投资差价；③通过流通市场将证券兑成现金以备急需。

2）证券流通市场的宏观功能。从宏观的角度看，证券流通市场自身的经济功能应有以下四个。

A. 为金融资产提供流动性。流动性就是在已知价格的情况下迅速买卖一项资产的能力。流动性是市场的生命力所在，市场如果因缺乏流动性而导致交易难以完成，那么市场就丧失了存在的根基。Amihud 和 Mendelson（1988）曾指

○ 张亦春. 金融市场学 [M]. 北京：高等教育出版社，2013：52-53.

出:"流动性是市场的一切。"⊖在流动性不充分的市场中,资产与现实购买力之间无法实现零成本转化,投资者需要支付相应的执行成本和时间成本。尤其是我国机构投资者占主体地位的背景下,大额交易往往会对价格造成逆向冲击,对执行成本的控制已成为机构投资者获取竞争优势的重要砝码之一。

B. 维持证券的合理价格。证券流通市场为买卖双方提供服务(如报价系统、成交撮合等)使交易双方在同一市场公开竞价,直到双方都得到认为合理的价格才成交,从而能够保证买卖双方的利益。一个有效的市场,价格能够充分反映证券本身包含的信息,从而趋于合理。

C. 调节资金供求,引导资本合理流向。首先,证券流通市场为宏观面的资金调节起到蓄水池的作用。经济活动中资金紧缺将导致市场利率上升,在证券流通市场的反映是价格下滑,部分投资者将减少证券资产的持有量,资金从证券市场流出,投向预期收益更高的其他市场;经济活动中资金充裕,则市场利率将下降,证券价格回升,吸引投资者将资金流入证券市场。其次,证券市场上证券的供求状况影响证券价格的变化,一级市场、二级市场亦有互相调节的功能。证券供大于求,流通市场上价格下滑,一级市场暂缓发行新证券;供不应求,价格上升,有利于一级市场证券的发行,这种一级市场、二级市场的相互调节使市场内部资金供求趋于基本平衡。最后,在一个证券流通市场中,每个交易的行情给投资者提供了证券的信息,使得投资者能据此及时了解证券发行人的经营状况和获利能力,从而做出买卖选择,使资金流向使用效益高的公司证券。这种合理的选择,减少生产资金价值的损失。

D. 证券流通市场的行情波动能反映和预测整个国民经济情况。债券市场的到期收益率能较好地反映市场利率状况,而股票价格和股价指数更是被视作公司经营和经济运行的晴雨表。例如,股价指数波动幅度增大,说明国民经济或物价不稳定,或反映出经济运行中的比例失调,规模不当。某种股票的价格变动,可反映出该股票发行公司的经营状况的变化。

⊖ Amihud Y, Mendelson H (1989), The effect of computer base trading on volatility and liquidity. In: H. C. Lucas & R. A. Schwartz (Eds), The challenge of information technology for the securities markets: liquidity, volatility, and global trading (pp. 59 – 85). Homewood, IL: Dow Jones & Company, Inc.

2. 证券流通市场的特点

1）广泛性。证券流通市场的广泛性包括参与者的广泛，有机构投资者，也有个人投资者，甚至境外人士也可参与交易；广泛性的另一面是交易对象涉及范围广泛，在市场交易的股票债券，发行人所涉及的行业区域具有广泛性，所以有价证券价格变动的影响因素也是相当广泛的；广泛性的第三个方面是市场资金来源的渠道众多。

2）多层次性。证券流通市场的结构是多层次的，有核心部分的证券交易所，有作为补充和适应多种筹资者需求的场外交易市场，也有提供特殊交易服务的第三、第四市场。

3）风险性。证券流通市场中有价证券的价格处于动态波动的状态，引起价格波动的原因较为复杂，有基本面因素，也有投资者心理使然。这种价格波动的不确定性，可能使投资者持有的证券资产价值下降，导致本金损失，这就是市场风险。另外，波动着的价格也给投资者带来赚取差价收益的可能性，风险越大，获得高收益的可能亦越大。风险和收益总是相伴而行，这就是证券市场的魅力所在。

4）连续性。证券流通市场的连续性表现为交易行为的连续、交易时间的连续和区域的连续几个方面。首先，证券流通市场的参与者出于盈利的目的，在市场中反复买进卖出，试图高抛低吸，赚取资本收益，在行为上是连续的。而证券流通市场里的大部分证券是没有到期时间的股票，它们在市场内日复一日地买卖，形成连续的行情走势。其次，随着金融市场的全球一体化程度的不断提高，资本市场的资金可在不同国家地区持续流动，各个国家地区的证券市场的交易时差，以及随时可协商价格的场外交易市场，构成了24小时交易环。至于交易区域，从欧洲到美洲、亚洲，均有对世界金融有较大影响力的交易所存在，给不同地区的投资者提供了便利。

3.2 证券市场微观结构

3.2.1 证券交易所与场外交易市场

证券交易所和场外交易市场是证券流通市场的两大主要部分。本节内容主要介绍这两类市场,并简要介绍第三与第四市场。

1. 证券交易所

证券交易所是证券买卖双方公开交易的场所,是一个有组织、有固定地点,集中进行证券交易的二级市场,是整个证券流通市场的核心。证券交易所本身不买卖证券,也不决定证券买卖价格,而是为证券交易提供一定的场所和设施,配备必要的管理和服务人员,并对证券交易进行周密的组织和严格的管理,为保证证券交易顺利进行提供了一个稳定、公开、高效的市场。

1)证券交易所的组织制度。证券交易所的组织形式分会员制和公司制两种。会员制形式的证券交易所是以非盈利为目的的社团法人,其会员由证券公司、投资公司等证券商组成。会员对证券交易所的责任仅以交纳的会费为限。国际上较著名的会员制证券交易所有巴黎证交所(1726年),伦敦证交所(1773年),德国的法兰克福、汉堡证交所,日本的东京、大阪证交所(1878年)等。

公司制形式的证券交易所是按股份制原则,由银行、证券公司、投资信托机构及各类公营、民营公司等共同出资占有股份建立起来的,是以盈利为目的的公司法人。公司制证券交易所对营业收入及盈利方面考虑较多,证券商负担相对较大。代表性的公司制证交所有美国的纽约股票交易所,加拿大的多伦多、蒙特利尔证券交易所,中国的香港交易所等。

2)证券交易所的职能。具体而言,证券交易所的主要职能有以下四个方面。

A. 提供买卖证券的交易席位和有关交易设施及相应的服务。一般而言,有席位的证券商才能进入交易所交易,并可代理场外的投资者买卖成交。会员制的交易所,只有会员才有席位,且席位不能买卖;而公司制的交易所,证券商可向现任会员购买席位成为会员。

B. 制定有关场内买卖证券的上市、交易、清算、交割、过户等各项规则,并审核、监督规则的执行情况。上市(listing)是赋予某种证券在交易所内进行交易的资格。欲上市股票的公司必须向证券交易所提交申请,经审核满足交易所对上市股票的基本要求后,方能上市挂牌交易。

C. 管理交易所成员的交易行为,执行场内交易的各项规则,对会员违纪现象及交易中的反常情况做出快速、相应的处理。

D. 编制和公布有关证券交易的资料。

3）证券交易所的特征。证券交易所作为一个高度组织化的市场，其特征可概括为以下五个方面。

A. 有固定的交易场所和严格的交易时间。例如，上海证券交易所和深圳证券交易所都有固定的地点建筑物，国内证券交易所的交易时间为周一至周五（法定节假日和公告休息日除外），上海证券交易所集合竞价时间为 9:15~9:25，连续竞价时间为 9:30~11:30、13:00~15:00。深圳证券交易所集合竞价时间为 9:15~9:25、14:57~15:00，连续竞价时间为 9:30~11:30、13:00~14:57。

B. 参加交易者为具备一定资格的会员证券公司。由于证券交易的复杂性，一般投资者不能直接在交易所买卖证券，只能委托会员证券公司完成交易指令。

C. 参加交易对象限于合乎一定标准的上市证券。每个证券交易所对其中交易的证券有严格的要求，即便是已在交易所交易的证券，如果经营中发生问题，相关业绩指标达不到交易所的要求，也有退市的可能。

D. 交易量集中，具有较高的成交速度和成交率。

E. 对证券交易实行严格管理，市场秩序化。

阅读材料

纽约证券交易所

纽约证券交易所（New York Stock Exchange，NYSE）是全球上市公司总市值第一（2009 年数据）、IPO 数量及市值第一（2009 年数据）、交易量第二（2008 年数据）的交易所。2005 年 4 月末，NYSE 收购全电子证券交易所（Archipelago），成为一个营利性机构。纽约证券交易所的总部位于美国纽约州纽约市百老汇大街 18 号，在华尔街的拐角南侧。2006 年 6 月 1 日，纽约证券交易所宣布与泛欧证券交易所合并，组成纽约证交所-泛欧证交所公司（NYSE Euronext）。纽约证券交易所有大约 2 800 家公司在此上市，另外，美国政府、公司和外国政府、公司及国际银行的数千种债券也在交易所上市交易。

1792年5月17日，当时24个证券经纪人在纽约华尔街68号外一棵梧桐树下签署了《梧桐树协议》，宣告了纽约股票交易所的诞生。1817年3月8日，这个组织起草了一项章程，并把名字更改为"纽约证券交易委员会"。1863年，这个组织改为现名纽约证券交易所。从1868年起，只有从当时老成员中买得席位方可取得成员资格。

纽约证券交易所的第一个总部是1817年一间月租200美元，位于华尔街40号的房间。1865年，交易所才拥有自己的大楼。坐落在在纽约市华尔街11号的大楼是1903年启用的。交易所内设有主厅、蓝厅、"车房"等3个股票交易厅和1个债券交易厅，是证券经纪人聚集和互相交易的场所，共设有16个交易亭，每个交易亭有16~20个交易柜台，均装备有现代化办公设备和通信设施。交易所经营对象主要为股票，其次为各种国内外债券。除节假日外，交易时间每周5天，每天5个小时。自20世纪20年代起，它一直是国际金融中心，这里股票行市的暴涨与暴跌，都会在其他资本主义国家的股票市场产生连锁反应，引起波动。现在它仍是纽约市最受欢迎的旅游名胜之一。

1934年10月1日，交易所向美国证券交易委员会注册为一家全国性证券交易所，有一位主席和33位成员的董事会。1971年2月18日，非营利法人团体正式成立，董事会成员的数量减少到25位。1953年起，成员限定为1 366名。

上市要求

在200多年的发展过程中，纽约证券交易所为美国经济的发展、社会化大生产的顺利进行、现代市场经济体制的构建起到了举足轻重的作用。

纽约证交所对美国国内公司上市的条件要求

1. 公司最近一年的税前盈利不少于250万美元。
2. 社会公众拥有该公司的股票不少于110万股。
3. 公司至少有2 000名投资者，每个投资者拥有100股以上的股票。
4. 普通股的发行额按市场价格计算不少于4 000万美元。
5. 公司的有形资产净值不少于4 000万美元。

纽约证交所对美国国外公司上市的条件要求

作为世界性的证券交易场所，纽约证交所也接受外国公司挂牌上市，上市条件较美国国内公司更为严格，主要包括：

1. 社会公众持有的股票数目不少于 250 万股。

2. 有 100 股以上的股东人数不少于 5 000 名。

3. 公司的股票市值不少于 1 亿美元。

4. 公司必须在最近 3 个财政年度里连续盈利，且在最后一年不少于 250 万美元、前两年每年不少于 200 万美元或在最后一年不少于 450 万美元，3 年累计不少于 650 万美元。

5. 公司的有形资产净值不少于 1 亿美元。

6. 对公司的管理和操作方面的多项要求。

7. 其他有关因素，如公司所属行业的相对稳定性、公司在该行业中的地位、公司产品的市场情况、公司的前景、公众对公司股票的兴趣等。

资料来源：MBA 智库百科（http://wiki.mbalib.com/wiki/），有删改。

2. 场外交易市场

场外交易市场（OTC）是在证券交易所以外的各证券公司柜台上进行证券买卖的市场，也称店头市场、柜台市场。OTC 是一个广泛而复杂的市场，其证券成交量远远超过证券交易所的成交量。店头市场买卖的证券主要包括：①金融机构发行的股票和债券；②大公司或大企业股票和债券。发行量少时，常不办理上市手续，而在场外交易；③在交易所中不易成交的债券；④买卖双方愿意按净值来交易的证券，即不考虑其价格波动，愿意以其净值成交；⑤上市发行，分期还本付息的公司债券和公债券。这类债券价格平衡，流通性差，适宜在场外交易；⑥级别较差的证券。还有就是一些小公司发行的达不到上市标准的证券。

> **阅读材料**
>
> **中国的"新三板"市场**
>
> "新三板"市场原指中关村科技园区非上市股份有限公司进入代办股份系统进行转让试点，最初成立的目的是为解决原 STAQ、NET 系统挂牌公司

的股份流通问题。目前，新三板不再局限于中关村科技园区非上市股份有限公司，而是全国性的非上市股份有限公司股权交易平台，主要针对的是中小微型企业。中国证监会及系统公司不断完善新三板交易制度，并采取了多种措施。例如，制定多种交易方式，降低投资者进入门槛，放松有关交易规则等。

新三板与创业板的区别

从层次上来讲，新三板是场外交易的一部分，代表整个资本市场的最底部，创业板是场内市场的一部分，代表股票交易市场的最底部。从定位上来讲，创业板定位于高成长性的创新型中小企业，遵从"两高六新"的原则，即"成长性高、科技含量高、新经济、新服务、新农业、新材料、新能源和新商业模式"。新三板服务于国家级高新技术园区企业，定位于"高科技"和"创新型"企业。另外，两者在挂牌条件和发行条件、程序、报价方式、投资者范围等方面都有差别。概括起来，新三板的监管较为宽松，运作流程较为简单；创业板涉及更大范围的投资者的利益，其规则体现了更高的标准和要求。

首家转板创业板的新三板公司：北陆药业

2009年10月30日，北陆药业作为首批28家创业板企业成功上市，并且是首家由"新三板"成功转型为"创业板"的公司。业内认为，北陆药业挂牌新三板获得了推动企业发展的宝贵资金，而此后一直按照要求规范运作，不断完善公司治理，严格履行信息披露义务，这等于为其登陆创业板提前练兵做好了铺垫。

资料来源：前瞻网（http://www.qianzhan.com/），有删改。

和证券交易所完备的规则与严密的管理相比，场外交易更有其灵活性。OTC有以下这些主要特征。

1）场外交易市场是一个分散的、无中心的市场。场外交易市场分布很分散，早期大部分交易利用电话、电报成交。随着网络的发展，现在的场外交易几乎可以称为网上交易。另外，交易时间、交易规则和秩序相对不固定，有一定的自由度。

2）场外交易市场是一个投资者可直接参与证券交易过程的"开放性市场"。证券交易所的交易大厅只有会员才能进入，大量的投资者通过经纪商才能完成交易。而场外交易市场形式上较为开放，买卖双方可直接与交易商协商成交，也可委托经纪人与对方的经纪人协商成交，有相当大的参与性。

3）场外交易市场是一个拥有众多证券种类和证券商的市场。因为证交所对上市的证券有严格的要求，达不到标准的筹资者纷纷转向场外交易市场，如不考虑质量，在数量和种类上 OTC 自然要超出证交所。

4）场外交易市场是一个以议价方式进行证券买卖的市场。证券交易所的价格公开竞价形成，而 OTC 的价格可由买卖双方协商形成。

> **阅读材料**
>
> ### 纳斯达克简介
>
> 纳斯达克（National Association of Securities Dealers Automated Quotations, NASDAQ）始建于 1971 年，是一个完全采用电子交易、为新兴产业提供竞争舞台、自我监管、面向全球的股票市场。纳斯达克是美国也是世界最大的股票电子交易市场。
>
> 虽然纳斯达克股票交易市场与美国柜台市场（OTC）和柜台公报板（OTCBB）都受全国券商联合协会（NASD）管理，但是它们的报价系统有明显的区别。OTC 证券是那些没有在纳斯达克或国内任何证券交易市场上市的证券。OTCBB 是一个报价媒介，显示 OTC 上市股票的即时报价、最近成交价格和成交量等信息，为约定成员们提供的报价媒介，而不是一般上市发行的服务，不可以与纳斯达克或美国股票交易市场混淆。纳斯达克股票市场与那些在 OTCBB 市场上的发行商没有业务上的联系。
>
> **市场层次**
>
> 2006 年 2 月，NASDAQ 宣布将股票市场分为三个层次："纳斯达克全球精选市场""纳斯达克全球市场"以及"纳斯达克资本市场"，进一步优化了市场结构，吸引不同层次的企业上市。

> 1. 纳斯达克全球精选市场
>
> 纳斯达克全球精选市场（NASDAQ—GSM）的标准在财务和流通性方面的要求高于世界上任何其他市场，列入纳斯达克精选市场是优质公司成就与身份的体现。
>
> 2. 纳斯达克全球市场
>
> 作为纳斯达克最大而且交易最活跃的股票市场，纳斯达克全球市场（NASDAQ—GM）有近4 400只股票挂牌。要想在纳斯达克全国市场折算，这家公司必须满足严格的财务、资本额和共同管理等指标。在纳斯达克全球市场中有一些世界上最大和最知名的公司。
>
> 3. 纳斯达克小资本额市场
>
> 纳斯达克专为成长期的公司提供市场，纳斯达克小资本额市场（NASDAQ—CM）有1 700多只股票挂牌。作为小型资本额等级的纳斯达克上市标准中，财务指标要求没有全球市场上市标准那样严格，但共同管理的标准是一样的。当小资本额公司发展稳定后，它们通常会被提升至纳斯达克全球市场。
>
> 资料来源：MBA智库百科（http://wiki.mbalib.com/wiki/），有删改。

3. 第三市场与第四市场

第三市场是指在柜台市场上从事已在交易所挂牌的证券的交易。第三市场是20世纪60年代才开创的一种证券交易市场，是为了适应大额投资者的需要发展起来的。一方面，机构投资家买卖证券的数量往往以千万计，如果将这些证券的买卖由交易所的经纪人代理，这些机构投资家就必须按交易所的规定支付相当数量的标准佣金。机构投资家为了减低投资的费用，于是便把目光逐渐转向了交易所以外的柜台市场。另一方面，一些非交易所会员的证券商为了招揽业务，赚取较大利润，常以较低廉的费用吸引机构投资家，在柜台市场大量买卖交易所挂牌上市的证券。正是由于这两方面的因素相互作用，才使第三市场得到充分的发展。第三市场的交易价格，原则上是以交易所的收盘价为准。

第三市场并无固定交易场所，场外交易商收取的佣金是通过磋商来确定的，因而使同样的股票在第三市场交易比在股票交易所交易的佣金要便宜一半，所以第三市场一度发展迅速。直到1975年美国证券交易委员会（SEC）取消固定佣金比率，交易所会员自行决定佣金，投资者可选择佣金低的证券公司来进行股票交易，第三市场的发展才有所减缓。

第四市场是投资者直接进行证券交易的市场。在这个市场上，证券交易由买卖双方直接协商办理，不用通过任何中介机构。同第三市场一样，第四市场也是适应机构投资者的需要而产生的。由于机构投资者进行的股票交易一般都是大数量的，为了保密，不致因大笔交易而影响价格，也为了节省经纪人的手续费，一些大企业、大公司在进行大宗股票交易时，就通过电子计算机网络Instinet直接进行交易，这就是第四市场的基础。

第四市场的交易程序是：用电子计算机将各大公司股票的买进或卖出价格输入储存系统，机构交易双方通过租赁的电话与机构网络的中央主机联系，当任何会员将拟买进或卖出的委托储存在计算机记录上以后，在委托有效期间，如有其他会员的卖出或买进的委托与之相匹配，交易即可成交，并由主机立即发出成交证实，在交易双方的终端上显示并打印出来。由于第四市场的保密性及其节省性等优点，对第三市场及证券交易所来说，它是一个颇具竞争性的市场。

3.2.2　证券交易程序

证券流通市场的交易包括交易所交易与柜台交易两大部分。因为场外市场的柜台交易具有多样性，我们在此仅介绍证券交易所的交易程序。证券交易程序包括以下几个步骤：开户、委托、竞价成交、清算交割、过户。

1. 开户

资金账户与股票账户。投资者在证券公司开立委托买卖的账户，称为资金账户。在这以前，投资者还应开设专门用于存放证券的股票账户。资金账户一般需和被委托的经纪商签订"委托买卖契约"，由经纪商代理投资者证券买卖事宜。

根据投资者的不同权限，资金账户有下列三种。

1）现金账户。投资者在购买证券时，需要全额支付款项。国内的资金账户大部分为现金账户。对于此类账户，证券商与投资者的清算风险可降至最低。

2）保证金账户。持这种账户的投资者购买证券时，只需支付部分款项，比如购买股票支付不低于50%的款项，不足部分由券商垫付。证券商垫付部分相当于贷款，客户需支付相应的利息，且买进的证券抵押在券商处。

3）卖空账户。投资者在股票市场要参与融券卖空交易，必须开设卖空账户。持这种账户做融券卖空交易需要支付所借股票市值的全部金额或者50%以上款项，不足部分由券商垫付。证券商垫付部分相当于贷款。作为风险管理的措施之一，卖空账户跟保证金账户一样，受到证券商的"盯市"（marked to the market），即每个交易日计算投资者账户中的实际保证金。

有些国家和地区的证券法对投资者开设账户有一定的限制，主要有：①凡是年龄在21周岁以下者不得在证券公司开设账户；②证券从业人员（一般指证券主管机关及交易所工作人员），从事公共事业、金融事业和政府机关人员及证券公司内部人士同样不能在证券公司开设账户。

保证金账户与卖空账户的功能我们将在后面做介绍。

2. 委托

投资者开立账户后即可进行证券买卖，但一般的投资者不是交易所的会员，不能直接入场交易，必须委托经纪商来达成交易意图，这个过程就是委托。简要地讲，委托就是投资者通过委托单将买卖指令交给经纪商，经纪商再根据指令的内容传入场内，由场内经纪商或电脑撮合成交。国内证券交易所只能执行当天有效的委托。

3. 竞价成交

证券商在接受客户委托，填写委托书后，应立即通知其在证券交易所的经纪人去执行委托。由于要买进或卖出同种证券的客户都不止一家，故他们通过双边拍卖的方式来成交，也就是说，在交易过程，竞争同时发生在买者之间与卖者之间。这个过程就是竞价成交。

国内沪深两地的证券交易所均采用计算机终端申报竞价。决定成交顺序的基本原则是价格优先，时间优先。成交的决定原则为：最高买进申报与最低卖出申报的价位相同，即为成交。此外，如果买（卖）方的申报价格高（低）于卖（买）方的申报价格，则采用双方申报价格的平均中间价位；如果买卖双方只有市价申报而无限价申报，则采用当日最近一次成交价或当时显示价格的价位。

国内的证券交易所目前买卖申报的竞价方式，分为集合竞价和连续竞价两种。所谓集合竞价，在国内的交易所，是指每个交易日上午 9:25，交易所电脑主机对 9:15~9:25 所接受的全部有效委托进行一次集中撮合处理的过程。集合竞价产生每个交易日的开盘价，开盘价的决定原则是成交数量最大。依集合竞价方式产生开盘价格的，其未成交买卖申报仍然有效，并依原输入时序连续竞价。目前深圳证券交易所收盘价也采用集合竞价形式，由 14:57~15:00 三分钟的有效委托，根据成交量最大原则集中撮合而成。

连续竞价就是在集合竞价结束后，交易时间开始时，每一笔买卖委托输入电脑自动撮合系统后，当即判断并进行不同的处理，能成交者予以成交，不能成交者等待机会成交，部分成交者则让剩余部分继续等待的竞价方法。

连续竞价成交价的确定原则为：对新进入的一个买进有效委托，若不能成交，则进入买入委托队列等候成交；若能成交，即其委托买入限价高于或等于卖出委托队列的最低卖出限价，则与卖出委托队列顺序成交，其成交价格取卖方叫价。对新进入的一个卖出有效委托，若不能成交，则进入卖出委托队列等候成交；若能成交，即其委托卖出限价低于或等于买入委托队列的最高买入限价，则与买入委托队列顺序成交，其成交价格取买方叫价。

4. 清算、交割

1）清算的意义。清算是将买卖股票的数量和金额分别予以抵消，然后通过证券交易所交割净差额股票或价款的一种程序。清算的意义，在于同时减少通过证券交易所实际交割的股票与价款，节省大量的人力、物力和财力。证券交易所如果没有清算，那么每位证券商都必须向对方逐笔交割股票与价款，手续相当烦琐，占用了大量的人力、物力、财力和时间。

2）清算程序。证券交易所的清算业务按"净额交收"的原则办理，即每个证券商在一个清算期（每一开市日为一清算期）中，证券交易所清算部首先要核对场内成交单有无错误，为每个证券商填写清算单。对买卖价款的清算，其应收、应付价款相抵后，只计轧差后的净余额。对买卖股票的清算，其同一股票应收、应付数额相抵后，只计轧差后的净余额。清算工作由证券交易所组织，各证券商统一将证券交易清算机构视为中间人来进行清算，而不是各证券商和证券商相互间进行轧抵清算。交易清算机构作为清算的中间人，在价款清算时，向股票卖出者付款，向股票买入者收款；在股票清算交割时，向股票卖出者收进股票，向股票买入者付出股票。

3）交割与交收。在证券交易过程中，当买卖双方达成交易后，应根据证券清算的结果，在事先约定的时间内履行合约。买方需交付一定款项获得所购证券，卖方需交付一定证券获得相应价款。在银货两清的过程中，证券的收付称为交割，资金的收付称为交收。例如，上海证券交易所的 A 股例行日交割、交收为次日（T+1）交割、交收，B 股例行日交割、交收则为 T+3（成交日后第三个营业日）。

5. 过户

随着交易的完成，当股票从卖方转给（卖给）买方时，就表示着原有股东拥有权利的转让，新的股票持有者则成为公司的新股东，老股东（原有的股东，即卖主）丧失了他们卖出的那部分股票所代表的权利，新股东则获得了他所买进那部分股票所代表的权利。然而，由于原有股东的姓名及持股情况均记录于股东名簿上，因而必须变更股东名簿上相应的内容，这就是通常所说的过户手续。

过户的意义表现为：①现代证券交易的对象大多为无纸化证券，由于没有实物载体，股东对相应证券的所有权无法凭借实物券来体现，而是在股东名册上对股东的姓名等资料进行登录从而确认其股东身份，并明确相应权利、义务的法律关系；②在证券交易中，股东（债权人）的身份会不断发生改变，权利、义务不断在交易者之间转移，从而要求能够对已有的股权（债权）登记进行修改。

3.2.3 保证金购买和卖空

因保证金账户就像银行信用卡似的可以透支，如果购买证券所需资金多于账户余额，或投资者出于某种目的不愿全部支付时，经纪商在限额内提供所需资金的贷款。所以，保证金账户下的交易是一种信用交易，同样，卖空账户可以融券，也是可以进行信用交易的账户，它们对应的交易行为主要有保证金购买与卖空。

1. 保证金购买

持现金账户的投资者需足额支付购买证券所需款项，而保证金账户的持有者只需支付部分款项，其余部分由经纪商贷款解决。由保证金购买引起的借款量称为借方余额（debit balance），这种借贷的利率计算通常在短期贷款利率上加一个服务费率。因为经纪商押下证券借款给投资者时，经纪商也用这些证券抵押向银行借款，从某种意义上说，经纪商起到金融中介的作用。和保证金购买有关的几个概念如下。

1）初始保证金要求（initial margin requirement）。它是投资者自己应支付的购买证券所需款项的最小比例。美国联邦储备局对于股票购买的初始保证金要求是50%，交易所可在此基础上再酌情增加。

例如，某投资者以保证金账户购买100股DELL股票，每股成交价是25美元，应支付的全部款项为2 500美元。若经纪商的初始保证金要求是60%，则该投资者应支付给经纪商1 500（2 500×60% = 1 500）美元，其余的1 000美元由经纪商代为支付，投资者则支付这1 000美元的利息。

2）实际保证金（actual margin）。因为股票价格不是固定不变的，投资者起初支付的部分款项在全部股票市值中所占比例也在变动，所以需"盯市"，每个交易日计算投资者的实际保证金比例。

$$实际保证金比例 = \frac{证券资产的市值 - 贷款}{证券资产的市值} \qquad (3\text{-}1)$$

如果价格不变，实际保证金等于初始保证金，但价格发生变化时，实际保证金就可能高于或低于初始保证金。如上例中，如果DELL股价下跌，假设跌到20元，实际保证金比例只有50%，不到60%；如果股价进一步下跌至10元附近，经纪商就要担心他的贷款是否安全了。

3）维持保证金（maintenance margin）。为了防止价格下跌使证券资产价值跌至贷款额以下，给经纪商造成损失，经纪商要求投资者在账户里保留一定比例的实际保证金，这一比例被称为维持保证金比例。维持保证金的具体标准由交易所制定，经纪商有权在交易所的标准上提高比例。例如，纽约股票交易所购买普通股和可转换债券的维持保证金比例为25%。

如果账户的实际保证金降到维持保证金标准之下，称账户保证金不足，此时，经纪商将签发追加保证金通知，要求投资者在下列三项中做选择：①在账户中存入现金或证券；②偿还部分贷款；③出售部分证券以偿还部分贷款。这三种方法都能提高实际保证金计算公式中的分子或降低分母的值，使实际保证金比例上升，达到维持保证金的要求。如果账户所持证券价格不跌反涨，这时的实际保证金要高于初始保证金要求，账户被称为无限制账户或保证金盈余账户，投资者可将盈余部分提现。更一般的情况可能是实际保证金在初始保证金要求之下，在维持保证金之上，此时的投资者可不用做任何事情，但账户成为限制使用账户（restricted account），不允许投资者进行任何使保证金减少的活动，如提取现金。

还是以投资者保证金购买 DELL 股票为例，如果 DELL 受盈利大增的消息刺激，股价涨到 30 美元，此时的实际保证金比例为（3 000 – 1 000）/3 000 = 66.7%，账户不受限制，且投资者最多可提取盈余 200（2 000 – 3 000 × 60%）美元；相反，DELL 季度盈利不及预测值的消息使股价下跌到 23 美元，则实际保证金比例为（2 300 – 1 000）/2 300 = 56.5%，账户受限制，但投资者无须追加保证金。假设维持保证金比例为 25%，可以算出，只有价格跌到 13.33 美元以下时，投资者才需要追加保证金或卖出 DELL 股票平仓。

2. 卖空

所谓卖空是投资者向经纪商借入证券先卖出，以后再买回证券还给经纪商这样一个先卖后买的投资过程。卖空仍然有借贷行为，但借的对象是证券。保证金购买的投资者对证券价格的预测将上升，而卖空是建立在价格将下跌的预测上。

不是所有国家和地区的证券市场都允许卖空，且可以卖空的市场对卖空也有诸多的条件限制，如美国 SEC 规定市场价格正在下跌的证券不能做卖空，卖空必须以升标（uptick）或零加标（zero-plus tick）引进。升标指价格高于前一个交易的价格，零加标指价格等于前一个交易的价格，但必须高于此前不同价格的最后交易价。

在卖空成交后的清算日到来以前,卖空者的经纪商必须为卖空者借入和交割适当的证券。借入的证券可来自:①经纪商自己的存货;②另一家经纪商的存货;③愿意出借证券的机构投资者;④由经纪商以街名持有的、开立保证金账户的其他投资者的证券。证券卖空期间发生的权益,如分红或股东投票等,仍属于原证券持有者,即证券的贷方。

因卖空涉及证券借贷,所以卖空者也需向经纪商支付保证金,一般根据卖空价值的一定比例计算,比如60%,这个比例称为初始保证金要求。如果价格上升对卖空者不利时,卖空者的保证金在贷款总值中的比例下降,经纪商将有损失的风险,所以,和保证金购买一样,卖空者同样需要使实际保证金维持在某一基本比例之上,即维持保证金,一般这个比例也是由经纪商根据交易所的政策再加以确定。卖空的实际保证金比例计算公式为:

$$实际保证金比例 = \frac{卖空者资产价值 - 借贷证券市值}{借贷证券市值} \quad (3\text{-}2)$$

式(3-2)中,卖空者资产价值 = 卖空所得 + 卖空者支付的保证金。和式(3-1)相比,卖空者的实际保证金中贷款部分的价值是可变的,而保证金购买中可变的是买家持有的证券的市值。但是引起实际保证金变化的原因都是因为证券价格的变化。如果实际保证金下降到维持保证金以下,卖空者将被要求增加保证金或增加证券,前者可以增大式(3-2)中分子的值,后者可同时增大分子的值减小分母的值,使实际保证金值上升。

和保证金购买类似,卖空者的账户也有限制与非限制之分。根据价格的变动有三种情形:①价格下跌,实际保证金大于初始保证金要求,账户不受限制;②价格上升并突破维持保证金的水平,账户被限制,同时要求卖空者追加保证金或买入证券全部或者部分平仓;③价格上升,实际保证金低于初始保证金要求,但没有突破维持保证金,卖空者可不做任何处理,但账户受限制。

在前面的关于DELL的例子中,假设有投资者认为该股价格将下跌,选择做卖空100股。经纪商要求的卖空初始保证金为50%,维持保证金为25%,在股票价格为25美元时,投资者需支付的初始保证金数量为 $2\,500 \times 50\% = 1\,250$ 美元,经纪商为投资者借入100股DELL股票,卖出后得2 500美元。如果股票价格上升至28美元,卖空者的实际保证金为 $(1\,250 + 2\,500 - 2\,800)/2\,800 \approx$

34%，账户受限制，但卖空者不必追加保证金；价格继续上升到 31 美元，实际保证金为（1 250 + 2 500 − 3 100)/3 100 ≈ 21%，卖空者需要追加保证金或买入 DELL 股票平仓。如果价格下跌到 20 美元，卖空者的实际保证金为 86.5%，高于初始保证金要求，账户不受限制。

保证金购买和卖空的回报率。因保证金账户的交易属于信用交易，在实际投资中有信用杠杆的作用。所以，这两种行为的回报率或亏损都比现金账户在相同价格水平下有所放大。不考虑证券分红及保证金追加，保证金购买的收益率为：

$$\text{保证金购买回报率} = \frac{\text{证券资产的盈利} - \text{保证金利息}}{\text{保证金支付}} \qquad (3\text{-}3)$$

式（3-3）中证券资产盈利 = 证券资产卖出所得 − 证券资产买入所得 + 期内证券收益。

在前面的例子中，投资者以初始保证金要求 60% 买入 DELL 股票 100 股，价格为 25 美元，所付保证金为 1 500 美元，贷款 1 000 美元，贷款利率为 10%。股票从 25 美元上升至 30 美元，该投资者的回报率为：$\frac{30 \times 100 - 25 \times 100 - 1\,000 \times 10\%}{1\,500} \approx 26.7\%$。此时不用保证金购买的回报率为 20%。如果价格下跌至 20 美元，投资者回报率为 $\frac{20 \times 100 - 25 \times 100 - 1000 \times 10\%}{1\,500} = -40\%$，不用保证金购买的回报率为 −20%。

所以，可以看出保证金购买能利用杠杆效应获得更多的收益，也可能遭遇更多的风险。在价格变化方向相反、数量一致的情况下，投资者损失的比例要大于获利的比例，因为贷款利息构成了投资成本。

对于卖空，投资者借入证券无须支付利息，所以一般的卖空回报率公式为：

$$\text{卖空回报率} = \frac{\text{证券资产盈利}}{\text{保证金支付}} \qquad (3\text{-}4)$$

此处证券资产盈利同式（3-3）。如果不考虑保证金利息、卖空所得利息及贷款利息，在价格变化相同的情况下，因为在初始价格上所处的买卖立场相反，卖空的回报率和保证金购买的回报率正好相反。

3. 融资融券交易流程

2006 年 6 月，证监会发布《证券公司融资融券试点管理办法》；2008 年，经国务院同意,中国证监会宣布将启动融资融券业务试点工作。《融资融券试点交易实施细则》规定,融资者买入证券时,融资保证金的比例不得低于50%。

1)融资业务流程。投资者以其信用账户的资金或者证券为担保品,向证券公司申请融资买入;证券公司用其"证券公司融资专用账户"中的自有资金为投资者垫付资金与结算公司结算;投资者融资买入的证券作为向证券公司融资的担保品登记到"客户信用证券汇总账户",同时记增相应的投资者二级明细账户。还款时投资者若采用直接还款方式,则直接将资金划入"证券公司融资专用账户",若采用买券还款的方式,则所得先偿还证券公司融资款和融资费用,剩余资金进入"客户信用资金汇总账户",同时记增相应的投资者二级明细账户。

2)融券业务流程。投资者以其信用账户中的资金或者证券为担保品,向证券公司申请融券卖出;证券公司以其"证券公司融券专用账户"中的自有证券为投资者垫付证券与结算公司交收;投资者融券卖出所得资金作为向证券公司融券的担保品,记入"客户信用资金汇总账户",同时记增相应的投资者二级明细账户。若投资者采用买券还券的方式偿还融入证券,则通过"客户信用证券账户"申报买券,买入证券从"客户信用证券汇总账户"划入"证券公司融券专用账户",完成还券。

阅读材料

苏宁电器(002024)的大卖空

2012年8月14日,京东从非官方渠道宣布,大家电3年内零毛利率,并保证比"国美苏宁"门店价格便宜10%;苏宁也高调应战,苏宁易购推出"8月15日~8月20日超级0元购"等一系列活动。

但显然,这场电商大战的时机对苏宁来说并非很好。13日晚间,苏宁刚刚宣布向社会公众发行规模不超过80亿元的公司债券进行融资,这导致市场担心公司在这场消耗战中会出现资金紧张。8月14日,苏宁以大跌7.11%报收,股价逼近2008年10月低点。

> 深交所盘后数据显示，14 日，融券者大举卖出苏宁 144.4 万股，较 13 日放量 2 倍。但偿还量仅为 97.6 万股，苏宁融券余量因此上升至 321.61 万股。
>
> 8 月 15 日苏宁公告称，第二大股东苏宁电器集团计划在未来 3 个月内对公司股票进行不超过 10 亿元增持。这则公告使得苏宁股价当天以涨停报收，也因此刺激一些融券者还券——当天苏宁发生 290.21 万股融券偿还。不过与此同时，仍有一些融券者继续不看好苏宁，当天苏宁另有 173.67 万股融券卖出，收盘时融券余量下降至 205.06 万股。
>
> 8 月 16 日，苏宁重拾跌势，以下跌 4.48% 报收。这一天，苏宁融券端的多空双方基本平衡，当天苏宁融券卖出量和融券偿还量分别为 137.92 万股和 135.22 万股；收盘时融券余量仍达到 207.76 万股。
>
> 资料来源：《每日经济新闻》，2012-08-18，有删改。

3.3 股票价格指数

3.3.1 股价指数的概述

指数（index）为统计学上的概念，是一种表明社会经济现象动态的相对数，运用指数可以测定不能直接相加或比较的社会经济现象，也可以分析社会经济现象总变动中各因素变动的影响程度。指数在经济生活中应用广泛，如日常生活中我们比较熟悉的居民消费价格总指数、工业总产值指数、房地产价格指数等。

股票价格指数（stock index）则是指数在证券市场中的应用，以反映一定时期内某一证券市场上股票价格的综合变动方向和程度，一般由证券交易所、金融服务机构、咨询研究机构或新闻单位编制和发布。在股票市场上，同一时间里有多种不同的股票在交易，由于受到政治、经济、市场及心理等各种因素的影响，每种股票的价格均处于不停的变动之中。投资者在进行投资决策时，不仅需要了解和关注所投资个股的价格变动情况，而且也必须从众多个别股票纷繁复杂的价格变动中判断和把握整个股票市场的价格变动水平与变动趋势。因此，最早的股价指数在 1884 年就应运而生，迄今已是证券市场中最为投资者所熟知的重要指标。

3.3.2 股票价格指数的分类

随着证券市场的发展，市场的规模与容量不断扩大，投资者的投资目的和偏好也日益呈现多样化的趋势，单一的股价指数已经不能满足众多投资者的不同需求。因此，现在的股票价格指数根据编制的方法、采样的范围、计算的方法等不同可以划分为不同的股价指数的类型。

根据编制原理的不同，广义的股价指数包括股价平均数和股价指数两种。股价平均数（stock average）采用简单的价格平均法，用来衡量样本股总的价格平均水平，实际上是一个表示价格的数值。最著名的道琼斯 30 种工业股票价格平均数（DJIA）就属于此类。股票价格指数（stock index）是将样本在计算期的股价与基期的股价相比较而得到的相对数，反映的是股票价格的相对水平。大多数的股价指数都属于此种类型，如美国的标准普尔 500 指数（S&P500）、国内的上证指数等。

根据计算的样本容量不同，股价指数可以分为综合股价指数和成分股价指数两种。综合指数（composite index）是指以全部的上市股票为样本编制而成的股价指数，它通常比较全面与准确，但由于样本不断增加，故它的可比性较差，如我国的上证综合指数和深证综合指数就属于此类。成分股价指数（component index）就是只选取一部分作为样本进行计算的指数，可比性较好，计算也较简单。如果选择的样本股具有相当的代表性，则指数计算的结果也能够较好地反映股市的变动。例如，S&P500 指数和上证 180 指数就是成分股价指数。

根据样本的来源有无行业限制可以将股价指数分为全市场指数和分类指数。全市场指数（full-market index）的样本股的来源没有行业限制，全部的上市股票都有可能被选入样本，一般也称为大盘指数。分类指数（index by category）的样本股票只能来自特定的行业范围，分类指数是建立在全市场指数的基础之上的，编制分类指数的目的是进一步为投资者选择哪一行业股票进行投资提供参考意见。

3.3.3 股价指数的功能

编制股价指数有多方面的意义。无论是股票投资者，还是各级政府官员、经济学者及许多公共机构都需要股价指数。由于各个主体希望从股价指数中获取信息的侧重点不同，单一的股价指数很难满足要求，所以这也是出现多种股价指数的原因之一。一般而言，一个股价指数至少可以具有以下三种主要功能。

1. 投资者进行投资决策的指南

股价指数可以为投资者选择股票、决定买卖时机、进行技术分析提供有价值的信息，这是股价指数的基本功能。投资者需要考虑股价指数的高低、历史走势与未来趋势来决定进与退，因为股价指数既是股价变化的具体反映，又是影响具体股票价格走势的重要外部环境。当然，某股价指数是不是具备指引投资者的功能，在很大程度上取决于该指数的准确性。如果股价指数在编制的方法、样本的选择等方面不具备科学性或存在某些先天不足，就很难具有此种功能。

2. 国民经济的"晴雨表"

股价指数的另一主要功能就是作为一个国家和地区，乃至整个世界经济的"晴雨表"，对宏观经济的景气进行测度。需要指出的是，并不是所有的股价指数都可以成为一个好的宏观经济的"晴雨表"。事实是，世界上这么多的股价指数，真正得到公认具有此功能的股价指数是很少的，因为至少这个指数应该与宏观经济之间有很强的相关性，并且需要有较长的历史周期的检验。在这方面，美国道琼斯30种工业股票价格平均数是最成功的。中国目前的股价指数对我国国民经济运行状况的反映效果就有些不尽如人意。

3. 金融衍生产品的标的物

股价指数的另一功能是作为某些金融衍生产品的标的物，如指数期货、指数期权。指数期货合约和期权合约的交易行为是建立在买卖双方对股价指数未来走势的不同判断之上的，指数期货和指数期权在资产组合管理方面具有十分重要的作用。为了获取准确的套期保值效果，需要作为标的物的股价指数具有良好的稳定性和可比性。

实际上，股价指数还有一些其他的功能，如保存股市的资料，帮助监管机构评估市场状态,有利于各国证券市场之间的比较等。

3.3.4 股价指数的计算

现在常见的股价指数有价格平均数和股价指数两大类。

1. 价格平均数

价格平均数并不是严格意义上的指数,而是平均数。价格平均数的计算常采用简单算术平均法,就是将样本的股价进行加总,再除以股票的样本数。其公式为:

$$\overline{P} = \frac{1}{n}\sum_{i=1}^{n} P_i \tag{3-5}$$

式中 $\overline{P}$——股价平均数;

P_i——各样本股的价格;

n——样本股票的种数。

这种算法十分简单,含义明确,股价指数就是所有样本股票的平均市场价格。我们可以举一个例子进行说明,数据如表3-1所示。

例3-1 市场上有3家公司的股票A、B、C,A的股价为8元,B的股价为10元,C的股价为18元,则可以算出股价平均数为12元,这可以理解为12元,即3只股票的平均价格。如果第二天,股价都上涨,A的股价为10元,B的股价为14元,C的股价为21元,则股价平均数变为15元,即平均股价上涨到了15元,如果投资者等量拥有这3只股票,就可以明确知道自己股票组合的价值变化。

但这种方法最大的缺陷就是当样本股发生送配、拆细或更换时,会使股价平均数失去真实性、连续性和可比性。假定上例的C股在第二天交易结束后决定1股送2股,这样每股的股价就是7元,如果还是采用原来的计算公式,则这天的股价平均数就变成了 $\frac{10+14+7}{3} = 10.33$(元),而不是原来的15元,实际上投资者并没有遭受损失,但指数却下降了,这就是指数的"失真"。这时股价指数后就不能以"元"为单位了,因为它不再具有平均股价的含义了。此外，股价平均数在计算时没有考虑权数，忽略了发行量或交易量不同的股票对股票市场有不同影响这一重要因素。

表 3-1　某股市 3 只股票股价交易情况表

股票	股价（元）		交易量（100 股）	
	基期 P_0	报告期 P_1	基期 Q_{0i}	报告期 Q_{1i}
A	8	10	75	100
B	10	14	125	150
C	18	21	160	200

1928 年以前的道琼斯股票价格平均数系列的计算采用的就是简单算术平均数法。为了弥补缺陷，道琼斯公司在 1928 年设计了一个"道氏除数"对原来的方法进行修正，并从 1928 年 10 月 1 日起发布新的道琼斯股价平均数。

> **阅读材料**
>
> ### 道氏除数的调整
>
> 考虑到道琼斯股价平均数使用简单算术平均方法计算指数的先天缺陷，道琼斯公司从 1928 年起开始使用道氏除数（Dow's divisor）来"弥补"由此产生的股价"失真"。
>
> 其公式为：
>
> $$道氏除数 = \frac{变动后的新的股价总额}{旧的股票平均数} \quad (1)$$
>
> $$道氏修正后股价平均数 = \frac{报告期股价总额}{道氏除数} \quad (2)$$
>
> 我们还是以上例来说明道氏除数。第二天的平均数本来是 $\frac{10+14+21}{3} = 15$，送股除权后变成了 $\frac{10+14+7}{3} = 10.33$。为了修正就要修改公式中的除数，修改的方法如下：
>
> $$道氏除数 = \frac{10+14+7}{15} = 2.07$$
>
> 2.07 就是道氏除数，如果用道氏除数计算，则有 $\frac{10+14+7}{2.07} = 15$，就保

持了指数的真实性。在此基础上，如果第三天，3 只股票继续上涨，A 的股价为 12，B 的股价为 16，C 的股价为 9，则第三天的股价平均数为 $\frac{12+16+9}{2.07}=17.87$。这样一来，通过道氏除数的不断调整也解决了指数的连续性问题，但还是没有考虑权数的因素，这是道氏除数法的主要缺陷。随着样本股票的不断拆分和诸如并购等公司行为的产生，道氏除数也在不断地变小，2015 年 3 月 23 日的道氏除数为 0.149 858 890 301 77。

最新的道氏除数查询网址：http://indexes.dowjones.com/mdsidx/。

2. 股价指数

股价指数是反映不同时点上股价变动情况的相对指标。通常是将报告期的股票价格与给定的基期价格相比，并将两者的比值乘以基期的指数值，即为该报告期的股价指数。股价指数的计算方法有三种：一是相对法，二是综合法，三是加权法。

1）相对法。相对法又称平均法，就是先计算各样本股票的股价指数，再加总求总的算术平均数。其计算公式为：

$$股价指数 = n\text{个样本股票指数之和} / n \qquad (3\text{-}6)$$

代入上例的数字得：股价指数 = (10/8 + 14/10 + 21/18)/3 = 127.22%，即报告期的股价比基期上升了 27.22%。

2）综合法。综合法是先将样本股票的基期和报告期价格分别加总，然后相比求出股价指数，即

$$股价指数 = 报告期股价之和 / 基期股价之和 \qquad (3\text{-}7)$$

代入上例的数字得：股价指数 = (10 + 14 + 21)/(8 + 10 + 18) = 45/36 = 125%，即报告期的股价比基期上升了 25%。

从相对法和综合法计算股价指数来看，两者都未考虑到由于各采样股票的发行量和交易量的不同而对整个市场股价的不同影响等因素，因此，计算出来的指数不够准确。为使股票指数计算精确，则需要加入权数，这个权数可以是交易量，亦可以是发行量。

3）加权法。加权股价指数是以样本股发行量或交易量为权数进行计算，又

有基期加权、报告期加权和几何加权之分。几何加权不常见，故在此不再赘述。

基期加权又称为拉氏法加权（Laspeyre），就是采用基期发行量或交易量作为权数，计算公式为：

$$I = \frac{\sum_{i=1}^{n} P_{1i}Q_{0i}}{\sum_{i=1}^{n} P_{0i}Q_{0i}} \times I_0 \tag{3-8}$$

式中　Q_{0i}——第 i 种股票基期发行量或交易量。

拉氏法的优点是每期计算时的权重固定，所以计算比较容易，也省去了每期搜集权重的问题，而且任意两期指数的比率具有相同性质，也就是说，以同一基期为准的各期指数可以相互比较。但其缺点是，在权重（数量）变动较大时，拉氏法便不足以反应各种属性的相对重要性。此外，由于拉氏法的基期加权的特性，没有考虑股票替代的可能性，会造成股价指数的先天性高估。

报告期加权又称为派氏法加权（Paasche），就是采用报告期发行量或交易量作为权数，计算公式为：

$$I = \frac{\sum_{i=1}^{n} P_{1i}Q_{1i}}{\sum_{i=1}^{n} P_{0i}Q_{1i}} \times I_0 \tag{3-9}$$

式中　Q_{1i}——第 i 种股票报告期发行量或交易量。

派氏法的优点是其报告期加权（current weighted）的特性，考虑各种属性在当期的相对重要性，对于观察权重变动比较大时，能较好反映股价的相对变化。但其缺点是，计算所得的报告期指数仅能与基期相比较，减弱了应用上的时效性。此外，由于派氏法的报告期加权的特性，会造成股价指数的先天性低估。

如上例，按拉氏法计算，以基期交易量加权，基数为100，则股价指数为：

$$I = \frac{10 \times 75 + 14 \times 125 + 21 \times 160}{8 \times 75 + 10 \times 125 + 18 \times 160} \times 100 = 123.89$$

按派氏法计算，以报告期交易量加权，基数为100点，则股价指数为：

$$I = \frac{10 \times 100 + 14 \times 150 + 21 \times 200}{8 \times 100 + 10 \times 150 + 18 \times 200} \times 100 = 123.73$$

加权股价指数的计算公式比较合理，考虑了不同股票对指数的影响，所以更能准确地反映股票市场的价格变动情况。加权股价指数最早是美国标准普尔公司 1923 年在编制 S&P233（后增至 500）指数时所采用，后来大多数的证券交易所都选择了加权平均法来编制指数，如巴黎证券交易所指数、多伦多 300 种股票价格指数等。

上证指数和深证指数等都是采用拉氏法计算。由于使用基期总市值会给计算带来不便，实际中采用的是连环计算法。连环计算法的公式为：

$$当前股价指数 = 上一交易日收盘指数 \times \frac{当前股票总市值}{上一交易日收盘总市值} \quad (3-10)$$

3.3.5 股价指数的编制原则

在实际计算股价指数时，计算方法的选择固然非常重要，但一些技术性问题也不容忽视。如果在以下这些方面处理不当，同样会影响到股价指数的科学性。

1. 基期和基数的选择

基期是计算指数时所选用的基准参考点的日期，基数是所选用的基准参考点的数值，也可以理解为基期日的指数的大小。指数的基期和基数一旦制定就很难改变，因此其选择是很重要的。基数的选择决定指数起点的高低，也决定指数涨跌的基本测量单位。从实践看，指数基数的选择有很大的灵活性，如 S&P500 的基数为 10 点，香港恒生指数为 100 点，上证 50 指数为 1 000 点。一般选取较为平稳同时具有一定代表性的日期作为基期。例如，香港恒生指数选定 1964 年 7 月 31 日为基期，就是因为这一天股票市场行情相对比较稳定。美国 S&P500 的基期为 1941～1943 年，伦敦金融时报指数的基期为 1935 年 7 月 1 日。

2. 样本的选择

样本的选择其实有两个问题：一是样本的大小；二是样本的代表性。一般而言，大样本的指数自然比小样本的指数效果好，但一个指数如果作为资产管理的工具或金融衍生品的标的物，样本太大会妨碍它的适用性，因此一个股价指数的样本大小不能盲目求大，需要根据指数编制的主要目的来综合考虑。样本股的代表性取决于样本的行业特征和市值规模。样本选择问题处理比较出色的是香港恒生指数，它在 500 多只股票中只选取 33 只样本股，但却占到市场总市值的 70% 以上。如果样本股的市场代表性发生了变化,不能满足指数对样本股的标准和要求,就需要考虑更换和调整,但一般而言,出于指数稳定性的考虑,调整的频率不会很高。

3. 指数的修正

股票在交易的过程中,经常会发生股票分割、分红、除权、除息或暂停交易等情况,而这些都会影响到指数的连续性和可比性,使计算出来的指数值与实际市场走势之间产生偏差,因此必须进行修正。

3.3.6 中外主要股价指数

国际上许多著名的股价指数都是由专业的指数公司编制和发布,如道琼斯股价指数、标准普尔股价指数、日经股价指数和香港恒生指数等。各类股价指数在采样样本、计算方法和关注市场特征等方面不尽相同,具有鲜明的个性差异,如表 3-2 所示。

表 3-2　部分世界著名股价指数一览表

股价指数名称	权重方式	采样股票范围
道琼斯指数	价格或价值	美国蓝筹股以及全球性的股票
FTSE100 股票指数	价值	英国 100 家大型公司股票
香港恒生指数	价值	香港股票市场
日经 225 种股票平均数指数	价值	日本股票
美国 Russell2000 指数	价值	美国小公司股票
标准普尔 500 指数	价值	美国大型公司的股票
东京股票价格指数	价值	东京股票交易所 1 100 种股票
美国价值航线指数	几何法	超过 1 650 种美国小公司股票
美国 Wilshire 5000 指数	价值	美国小公司股票

以下是若干主要股价指数的简介。

1. 道琼斯 30 种工业股票价格平均数

道琼斯 30 种工业股票价格平均数(Dow-Jones Industrial Average,DJIA)是世界上历史最悠久的股票指数,1884 年由道琼斯公司的创始人查理斯道开始编制。1928 年之前的价格平均指数采用的是简单算术平均法进行计算编制,现在的道琼斯股票价格平均数是以 1928 年 10 月 1 日为基数,因为这一天收盘时的道琼斯股票价格平均指数恰好约为 100 美元,所以就将其定为基准日,并采用

"道氏除数法"进行修正。只不过这样得到的指数不再是股价的平均数,新得到的平均数不再用美元表示,而是用"点"来表示。

DJIA 成功的原因主要是所选用的股票都是在本行业中具有重要影响的著名公司。为了保持这一特点,道琼斯公司对所选用的股票经常予以调整。自 1928 年以来,道琼斯工业股票价格平均数的 30 种工商业公司股票,已有 30 次更换,几乎每两年就有一个新股票代替老股票。1999 年 11 月 1 日,DJIA 首次加入了四只不在 NYSE 上市的股票,其中包括 Microsoft 和 Intel,目的是希望 DIIA 能反映美国经济结构的新变化。2004 年 4 月 8 日,国际纸业、AT&T 和伊士曼柯达公司被辉瑞制药、Verizon 和美国国际集团代替。目前 DJIA 的样本构成如表 3-3 所示。

表 3-3 美国道琼斯工业股价格平均数成分股(2015 年 3 月 18 日)

公 司	简 称	公 司	简 称
3M Co.(3M)	MMM	Home Depot Inc.(家得宝)	HD
Apple inc.(苹果公司)	AAPL	UnitedHealth Group(联合健康集团)	UNH
Chevron Inc.(雪佛龙公司)	CVX	Intel Corp.(英特尔)	INTC
American Express Co.(美国运通)	AXP	International Business Machines Crop.(IBM)	IBM
Cisco Systems Inc.(思科公司)	CSCO	Johnson & Johnson(强生)	JNJ
Goldman Sachs Inc.(高盛集团)	GS	JPMorgan Chase & Co.(摩根大通)	JPM
Boeing Co.(波音)	BA	McDonald's Corp.(麦当劳)	MCD
Caterpillar Inc.(卡特彼勒)	CAT	Merck & Co. Inc.(默克)	MRK
Visa Inc.(维萨)	V	Microsoft Corp.(微软)	MSFT
Coca-Cola Co.(可口可乐)	KO	Pfizer Inc.(辉瑞)	PFE
E. I. DuPont de Nemours & Co.(杜邦)	DD	Procter & Gamble Co.(宝洁)	PG
Exxon Mobil Corp.(埃克森美孚)	XOM	United Technologies Corp.(联合科技)	UTX
General Electric Co.(通用电气)	GE	Verizon Communications Inc.(Verizon 通信)	VZ
Nike Inc.(耐克)	NKE	Wal-Mart Stores Inc.(沃尔玛)	WMT
Travelers Companies(Travelers 公司)	TRV	Walt Disney Co.(迪士尼)	DIS

资料来源:Dow Jones and Company, 2015.

DJIA 成功的另一个原因是,这一股票价格平均数自编制以来从未间断,可以用来比较不同时期的股票行情和经济发展情况,成为反映美国股市行情变化最敏感的股票价格指数之一。道琼斯股票价格平均指数共有四组,第一组是工业股票价格平均数,由 30 种有代表性的大工商业公司的股票组成。第二组是运输业股票价格平均数,包括 20 种有代表性的运输业公司的股票。第三组是公用事业股票价格平均数,由代表着美国公用事业的 15 家煤气公司和电力公司的股票所组成。第四组是平均价格综合指数,是综合前三组股票价格平均指数所选用的、共 65 种股票而得出的综合指数。这四种指数中尤以 30 种工业股票价格平均数最具代表性，也最有影响力。

2. NASDAQ 指数

NASDAQ 在美国高科技产业的发展过程中扮演了极其重要的角色。NASDAQ 市场培育了美国的一大批高科技巨人，如微软、英特尔等，被誉为"美国高科技企业成长的摇篮"。NASDAQ 的指数主要有两个：NASDAQ 综合指数和 NASDAQ-100 指数。NASDAQ 综合指数包括在 NASDAQ 上市的所有美国公司与非美国公司，以市值加权，该指数 1971 年 2 月 5 日起用，基点为 100 点。今天，NASDAQ 综合指数的样本股包括 5 000 多家公司，超过了其他证券市场指数，已成为最有影响力的证券市场指数之一。Nasdaq100 指数是由在 NASDAQ 全国市场上市的、最大的 100 家非金融性国内公司的指数合成，反映 NASDAQ 成长最快的主要非金融性公司的情况。

3. 香港恒生指数

恒生指数（Hang Seng Index）是香港股市历史最久的一种股价指数，由香港恒生银行于 1969 年 11 月 24 日公布使用，是系统反映香港市场行情变动最有代表性和影响最大的指数。现行恒生指数以 1996 年 7 月 31 日为基期，选择各行业在港上市股票中的 33 种具有代表性的股票价格加权计算而成。这 33 种股票中包括 4 种金融业股票、6 种公用事业股票、9 种房地产业股票和 14 种其他工商业（包括航空和酒店）股票。恒生指数最初以 100 为基数，后来基期改为 1984 年 1 月 13 日，并将该日收市指数的 975.47 点定为新的基数。由于这 33 家公司的股票总值占全部在港上市股票总值的 70% 以上，而且成分股代表性强、计算频率高、指数连续性好等特点，所以恒生指数是目前香港股票市场最具权威性和代表性的股票价格指数。

4. 沪深股市的主要股价指数

我国上海证券交易所和深圳证券交易所编制的股价指数中最常用的主要是以下四种指数，分为综合指数和成分指数两种类型。

1）上证综合指数。上证综合指数由上海证券交易所编制，以上海证券交易所挂牌上市的全部股票为样本，以发行量为权数的加权综合股价指数。它以

1990年12月19日为基期,基期指数定为100点,从1991年7月15日起编制并公布。上海证券交易所在上证综合指数的基础上,从1992年8月起,新增了上证A股指数和上证B股指数,从1993年5月1日起,又开始发布工业、商业、地产、公用事业和综合等五个分类指数,基期为1993年4月30日。

2)上证180指数。上证180指数是上海证券交易所编制的成分股指数,以取代原来的上证30指数。上证180指数是根据总市值、流通市值、成交金额和换手率等指标对上市的所有A股股票进行综合排名,并考虑各行业的流通市值的比例,从中选取具有市场代表性的180只股票为样本,以流通股数为权数计算得出的加权股价指数。上证180指数以2002年6月28日上证30指数的收盘点数为基点,从2002年7月1日起正式发布。

3)深证综合指数。深证综合指数是由深圳证券交易所编制,以深圳证券交易所挂牌上市的全部股票为样本,以发行量为权数的加权综合股价指数。深证综合指数包括深圳综合指数、深圳A股指数和深圳B股指数三种,它们分别以在深圳证券交易所上市的全部股票、全部A股、全部B股为样本股,以1991年4月3日为综合指数和A股指数的基期,以1992年2月28日为B股指数的编制基期,基期指数定为100,以指数股计算日股份数为权数进行加权平均计算的指数。

4)深证成分股指数。深证成分股指数是深圳证券交易所编制的一种成分指数,从上市的所有股票中抽取具有市场代表性的40家上市公司的股票作为样本,并以流通股本为权数计算得出的加权股价指数,综合反映深交所上市A、B股的股价走势。深证成分股指数包括深证成分指数、成分A股指数、成分B指数、工业分类指数、商业分类指数、金融分类指数、地产分类指数、公用事业指数、综合企业指数共九项。成分股指数以1994年7月20日为基期,基期指数为1 000点。

5)沪深300统一指数。为反映中国证券市场股票价格变动的概貌和运行状况,并能够作为投资业绩的评价标准,为指数化投资及指数衍生产品创新提供基础条件,沪、深证券交易所编制并发布了沪深300统一指数。指数基期为2004年12月31日,基点为1 000点。指数的计算方法是,以调整股本为重,采用派氏加权综合价格指数公式计算。自2010年4月16日起,中国正式推出了沪深 300 股指期货。2015 年 4 月 16 日，两只新的股指期货品种——上证 50 和中证 500 股指期货正式推出。

本章小结

本章主要介绍了证券发行市场与流通市场的功能、特点及实务；证券交易所交易程序；股价指数及其各种分类；股价指数的主要功能；股价指数的计算方法：相对法、综合法和加权法，加权法在实践中最为常见。加权股价指数又有基期加权、报告期加权和几何加权之分；指数编制需要考虑的因素；本章最后简要介绍了道琼斯 30 种工业股票价格平均数、NASDAQ 指数、香港恒生指数和我国沪深股市的主要股价指数的编制情况。

重点内容

证券市场的作用；债券发行；股票发行；保证金购买与卖空；证券交易程序；竞价成交原则；股价指数的基本功能；股价指数计算的相对法与综合法；加权股价指数计算的拉氏法与派氏法的比较。

主要术语

证券发行市场　证券流通市场　债券招标发行　IPO　融资融券　股价指数　价格平均数　拉氏法加权　派氏法加权　基期　报告期　基点　DJIA

习题

1. 证券发行市场和证券流通市场各有什么功能？它们之间的关系是什么？
2. 债券发行主要有哪几种方式？公募发行和私募发行之间有什么区别？
3. 试述股份有限公司发行新股的目的及相应的发行类型。
4. 证券流通市场由哪几部分组成？试分析证券交易所在证券流通市场中的作用。
5. 试述证券交易所的交易程序。
6. 试述场外交易市场 OTC 的主要特征以及与证券交易所的区别。
7. 投资者在经纪商处开设一个保证金账户进行交易。第一笔投资以每股 40 元买入 200 股 ABC 股票，其中 3 000 元资金向经纪商贷款而得。①交易之初,该投资者的实际保证金有多少?
②如果股票价格上涨至每股65元,该投资者的实际保证金又是多少?
③如果经纪商与投资者签订的维持保证金为30%,股价跌至多少投资者才需要追加保证金?

8. 第7题中如果投资者以每股45元卖空200股ABC股票,且初始保证金要求为50%,投资者需交多少保证金才可执行委托?如果6个月后股价跌到每股35元时投资者买回股票平仓,该投资者的回报率是多少?(不计交易成本)

9. 简单算术股价平均数有何缺点?这些缺点可以用什么方法弥补?

10. 选择股价指数的样本股主要考虑哪些因素?

11. 某股价指数选择A、B、C三种股票为样本,基期价格分别为5.00元、8.00元和4.00元。某报告期的股价分别为9.50元、19.00元和8.20元,设基期指数为1 000点。分别用综合法与相对法计算报告期股价指数。

12. 某股票市场采样的A、B、C、D四种股票,基期价格分别为10元、20元、30元、40元,报告期价格为15元、24元、36元、42元,报告期上市股票分别为100万股、120万股、150万股、200万股,基期指数值为100,试计算报告期加权股价指数。

第 4 章

证券市场监管

证券市场处于金融市场的核心地位,证券市场的稳健运行对整个金融体系甚至国民经济的发展都有重要意义。如果证券市场上欺诈、操纵等不良行为频繁出现,则很容易导致证券市场的混乱,对社会也将会造成极大的负面影响。本章主要通过阐述证券监管的机构和体系,使投资者加深对证券市场监管的理解,以此加强对投资者的风险教育。

4.1 证券监管理论概述

证券监管(regulation)是指证券监管机构运用法律、经济和行政的手段,对证券的发行与交易等业务进行调节、监督和控制。每个国家和地区对其证券市场的监管都是在一定的证券监管体系的法律框架内,由相应的证券监管机构在一定的监管模式下完成的。

4.1.1 证券监管的必要性

证券市场是集投资主体的广泛性,投资客体的多样性,投资活动的复杂性、风险性和投机性于一体的市场,它有促进国民经济发展的积极作用,同时也容易产生证券欺诈、操纵、过度投机等消极影响,对社会和经济危害极大。因此,证券市场的特殊性决定了各国对证券市场都采取严格管理,以保障证券市场的健康发展。

1. 市场失灵

在传统的经济学理论中，"自由市场"是一种最优的经济制度，在这种制度下，价格就像一只"看不见的手"，能发挥自动调节的机能，市场会形成一个出清（clearing）的价格使市场的供求达到平衡，因此任何人为的干预都是多余的，因为市场是万灵（almighty market）的。政府的作用仅限于制定适当的法规，使得交易双方有章可循。但是在实际生活中，价格机制有时并不能有效地发挥作用，即出现市场失灵（market failure）的情况，因此往往需要政府的积极干预。西方经济学认为市场失灵有以下三种情况。

1）不完全竞争。当某经济主体在市场上具有某种价格势力时，就会在一定程度上形成不完全竞争，产品价格会提高到产品的边际成本以上，消费者对产品的购买量就会比完全竞争情况下要少，最终造成消费者剩余的损失。在现实中，几乎所有的行业都存在某种程度的不完全竞争，不完全竞争的极端情况就是垄断。

证券市场就是一个不完全竞争的市场，如价格操纵就是证券市场典型的垄断形式，兼并与收购则有可能导致证券市场的不完全竞争。由于证券市场自身不能始终保持效率，政府监管就成为维护市场有效竞争的一种手段。

2）外部性。外部性（externality）是市场失灵的另一表现，它是由外部（不）经济所造成的社会边际成本（收益）与私人边际成本（收益）的背离，通俗地讲，外部性就是不在生产者或消费者考虑范围之内的成本或收益。外部性有正外部性与负外部性之分，人们通常对负外部性更为关注。

证券市场中典型的负外部性就是金融风险和泡沫经济。证券市场所蕴含的金融风险会迅速地扩散到整个经济的所有层次和主体；泡沫经济下的证券市场的供求关系和价格则会呈现出相对背离的态势，最终引发整个证券市场的崩溃。它们对金融体系和国民经济的运行具有巨大的外部负效应。另外，由于监管所产生的收益不具备排他性和竞争性，监管就成了一种典型的"公共产品"，在存在着市场失灵的情况下，政府在维护证券市场稳定，防范金融泡沫的膨胀，化解金融风险方面负有重要责任。

3）信息不对称与不完全。证券产品基本上是一种信息产品，投资者完全是根据证券所散发出来的各种信息来判断其价值，进行投资决策。证券产品的这种信息决定性取决于证券价值的主观预期性与不确定性、证券产品供求的多变性和证券产品的虚拟性三个方面。

由于信息的不完全，投资者对证券产品真实价值的衡量就带有强烈的主观色彩，这使得证券的市场价格几乎完全取决于交易双方对相关信息的掌握程度以及在此基础上所做的判断。而上市公司是一个主要的信息源，但上市公司处于一种持续经营状态，未来的变动具有很多不确定的因素，所以它还是一个动态的信息源。由于信息是一种稀缺资源，中小投资者由于收集信息的边际成本非常高，所以与大投资者相比，他们在证券交易中的地位是不平等的，很容易产生道德风险与逆向选择问题，从而损害中小投资者的利益。在这种情况下，政府就有责任通过制定并执行强制性的信息披露制度，为投资者创造平等的市场环境，维护市场的效率。

证券产品的供求状况和证券价格不仅与证券产品本身的价值有关，而且还取决于整个市场的产品供求变化和资金供求变化的情况。而影响整个市场的产品供求变化和资金供求变化情况的信息要远远超过一般商品的信息，这些信息通过价格变化、成交量、证券发行、资金利率、投资者心理状况等反映出来，并与决定证券产品价值的基本因素结合在一起，造成了证券产品供求关系的多变性。

证券产品的虚拟性表现在证券价值并非取决于其物理形态，而是独立于实际资本之外的一种资本存在形式，是一种虚拟资本。证券产品的虚拟性使得其价格的变动不仅取决于所代表的实际资本的收益状况，而且还受到证券市场因素的影响，结果就有可能会使证券的价格波动幅度远远超过体现实际资本价值正常变动的限度，甚至与实际资本的运动状态毫不相干，这就会导致证券市场的资源配置功能下降，并使证券市场蕴含的风险加大。

2. 公平与效率

经济学理论认为政府在市场经济中的作用就是要解决公平与效率的问题。如果说政府为解决市场失灵问题而对市场进行监管是维护市场效率和维持其资源配置功能的正常发挥的话，那么政府对市场进行监管的另一个目的就是维护市场的公平。即使在完全竞争、符合效率原则的情况下，市场仍有可能导致一种缺陷，即市场并不必然带来公平，也会产生收入、消费与分配上的不平等，这些不平等在政治上或道德上也许不被人们所接受（如奴隶制、圈地运动等），在这种情况下，同样需要政府的干预。但是必须指出的是，在公平与效率的处理原则上，必须秉承"效率优先，兼顾公平"，不讲究效率的公平是没有意义的。

证券市场上的公平具有更丰富的内涵。由于证券市场的不确定性和人们普遍存在的机会主义的倾向，资本市场上的非理性和非道德的因素十分突出，这些因素往往会导致一些不公平的现象发生，如内幕交易、虚假陈述、合谋、证券欺诈等。

3. 政府失灵

尽管在不完全市场竞争中，政府手段可以在一定程度上对市场失灵进行修正。但同时我们也可以发现政府监管不可能消除所有市场失灵现象，而且在实施政府监管时，也会出现"政府失灵"。导致证券市场的政府监管失灵的主要因素有以下三个方面。

1）监管制度和政策缺陷。利益集团的寻租行为是导致监管制度和政策有失公平的重要原因。在管制的情况下，被管制的利益集团出于追求垄断利润的动机，会通过游说、行贿等手段试图影响立法者和管制者。一旦监管制度和政策本身存在缺陷或外部监管无效的情况下，往往会导致利益主体的各种寻租行为，进而导致政府失灵。

2）市场信息不完全。证券监管者同样面临信息不完全或不对称的困境。由于信息收集的成本高昂，而且能够了解到的信息不够充分，因此政府也只能获得有限的信息，这就意味着在此基础上做出的监管行为也只能是有限理性的，同样会存在失灵的可能。

3）官僚主义和监管滞后。政府监管与政府其他决策一样，存在认识时滞、决策时滞、实施时滞和生效时滞，从而使行政决策往往落后于证券市场的变化，再加上政府机构难以避免的官僚主义，导致延误决策或错误决策的情况时有发生。此外，由于证券市场存在博弈性，而政府对此反应往往不灵敏，这使得政府规范和发展市场的种种措施有可能产生与初衷相悖的结果。如何在以政府监管的手段纠正证券市场失灵的同时减少由此而产生的政府失灵，是摆在各国政府监管机构和经济学者面前的重要课题。西方国家的证券市场在其漫长的发展过程中，根据发展的不同阶段，不断调整其监管的制度与决策，经历了放松、管制、再放松到再管制的曲折过程，目的就是最大限度地减少市场失灵和政府失灵。

4.1.2 证券市场监管的原则

保护投资者利益，特别是中小投资者利益，是证券市场监管的核心任务。投资者是证券市场的最重要的参与主体，保护投资者利益，关键就是要建立公平合理的市场环境，提供公平的交易机会。因此，建立和维护证券市场的公开、公平、公正原则，是证券市场的基本原则，是证券市场规范化的基本要求。

1. 公开原则

公开原则又称信息公开原则，其核心就是实现信息的公开化，使证券市场的透明度得到提高。证券市场的相关信息是投资决策的基础，直接决定证券投资决策的科学性与投资收益。证券市场的各类参与主体在信息的获得上往往是不对称的，证券发行人、机构投资者对有用信息的了解程度和时效上具有天然的优势，要保护中小投资者的利益，就必须加强信息披露制度的规范与建设，使信息披露及时、真实、准确。只有信息公开，投资者才能公平地做出决策，才能防止各种证券欺诈和舞弊行为的发生，保证证券市场的公正。

2. 公平原则

证券市场的公平原则是指在证券发行和交易活动中，所有的参与者，不论其身份、地位、经济实力、市场职能，都具有平等的法律地位，其合法权益能够受到公平的保护。公平原则的核心目的是创造一个所有参与者进行公平竞争的市场环境，只有证券市场的各方都遵守公平原则，投资者的利益才能真正得到保护。

3. 公正原则

公正原则要求证券监管机构在公开、公平原则的基础上，对一切被监管的对象都应该给予公正的待遇，公正原则是体现公开、公平的保障。根据公正原则，证券立法机构应该制定体现公平的法律法规，证券监管机构应该公正地履行职责。

4.2 证券监管机构和体系

4.2.1 证券市场的监管模式

由于各国证券市场的发育程度不同、经济制度不同和宏观调控手段不同，对证券市场监管的模式也有所不同。综观世界大多数国家和地区对证券市场的监管，主要有三种模式。

1. 美国模式

根据国家立法，设立独立的国家证券监管机构，对证券市场进行集中统一监管，而各种自律性的组织，如证券交易所、行业协会只起协助的作用。这种模式以美国为典型，故又称为"美国模式"。

美国有一整套完善的证券法律体系，其证券监管体系主要由以下三个层次构成。

1）联邦证券法规和联邦证券交易委员会。这是国家一级的监管体系。联邦证券法规主要是由《1933 年证券法》和《1934 年证券交易法》这两个基本法规与其他一些补充法规所组成。《1933 年证券法》主要是为监管一级市场而制定的，目的是促使发行证券的企业向投资者提供真实可靠的财务状况、证券销售条件和其他一切发行必需的资料，以防止欺诈和虚假行为，保护公众的利益，故又称为"重事实的证券法"。《1934 年证券交易法》主要是为监管二级市场而制定的，目的是限制市场上的过度投机与信用滥用，防止"内幕人士"操纵价格等，以使证券的发行与交易能公正地进行。

美国证券交易委员会（SEC）是根据《1934 年证券交易法》设立的，是美国统一的管理全国证券活动的最高权力机构，也是一个直属于联邦政府的独立机构，负责监督证券法律的执行情况，有权解释法律法规，可以向国会建议修改法令与颁布命令。SEC 平时不直接干预证券市场的交易活动，其手段主要是依据法律授权给它的管理权限、执行权限，通过其属下的执法机构来进行各方面、各层次的监管。

2）州立法规。在 1933 年全国统一的证券法实施以前，美国堪萨斯州在

1911年就制定了州立法规,又称为《蓝天法》(Blue-sky Law),也就是说证券市场如果不严格监管,连蓝天也会被分割出售。以后大多数州都制定了自己的州立法规,并且在1956年统一成了《统一证券法》。州立法规是第二层次监管的依据,在本州范围内生效,对各州证券发行和交易起管理与监督的作用,主要目的是防止证券发行者以欺诈手段发行证券,蒙骗公众。

3)各证券交易所、NASD董事会和规章制度。这是第三层次的监管,由各证券交易所、NASD通过董事会制定一些规章制度和实行内部的自我管理。证券交易所的最高决策机构是董事会,由会员代表和投资者代表组成。NASD同样由董事会实行内部管理,全权监管全国场外交易市场上所有的证券交易活动。

阅读材料

SEC 简介

组建历史

20世纪20年代,大约2 000万美国人,在战后繁荣经济的诱使下,投身于证券市场,成为大大小小的股东。据估计,该时期约有500亿美元资金投入到证券市场,这些资金在1929年的股票市场崩溃之后,约有一半化为乌有。股票市场的崩盘,导致了无数投资者和银行损失惨重,而其引起的银行挤兑,更给银行业带来了灾难,最终导致了1929年美国的经济大萧条。为了恢复经济,国会认为必须重树国民对资本市场的信心。国会召开听证会研究解决办法,并根据听证会的结论通过了《1933证券法》和《1934证券交易法》。想要依据该法律来有力地监管证券市场并保护投资者的利益,就需要一支高度协调的证券监管队伍,于是国会于1934年建立了美国证券交易委员会(SEC)。时任总统的富兰克林·罗斯福任命了约瑟P.肯尼迪为第一任证监会主席,也是日后美国总统约翰F.肯尼迪的父亲。

任务目标

SEC的任务是保护投资者,维护公平、有秩序、高效率的证券市场,并协助家庭资本、国家资本流入资本运作市场。

> **机构组成**
>
> SEC 约有 3 100 名员工。总部位于华盛顿特区,另在其他 11 个地区有分部。美国证监会由以下部分组成:5 位委员,由美国总统在参议院的建议和许可下亲自任命,任期 5 年,每年替换 1 位委员,其中 1 名委员将被总统任命为主席,作为 SEC 的最高执行长官;4 个部门,即公司融资监管部,证券市场管理部,投资活动管理部,调查、执行部;18 个科室,不再一一列举。
>
> **证券市场监管法案**
>
> SEC 所依据的最著名的证券监管法是《1933 年证券法》(Securities Act of 1933),它以保护投资者,尤其是广大中小投资者为基本出发点。关于此法案的详细信息请参阅 http://www.sec.gov/about/laws/sa33.pdf。其他监管法规还有《1934 年证券交易法》《1940 年投资公司法》《1940 年投资顾问法》《萨班斯-奥克斯利法案》。
>
> 资料来源:摘译自 SEC 官方网站(http://www.sec.gov)。

2. 日本模式

这种模式是政府内阁的一个部(如财政部)负责证券市场监管,下设专门的机构执行监管任务,各种自律性组织起协助作用。

日本是这种模式的代表。日本的大藏省负责全国证券市场监管,下属证券局、证券交易监视委员会和金融检查部行使监管职能,同时辅以证券业协会、公司债券承兑协会、证券投资信托协会和证券情报中心等组织的自律管理。

尽管日本实行的是以大藏省证券局为主体的监管体制,对证券市场的监管也采用法律、经济、行政等手段,但与美国以法律为主的监管模式仍然有所不同。其特点是在参照美国模式的基础上,日本更倾向于采用政府行政手段和直接干预的方法,而且监管更集中和严格。

3. 英国模式

这种模式对证券市场的管理以自律管理为主,辅以政府有关职能部门的参与管理。自律模式有两个特点:一是通常没有制定直接的证券市场管理法规,而是通过一些间接的法规来约束证券市场活动;二是没有设立全国性的证券监管机构，而是依靠证券市场的参与者，如证券交易所、证券商行业协会等进行自我监管。

英国是这种模式的代表。英国设立了专门的证券监管机构，称为证券投资委员会，依据法律享有极大的监管权力，但它既不属于立法机关，又不属于政府内阁，实际的监管工作主要由证券交易所等自律性组织承担。近年来，英国正在改革这种监管模式，以加强政府监管的力量。

上述几种监管模式各有特色，但有一个共同点，即为了有效控制风险，保护投资者的利益，保持证券市场的健康发展，建立一个集中统一的监管体制，由专门的证券监管机构进行监管，使之有能力对证券市场的变化做出及时和正确的反应。

4.2.2 我国证券监管的体制

我国证券市场实行以政府监管为主，自律管理为辅的监管体制。目前的证券监管体系由中国证券监督管理委员会（CSRC）和其派出机构——各地证券监管局和证券监管专员办事处组成，CSRC对派出机构实行垂直领导，形成集中统一的监管体系，并辅以自律性监管机构，如证券交易所、证券业协会，共同对我国的证券市场实行监管。

1. 中国证券监督管理委员会

中国证券监督管理委员会，简称证监会，是国务院直属机构，是全国证券期货市场的主管部门，按照国务院授权履行行政管理的职能，根据法律法规对全国证券、期货业进行集中统一的监管，维护证券市场秩序，保障其正常运行。

证监会成立于1992年10月。目前设立16个职能部门、3个中心，根据《证券法》第14条的规定，中国证监会还设有股票发行审核委员会，委员由中国证监会专业人员和所聘请的会外有关专家担任。中国证监会在省、自治区、直辖市和计划单列市设立了36个证券监管局，以及上海、深圳证券监管专员办事处。

证监会的主要职责包括起草证券期货市场的有关法律、法规；制定证券期货市场的有关规章；统一管理证券期货市场，按规定对证券期货监督机构实行垂直领导；监督股票、可转换债券、证券投资基金的发行、交易、托管和清算；批准企业债券的上市；监管上市国债和企业债券的交易活动；监管境内期货合约上市、交易和清算；按规定监督境内机构从事境外期货业务；监管上市公司及其有信息披露义务股东的证券市场行为；管理证券期货交易所；按规定管理证券期货交易所的高级管理人员；归口管理证券业协会；监管证券期货经营机构、证券投资基金管理公司、证券登记清算公司、期货清算机构、证券期货投资咨询机构；与中国人民银行共同审批基金托管机构的资格并监管其基金托管业务；制定上述机构高级管理人员任职资格的管理办法并组织实施；负责证券期货从业人员的资格管理；监管境内企业直接或间接到境外发行股票、上市；监管境内机构到境外设立证券机构；监督境外机构到境内设立证券机构、从事证券业务等。

2. 证券市场自律机构

所谓自律，就是证券市场参与者组成自律组织，在相关法律法规和政策指导下，依据证券行业规范与职业道德，实行自我管理、自我约束的行为。我国目前的自律组织主要是证券交易所和证券业协会。

1）证券交易所。证券交易所的自律主要是通过其市场组织者的有利地位，依照法规和内部规则对会员和上市公司进行监管，对证券买卖行为的合法性进行监管。由于证券交易所是上市证券集中交易的场所，容易及时发现问题，能够对整个交易活动进行全方位的实时监控，所以证券交易所的一线监管是其他任何机构都不能代替的。证券交易所具体的监管内容主要包括对证券交易活动的监管、对会员的监管和对上市公司的监管三个方面。

2）证券业协会。证券业协会是证券行业的自律性组织，一般为社会法人团体。证券业协会的自律主要是依据国家有关的证券法律、法规、方针、政策，依照其章程和行业自律规则对会员机构实行行业内部的自律，监督会员遵守法律法规，维护证券行业的整体形象，保护会员的合法权利，反映会员的要求，协调会员之间的关系，监督检查会员遵纪守法的情况，对会员违反协会章程和自律规则的行为进行纪律处分等。

4.3 证券监管的主要内容

4.3.1 证券发行市场的监管

证券发行市场的监管是指证券管理部门对证券发行的审核、监督和管理，是加强证券市场监管的重要环节，是维护证券市场正常秩序和"三公"原则的需要。

1. 证券发行审核制度

对证券发行的管理，首要的是对证券发行资格的审核。只有具备了证券发行的法定条件，才能发行证券。世界各国对证券发行的审核制度主要有以下两种。

1）注册制。注册制，即所谓的"公开管理原则"，以美国联邦证券法为代表，实质上是一种发行公司的财务公开制度。它要求发行公司提供关于证券发行本身以及同证券发行有关的一切信息，主要以招股说明书为前提和核心。发行人对这些信息不仅要完全公开，不得有重大遗漏，并且要求对所提供的信息的真实性、完整性和可靠性承担法律责任。其目的是帮助投资者进行投资决策，判断某种证券的投资价值，避免误导投资者。

注册制下的发行人只需要充分披露信息，在注册申报后的规定期限内，没有被证券监管机构拒绝注册，就可以发行证券，不需要再经过政府批准。值得一提的是，证券发行注册的目的是向投资者提供证券投资的相关资料，并不保证发行证券质地的优良、价格适当等，只强调信息是否得到了充分的披露。

2）核准制。证券发行核准制又叫作"实质管理原则"，即证券的发行不仅需要以真实状况的充分公开为条件，而且必须符合证券监管机构制定的若干适合于发行的实质条件。只有符合条件的发行公司，经证券监管机构的批准方可在证券市场上发行证券。这一制度的目的在于禁止质量差的公司的证券的发行，以尽管理部门所能保证发行之证券符合公共利益和社会安全之需。其最大的不足就是，容易导致投资者产生建立在对证券监管机构的依赖性基础上的安全感。

3）我国证券发行制度的改革。2015年"两会"中，政府工作报告明确提出,将实施股票发行注册制改革。注册制是目前成熟股票市场普遍采用的发行制度,是适合于市场机制的一种发行制度,它充分体现了市场的理念,即谁发行股票、为谁发行、发行什么、什么时候以什么方式发行等问题,均是由市场主体自由意志所决定的,最适合市场运行规律。我国未来注册制改革有望在弱化上市盈利要求、强化信息披露、完善退市机制、增加交易所审核层面、提升中介机构专业性等方面寻求突破。

2. 证券发行信息披露制度

制定证券发行信息披露制度的目的是通过充分的公开来保护公众投资者,使其免受欺诈和不法操纵行为的损害。信息披露的基本要求是全面、真实和时效性。发行人应当充分披露可能影响投资者投资判断的有关资料,不得有任何隐瞒或重大遗漏,也不得有虚假记载、误导或欺骗。此外,向公众投资者公开的信息应当具有最新性、及时性,反映的应是公司现在的情况,公开资料的交付时间不得超过法定的期限。一般而言,证券发行信息披露的内容至少应该包括以下四方面。

1)财务资料。上市公司有义务向投资公众提供充足的财务会计信息。财务会计报告通常包括注册会计师审计的年度资产负债表、收益表、现金流量表以及财务会计报表的附注。公司的财务会计报告必须遵循公认的会计准则和财务报表规则进行编制。

2)有关管理人员与大股东的资料。公开管理人员及对公司具有影响力的大股东的有关资料,有助于公众评估管理层的能力、业绩和信用情况。应公开的有关资料包括所有董事会成员和高级管理人员的姓名、年龄、工作经验和薪酬,牵涉法律诉讼或纠纷的情况,大股东的控股情况以及其他情况。

3)公司财务状况和业绩的讨论与分析。一般投资公众对财务会计报表的理解是有限的,而且仅仅依靠财务会计报表的数字式的描述,对一个投资者判断公司的经营状况和发展趋势而言,可能还是不够的。为了弥补不足,证券法规一般要求在招募说明书和年度报告中提供公司财务状况和业绩的讨论与分析,包括对公司将来的经营和财务状况造成实质性影响的趋势、承诺、偶然事件或不稳定因素等,并给予清楚的披露。

4)股票发行的有关资料。它包括向投资者阐明投资于该证券可能面临的风险因素；阐明对出售证券所筹集资金的目的和使用方向；如果是新股溢价发行，对股东产权引起的削弱等应给予足够的解释等。

4.3.2 证券流通市场的监管

1. 证券交易所的监管

对证券交易所的监管直接牵涉有序的市场交易关系的确立，无论是会员制还是公司制的证券交易所，都要受到证券监管机构的监管。一般来说，会员制的证券交易所比较强调自律管理，公司制的证券交易所主要由政府监管机构监管。

证券交易所设立一般采用三种不同的方式：①特许制，即证券交易所的设立须经主管机构的特许方可成立。世界上大多数国家的证券交易所都采取特许制，如日本、中国等；②登记制，即只需要证券交易所的规章制度符合有关法规，即可登记成立，如美国就是典型代表；③认可制，即政府没有专门的审批交易所的机构，只要得到证券交易所协会认可即可，但必须提供遵守证券交易所规章制度的保证，如英国采用的就是认可制。

我国上海、深圳证券交易所均是会员制的交易所，直接受证监会的监管。交易所的设立、撤销或合并都需要得到证监会的批准，交易所的主要负责人也由证监会任命。证监会有权对交易所进行检查，并要求其汇报营业和财务状况，有权审查交易所各项文件及活动的合法性。

2. 证券上市的监管

证券上市是指有价证券在证券交易所或场外交易市场的流通与买卖。对证券交易市场的监管主要是通过证券上市制度来实施的。证券上市制度是证券交易所和证券主管机构制定的有关证券上市规则的总称。政府债券一般可以不经过有关机构的审核而直接上市交易，公司债券和股票上市必须由发行人申请，经过证券交易所批准，方可在证券交易所上市流通。

证券获准上市，上市公司一般应该与证券交易所签订上市契约，作为确定上市公司与证券交易所各自权利与义务的依据。依此契约，上市公司承诺接受交易所的管理，承担上市契约或交易所规章中的义务。同时，上市公司的证券有权在交易所挂牌买卖,享受证券交易所提供的服务。

已上市公司的证券如果不再满足持续上市条件或遇有特殊情况将会被暂停上市或终止上市。暂停上市又称为"停牌",有法定暂停上市、申请暂停上市和自动暂停上市几种情况。终止上市又称为"摘牌",有法定终止上市、自动终止上市和申请终止上市之分。

3. 上市公司信息持续披露的监管

证券交易期间,证券发行公司有义务对公司的经营情况和其他可能影响证券交易的情况做出持续性信息披露。信息持续性披露文件包括年度报告书、中期报告书、季度报告书等定期报告文件;临时报告书和为执行证券交易所及时公开政策而做出的其他各类报告文件。

1)年度报告书。按照各国的证券法规,证券发行人有义务向证券监管机构提交年度报告。一般而言,年度报告书中应详细记载公司的一般概况、财务状况、经营业绩等,公司财务状况的记载必须真实,需要经过具有证券业务资格的会计师事务所的审计,由两位具有证券业务资格的注册会计师签字方可生效。

2)中期报告书。中期报告书制度要求发行人公开某一营业年度前6个月的营业与财务状况,并向投资者提供预测该营业年度业绩的中期资料,以确保发行公司信息公开的时效性。中期报告书的内容与年度报告书的内容相似,但我国的中期报告书一般可以不经过审计。

3)季度报告书。为保证公司信息公开的及时性,自20世纪70年代以来,一些国家和地区的证券法规要求发行人每3个月公开一次营业状况,这就是季度报告书制度。季度报告书的内容比较简洁,一般简化为未经审计的财务报告和对经营期间内营业状况的分析等。我国则从2002年第一季度开始要求所有的上市公司公布其季度报告书。

4)临时报告书。定期报告书的缺陷是信息公开滞后,不能满足公司信息公开的最新性与迅速性的需要,尤其是当公司发生对证券投资有影响的特别事项时。一般各国的证券法规都会规定提交临时报告书的特定事项,如5%以上的股份转让、重大诉讼、资产担保、资产损失等情况都必须及时发布临时公告。

由于定期报告书或临时报告书中所披露的信息可能会影响投资者的投资决

策,证券交易所往往会对披露的时间有严格的要求。表 4-1 就是我国对相关报告披露的时间限制。

表 4-1　我国对信息披露的时间限制

公 告 内 容	公 布 时 间
招股说明书	承销开始前 2~5 个工作日内
上市公告书	股票挂牌交易前 3 天
季度报告书	相应营业期结束后的 1 个月内
中期报告书	相应营业期结束后的 2 个月内
年度报告书	会计年度结束后的 4 个月内
董事会决议公告	第一时间,最迟不超过 2 天
股东大会决议公告	第一时间,最迟不超过 2 天
利润分配公告	距股权登记日 3~5 个工作日
配股说明书	距登记日前至少 10 个工作日

资料来源:根据相关法规整理。

4.3.3　对证券经营机构的监管

1. 证券经营机构的设立监管

对证券经营机构的设立监管主要有特许制和注册制两种。①特许制,又称许可制,以日本为代表。日本证券经营机构在营业前必须向大藏省提出申请。大藏省根据不同的经营业务种类授予不同的经营特许。证券经营机构在申请时,必须具备一定的条件,如资本金、相关的知识与经验、良好的信誉等。②注册制,注册制以美国为代表。美国的证券交易法规定,所有经营全国性证券业务的投资银行都必须向 SEC 登记注册,取得批准后,再向证券交易所申请会员注册,只有同时取得以上两项资格后才可以经营证券业务。

我国对证券经营机构的管理采取审批制。设立证券公司必须经国务院证券管理机构审查批准。国家对证券公司实行分类管理,将证券公司分为综合类证券公司和经纪类证券公司。

2. 对证券经营机构行为的监管

对证券经营机构的行为监管包括:①对证券承销商、经纪商与自营商的资格确认和监督检查制度;②对证券经营机构的行为与禁止制度;③证券经营机构的定期报告和财务保证制度等。

3. 对证券从业人员的监管

证券从业人员是指证券中介机构（包括证券公司、证券登记清算机构、证券投资咨询机构以及其他可经营证券相关业务的机构）中一些特定岗位的人员，可分为管理人员和专业人员两大类。对证券从业人员的监管主要是从业人员的资格考试制度和注册认证制度，并对他们的日常业务行为进行监管。

4. 对证券投资者的监管

证券投资者可以分为个人投资者和机构投资者。对个人投资者的监管包括对个人投资者投资资格的限制和对个人投资者买卖途径、行为的管理两个方面。对机构投资者的监管则包括三个方面：①对机构投资者的资金来源的监管；②对机构投资者买卖证券的监管；③对机构投资者买卖行为的监管。

5. 对证券违法行为的监管

证券市场交易活动中违法行为的种类很多，具有代表性的主要有以下四种：内幕交易、操纵市场、虚假陈述和欺诈客户。

（1）对内幕交易的监管

内幕交易（inside trade）是指公司董事、监事、经理、主要股东、证券市场工作人员等内部知情人，以获取利益或减少损失为目的，利用地位、职务的便利，获得发行人未公开的、可能影响证券价格的重要信息，进行有价证券交易或泄露该信息的行为。

内幕交易是一种严重侵害投资者利益的违法犯罪行为。为防止内幕交易，世界各国证券法都规定了严格的法律制裁措施，如美国反内幕交易条款规定，一旦某人利用非公开信息买卖证券，SEC 可以对其追究民事责任，地方法院可以对其处以罚款，对证券商 SEC 则可以限制其活动，暂停其营业一年甚至取消其注册登记。

我国《证券法》第 76 条规定，证券交易内幕信息的知情人和非法获取内幕信息的人，在内幕信息公开前，不得买卖该公司的证券，或者泄露该信息，或者建议他人买卖该证券。持有或者通过协议、其他安排与他人共同持有公司 5% 以上股份的自然人、法人、其他组织收购上市公司的股份，本法另有规定的，适用其规定。内幕交易行为给投资者造成损失的，行为人应当依法承担赔偿责任。

> **阅读材料**
>
> ### 内幕交易典型案例："黄光裕案"
>
> 2007年4月，中关村上市公司拟与鹏泰公司进行资产置换，黄光裕参与了该项重大资产置换的运作和决策。在该信息公告前，黄光裕决定并指令他人借用他人身份证，开立个人股票账户并由其直接控制。2007年4月27日至6月27日间，黄光裕累计购入中关村股票976万余股，成交额共计人民币9 310万余元，账面收益348万余元。
>
> 2007年七八月，中关村上市公司拟收购鹏润控股公司全部股权进行重组。在该信息公告前，黄光裕指使他人以曹楚娟等79人的身份证开立相关个人股票账户，并安排其妻杜鹃协助管理以上股票账户。2007年8月13日至9月28日间，黄光裕指使杜薇等人使用上述账户累计购入中关村股票1.04亿余股，成交额共计13.22亿余元，账面收益3.06亿余元。
>
> 在此期间，原北京中关村科技发展（控股）股份有限公司董事长、总裁许钟民明知黄光裕利用上述内幕信息进行中关村股票交易，仍接受黄光裕的指令，指使许伟铭在广东借用他人身份证开立个人股票账户或直接借用他人股票账户，于同年8月13日至9月28日，累计购入中关村股票3 166万余股，成交额共计4.14亿余元，账面收益9 021万余元。
>
> 许钟民还将中关村上市公司拟重组的内幕信息故意泄露给其妻李善娟及相怀珠等人。同年9月21日至25日，李善娟买入中关村股票12万余股，成交额共计181万余元。
>
> 北京市二中院认为，被告人黄光裕等人作为证券交易内幕信息的知情人员，在涉及对证券交易价格有重大影响的信息尚未公开前，买入该证券，内幕交易成交额及账面收益均特别巨大，情节特别严重，黄光裕与被告人杜鹃、许钟民构成内幕交易罪的共同犯罪，许钟民向他人泄露内幕信息，构成泄露内幕信息罪，其中黄光裕系主犯，杜鹃、许钟民系从犯。
>
> 资料来源：新华网。

（2）对操纵市场的监管

证券市场的操纵（manipulation）是指某组织或个人以获取利益或减少损失

为目的，利用其资金、信息等方面的优势，或者滥用职权，操纵市场，影响证券交易价格，制造证券市场假象，诱导或致使投资者在不了解真相的情况下做出投资决策，扰乱证券市场秩序的行为。操纵市场的危害性很大。

美国《1934年证券交易法》中的反操纵条款开创了禁止操纵市场的立法先河。我国《证券法》第71条将操纵证券市场行为的类型概括为"禁止任何人以下列手段获取不正当利益或者转嫁风险"。我国《证券法》第184条规定，任何人违反《证券法》规定，操纵证券交易价格或者制造证券交易的虚假价格或者证券交易量，获取不正当利益或者转嫁风险的，没收违法所得并处以1倍以上5倍以下的罚款。构成犯罪的，依法追究刑事责任。我国新《刑法》规定，个人犯罪的，处5年以下有期徒刑或拘役，并处或者单处违法所得1倍以上5倍以下罚金；单位犯罪的，对单位判处罚金，并对直接负责的主管人员和其他直接责任人员，处5年以下有期徒刑或拘役。

阅读材料

王紫军操纵 SST 中纺股价

王紫军在2006年4月18日至2006年7月20日共51个交易日期间，利用其控制的67个证券账户，通过连续交易和对敲行为，累计买入中国纺机股票4 233.46万股，卖出4 152.47万股，违法所得高达598.25万元。期间最高持股达437.5万股，占流通股比例为17%，占总股本比例为1.85%。

根据其间中国纺机算术均价5.42元计算，51个交易日内，王紫军累计资金进出高达4.55亿元，平均每日891万元，有市场人士评论"操盘手段极为强悍"。2006年5月25日，王紫军一天内对中国纺机的交易，竟然占当天该股总交易量的63.67%。从2006年4月18日至2006年7月20日的51个交易日中，其中17个交易日交易比例占市场交易量的30%以上。王紫军累计在自己实际控制的账户之间进行交易的数额为2 896万余股。凡有操纵，几乎必有对敲。在51个交易日中，其中13个交易日，王紫军的对敲交易量占中国纺机总成交的30%以上。2006年5月18日，王紫军一天的对敲交易就占到中国纺机总成交的50.48%。

> 王紫军在中国纺机上的所作所为，显著影响了该股股价走势，从 2006 年 5 月 16 日至 2006 年 6 月 2 日，中国纺机收盘价从 5 月 15 日的 4.57 元，最高涨到 5 月 29 日的 6.45 元，涨幅为 41.14%，同期大盘下跌 0.93%；从 2006 年 7 月 12 日至 7 月 18 日，中国纺机收盘股价从 7 月 11 日的 6.79 元，最高涨到 7 月 18 日的 8.72 元，涨幅为 28.42%，同期大盘下跌 3.53%。之后，由于担心中国纺机进入股改程序停牌，王紫军出掉绝大部分股票，结束了对该股的疯狂炒作。
>
> 王紫军的行为受到了监管机构的查处。2007 年 10 月，中国证监会认定王紫军违反了《证券法》第 77 条规定，构成操纵证券市场行为，依法没收其违法所得 598.25 万元，并处罚款 598.25 万元。王紫军案是一起以吸筹—控盘—拉抬—卖出为主要特征的典型的市场操纵案件。
>
> 资料来源：搜狐财经。

(3) 对虚假陈述的监管

常见的**虚假陈述**（false statement）行为包括：①发行人、证券经营机构在招募说明书、上市公告书、公司报告书及其他文件中的虚假陈述；②律师事务所、会计师事务所等专业性证券服务机构在其文件中的虚假陈述；③证券交易所、证券业协会或其他证券机构对证券市场产生影响的虚假陈述；④发行人、证券经营机构等主体向证券监管机构提交的各种文件、报告中的虚假陈述。

(4) 对欺诈客户的监管

欺诈客户（fraud）是指以获取非法利益为目的，违反证券管理法规，在证券发行、交易以及相关活动中从事欺诈客户、虚假陈述等行为。对欺诈客户的行为，各国证券法规都规定了严格的法律制裁制度。

我国《证券法》第 192 条规定，证券公司违背客户的委托买卖证券、办理交易事项，以及其他违背客户真实意思表示，办理交易以外的其他事项，给客户造成损失的，依法承担赔偿责任，并处以 1 万元以上 10 万元以下的罚款；证券公司、证券登记结算机构以及其从业人员，未经客户的委托，买卖、挪用、出借客户账户上的证券或者将客户账户上的证券用于质押的，或者挪用客户账户上的资金的，责令改正，没收违法所得，处以违法所得 1 倍以上 5 倍以下罚款；并责令关闭或者吊销责任人员的从业资格证书。

我国新《刑法》规定，证券交易所、证券公司的从业人员，证券业协会或者证券管理部门的工作人员，故意提供虚假信息或者伪造、编造、销毁交易记录，诱骗投资者买卖证券，造成严重后果的，处5年以下有期徒刑或者拘役，并处或者单处1万元以上10万元以下罚金；情节特别恶劣的，处5年以上10年以下有期徒刑，并处2万元以上20万元以下罚金。单位犯前两款罪的，对单位判处罚金，并对其直接负责的主管人员和其他直接责任人员，处5年以下有期徒刑或者拘役。

阅读材料

"民间股神"集资诈骗案

简凡，原名韩劲松。只有高中文化的他在2006年9月注册成立了上海行略投资管理有限公司，利用各种手段把自己包装成"股神"。

据查，2006年11月至2007年12月期间，简凡借向股民讲授股市知识之机，以"股指期货马上推出""以小博大赚取暴利"为由，诱骗了投资者将资金交给其操作，承诺保底以及高额利润回报，涉及250余位投资者，金额达1 260万元左右。

2007年10月至2008年7月，简凡又以代客理财的名义，虚构为投资者进行股票交易的事实，同样以高额利润为诱饵，继续向20余位投资者骗取600余万元。其后，股市持续走熊，无法再以股市投资为饵的简凡在2008年9月又盯上了黄金、外汇期货，他以模拟账户冒充实盘账户向股民展示自己"参与"黄金、外汇期货所获的暴利，又从30多位投资者处骗取了500余万元。2008年，简凡为了归还前述两次骗取的股民资金，再次虚构了代客从事黄金外汇期货交易的事实，骗取36名股民约541万元，直至案发，仍有2 278万多元资金没有还清。

最终，简凡被上海市第二中级人民法院判处无期徒刑，并没收个人财产50万元。而其母朱金红、其妻鲍海蓓以及两个分公司负责人在被判处有期徒刑的同时获得了缓刑，并分别被处以3万~10万元的罚金。

资料来源：新浪新闻中心。

本章小结

本章首先阐述了证券监管概述与意义;介绍了在证券市场的"三公"原则下,各国证券监管体系与机构,证券监管的美国模式、英国模式、日本模式和中国模式;证券市场的监管主要内容。

重点内容

证券监管的意义和原则;世界主要的证券监管模式及其主要监管内容。

主要术语

证券监管　三公原则　监管模式　SEC　内幕交易　价格操纵　虚假陈述　《1933年证券法》　《1934年证券交易法》　证券欺诈　《蓝天法》　注册制　审核制　保荐制

习　题

1. 什么是证券监管?如何理解证券监管的必要性?
2. 证券监管的基本原则是什么?证券监管的模式有哪几种?证券监管的内容有哪些?
3. 简述我国的证券监管体系。
4. 证券违法行为有哪些?

第二篇

证券分析篇

第5章 债券价值分析
第6章 普通股价值评估
第7章 股票投资分析

第 5 章

债券价值分析

有价证券依其收入方式分为固定收入证券与不定收入证券两大类。前者是指在一定时间内,单位证券的基本收入是固定的,如债券的债息、优先股的股利等;后者是指在一定时间内证券的收入不能确定,如股票的股息。债券是固定收入证券的代表,其债息的大小及支付方式在发行时即已决定,所以债券的价值依赖于债券待偿期内各因素的作用。本章通过对债券六条属性的分析,讨论它们对债券价值的影响;利用收入资本化法,计算债券的内在投资价值;借助债券定价的五个定理、凸性定理,进一步阐述债券价格波动和其他因素的关系;久期与免疫的引用,给出一个量化债券风险的直观指标,及如何利用这些指标来回避风险;最后,期限结构理论从三个角度对债券利率的决定进行探讨。

5.1 债券的内在价值

收入资本化法的原理是所有证券的内在价值(intrinsic value)决定于投资者对此证券预期的未来现金流的现值。这个原理同样适用于债券,所以,债券的价值主要基于以下两个要素:①债券预期的货币流量;②投资者预期的收益率。

5.1.1 债券现值公式

若已知债券的预期货币收入及贴现率,则计算债券现值 P 的一般公式为:

$$P = \frac{C_1}{1+K} + \frac{C_2}{(1+K)^2} + \cdots + \frac{C_n}{(1+K)^n} \tag{5-1}$$

式中 P——债券现值；

C_n——第 n 期的现金流量；

K——投资者的预期收益率或贴现率；

n——待偿期限。

利用式（5-1），我们可以推导出几种常见的债券的现值公式。

1. 贴现债券

贴现债券（pure discount bond）又称零息债券（zero-coupon bonds），或称贴息债券，是一种不承诺利息，但以低于面值的价格发行，到期兑付面值的债券。这种债券的利息就是发行价与面值之间的差额。贴现债券唯一的现金流就是到期时的面值，所以有现值 P 的公式：

$$P = \frac{M}{(1+K)^n} \tag{5-2}$$

式中 M——面值。

例 5-1 某种债券面值为 100 万美元，期限 20 年，利率为 10%，则其内在价值应该是：$P = 100/(1+0.1)^{20} = 14.8644$（万美元）。这个结果意味着该债券 20 年后到期，且保证每年 10% 的收益率，则现在应该以 14.8644 万美元发行。或者说，该贴现债券当前的内在价值仅为 14.8644 万美元，不到面值的 15%。

国内发行的利随本清债券单利计息，到期一次性还本付息。这种债券存续期内不发债息，现金流也发生在期末，现值计算原理与贴现债券有相同之处，其公式为：

$$P = \frac{(1+N \cdot I) \cdot M}{(1+K)^n} \tag{5-3}$$

式中 N——债券存续期限；

I——单利年利率。

贴现债券和利随本清债券有一个特点，就是在其他条件不变的情况下，随着债券到时的临近,债券的价值越来越接近于期末支付值,也就是说,这类债券的内在价值随时间而增加。

2. 附息债券

附息债券(level-coupon bonds)也称定息债券、直接债券,是最常见的一类债券。它按照票面利率定期支付利息,一般每年或每半年支付一次。投资者在债券存续期内可得到债息,到期时能收回本金(面值),所以现金流是待偿期内的利息和期末的本金。现值计算公式如下:

$$P = \sum_{t=1}^{n} \frac{C}{(1+K)^t} + \frac{M}{(1+K)^n} \tag{5-4}$$

式中 C——债券利益。

例 5-2 据财政部 2002 年 4 月 18 日发布的 2002 年记账式(三期)国债公告,本次债券期限 10 年,票面年利率 2.54%,利息按年支付。如果投资者要求的预期收益率为 3%,则债券发行后 100 元面值的现值为:

$$P = \frac{2.54}{1+0.03} + \frac{2.54}{(1+0.03)^2} + \cdots + \frac{2.54}{(1+0.03)^{10}} + \frac{100}{(1+0.03)^{10}} = 96.07(元)$$

若投资者要求的预期收益率为 4.5%,可以算得现值为 84.49 元。在知道各期现金流的情况下,债券的现值可由 Excel 软件中的函数 NPV 来计算,具体是同一列依次输入各期现金返回值,本题就是输入 2.54,2.54,…,2.54,102.54,然后在下一格输入" = NPV(0.045,A1:A10)"即得到现值 84.49 元。

上述由预期收益率计算而得的债券内在价值,可帮助投资者根据债券的市场价格做出投资决策。如果某一债券的市场价格高于贴现率为 K_e 时的内在价值,则该债券的到期收益率必低于投资者认可的收益率 K_e,不宜买入或可卖出。若市场价格低于内在价值,则可买入该债券。

5.1.2 债券的收益率分析

债券内在价值计算公式(5-1)表达了债券价值和预期收益率之间的关系。当债券价格已知时,我们亦可推算债券的投资收益率。此处给出债券收益率的几个定义。

1. 债券票面收益率

债券票面收益率（coupon rate）又称名义收益率或息票率，是发行时承诺依附在债券票面上的固定利率，即年息收入与面额之比。这种收益率计算适合于发行时以面额买入并持有到期兑付本金这种情况，不考虑买入价格与面额不符或中途卖出这些情况。

2. 直接收益率

直接收益率（current rate）又称债息收益率或当前收益率，指债券的年利息收入与买入债券的价格之比。

$$Y_d = \frac{C}{P_0} \times 100\% \tag{5-5}$$

式中　Y_d——直接收益率；
　　　C——债券年利息；
　　　P_0——债券市场价格。

3. 持有期收益率

持有期收益率（holding period return）指买入债券后持有一段时间，在债券到期前将其出售而得到的收益率。其收益包括持有期间的利息收入和资本利得。

$$Y_h = \frac{P_2 - P_1 + C}{P_1 \times T} \times 100\% \tag{5-6}$$

式中　Y_h——持有期收益率；
　　　P_1——买入价；
　　　P_2——卖出价；
　　　T——持有年份。

4. 到期收益率

到期收益率（yield to maturity，YTM）指持有债券到期兑付时的收益率，是债券价值评估的重要指标。一般债券行情中的收益率指的就是这种收益率。因债券到期时，兑付所得金额是确定的，故买入价格越高，到期收益率就越低。到期收益率 Y_m 可由式（5-7）求得：

$$P_0 = \sum_{t=1}^{n} \frac{C_t}{(1+Y_m)^t} \qquad (5-7)$$

式中 Y_m——到期收益率。

在债券待偿期较长的情况下，利用式（5-7）很难计算出到期收益率，一般用内插法求出其近似值。当前较多使用计算机工具来计算到期收益率。下面我们用一个例子来说明上述几种收益率的计算。

例 5-3 一年前，某人在发行时以 100 元价格买入息票率为 10% 的 5 年期债券，每年计息一次，该债券当前的价格为 102 元（100 元面值），几种收益率的计算如下：

票面收益率 = 10%，也就是息票率；

直接收益率 = $\dfrac{10\% \times 100}{102}$ = 9.98%，也就是当前收益率；

假设投资者现在将债券卖出，则持有期收益率 = $\dfrac{10 + 102 - 100}{100}$ = 12%；

到期收益率 YTM 利用式（5-7）计算，代入本题的数据，则有：

$$102 = \frac{10}{1+Y_m} + \frac{10}{(1+Y_m)^2} + \frac{10}{(1+Y_m)^3} + \frac{10}{(1+Y_m)^4} + \frac{100}{(1+Y_m)^4}$$

借助 Excel 软件中的"函数"功能可以获得到期收益率的值。具体操作为：将现金流数据依次输入，在接着的单元格里选择"函数 f_x" → "函数分类"中选择"财务" → 选择"IRR"命令即可。需要注意的是，用 IRR 函数计算，现金流中必须有负数，本题的第一个数据就是负的，相当于买入成本。例 5-3 的输入输出过程如表 5-1 所示。

表 5-1 到期收益率计算

A	B
输入：	
时间序号	现金流
0	-102
1	10
2	10
3	10
4	110
输出：	
到期收益率：	9.38%
结果采用公式：	=IRR(B3:B7)

5.1.3 债券属性分析

债券价值主要有以下六大属性：待偿期（到期时间）的长短、债券承诺的票面利率、债券的赎回条款、税收待遇、债券的流动性和违约风险。这些属性的变化都会引起债券的到期收益率，进而引起价格的波动，所以这些属性均为债券价格的决定因素。下面我们对这六个属性逐一展开讨论。

1. 待偿期（到期时间）的长短

待偿期，或称债券的到期时间，是投资者收回债券附属的所有价值的时间长度。在其他条件相同的情况下，待偿期越长的债券风险越大，相对价值越低。如果一债券和另一债券有相同的到期收益率的变化，当利率因素发生变化引起债券价格变动时，待偿期长的那个债券波动幅度更大。

2. 债券承诺的票面利率

票面利率是债券发行人承诺支付的利息率，它决定了债券存续期间现金流量的大小。由式（5-1）可知，在其他条件相同的情况下，票面利率越高的债券，其内在价值越大。对于附息债券，息票率等于到期收益率时，债券的内在价值即为面值，息票率大于到期收益率，则内在价值大于面值。另外，根据式（5-7），在债券价格已知的前提下，投资者可依据票面利率、待偿期来计算该债券的到期收益率，做出投资决策。

例 5-4 某公司债券市场价格是 90 元（100 元面值，下同），3 年后到期，年息票率为 6%，可以算出它的到期收益率是 10.02%；而同期的国债券的年息票率为 5%，市场价格为 91.06 元，到期收益率为 8.5%。如果以国债券的到期收益率为基准，加上 0.5% 的风险补偿，这一公司债券仍比国债券的到期收益率高 10.02% − 8.5% − 0.5% = 1.02%，有投资价值。

当利率因素变化导致债券价格波动时，票面利率高的债券波动幅度要小于票面利率低的债券。

3. 债券的赎回条款

有些长期债券发行时附有赎回条款（call provisions），允许发债人在到期之前以约定的价格提前收回债券，这个价格通常称为赎回价格（call price）。对于发行者而言，赎回条款能保证其在市场收益率大幅下降时，及时收回利息高的债券，再发行利息低的债券，减少债息支出。

例 5-5 某 10 年期债券，平价发行，息票率 12%。该债券的赎回条款声明发行 5 年后，如有必要，发行人可用 105 元价格收回债券。如果 5 年后市场收益率降到 8%，发行人实施赎回，投资者持有的每百元面值债券可得 105 元。假设投资者将 105 元再投资于收益率为 8% 的 5 年期附息债券，每年的利息为 8.4 元。这样，在有赎回的情况下，投资者在债券发行时平价买入的实际收益率 R 由下式算出：

$$100 = \frac{12}{1+R} + \frac{12}{(1+R)^2} + \cdots + \frac{12}{(1+R)^5} + \frac{8.4}{(1+R)^6} + \cdots + \frac{8.4}{(1+R)^{10}} + \frac{105}{(1+R)^{10}}$$

利用插入法或 Excel 软件的 IRR 函数，可计算得 $R \approx 10.96\%$，低于发行时平价买入且持有债券到期的收益率 12%（即息票率）。由此例可见，含有赎回条款的债券，其内在价值要低于其他条件相同但不能赎回的债券，这就意味着其他条件相同时，有赎回条款的债券的价格应该低于其他债券。一般长期的公司债券、可转换债券会附有赎回条款。

4. 税收待遇

税收待遇对债券价值的影响表现在两个方面：一是债券的收益是否要纳税。因为国家法律法规规定，有的债券债息及债券买卖的资本利得要纳所得税，有的却免纳。美国地方政府债券可免纳联邦政府所得税，所以地方政府债券的票面利率要比其他没有免税政策的类似债券低 20%~40%。二是纳税债券缴税的时点不同将影响债券的实际价值。例如，贴现债券的收入表现为到期兑付时的资本利得，对投资者的课税可推迟到债券卖出或者期满时进行。所以，贴现债券具有税收递延的优势。在买卖中，贴现债券的税前到期收益率要略低于相同条件的高票面利率的应税债券。

5. 债券的流动性

债券的流动性是指投资者将手持债券在价值不受损失的前提下迅速出售变现的能力。如果投资者在价格上不做大的让步即能较快卖出债券，则这种债券的流动性较好；如果变现速度慢，或者为了迅速变现要承担额外的损失，则这种债券流动性差。如果用不同资产做比较，债券的流动性要好于名画古董；如果在债券间做比较，国债的流动性要好于地方公司发行的公司债券。

流动性好的债券交易参与者较踊跃，具体表现为买卖双方的报价更趋接近。所以，通常用债券的买卖差价来反映流动性的好坏。买卖差价较小的债券流动性好，交投活跃，相对到期收益率也要低些；而买卖价差大的债券流动性差，交投清淡，到期收益率要高些。

6. 违约风险

债券的违约风险是指债券发行人未能履行承诺，及时足额支付债券的本金和利息，给债券持有者带来损失的可能性。债券违约风险的大小一般通过债券评级来衡量。美国的穆迪投资者服务公司（Moody's Investors Services）和标准普尔公司（Standard & Poor's，S&P）是较有权威的两家债券评级公司，给美国市场上几千种市政债券和公司债券提供信用评级服务。评级中使用的债券信用等级（bond ratings）通常被理解为发债者违约可能性大小的一个指标。穆迪公司的信用等级从 Aaa 到 C，一共分为 9 个等级；标准普尔公司除了 AAA、AA 到 C 这 9 个等级外，外加专门为不支付利息的收入债券（income bonds）而设的 CI 级和发生支付违约的 D 级 2 个等级，共 11 级。两家公司在分类标准上稍有差别，但都将债券分为两大类：投资级（investment grade）和投机级（speculative grade）。信用级别列排序前 4 位的（对于穆迪，是从 Aaa 到 Baa；对于标准普尔，是从 AAA 到 BBB）是投资级债券，信用级别在 4 位以后的（穆迪是 Ba 及后面，标准普尔是 BB 及后面）属投机级债券。有时这类信用级别低的债券也称为垃圾债券（junk bonds），如果某个垃圾债券发行时尚为投资级债券，该债券就被称为坠落的天使（fallen angele）。一般认为，包括 AAA 级在内的公司债券，违约风险要大于政府债券，而中央政府债券的违约风险比地方政府债券的要小。表 5-2 即为两个评级公司标准要点。

因为信用级别低的债券具有更大的违约风险，投资者持有这类债券时需要风险报酬作为补偿。这种补偿有两个来源：一是发行时信用级别低的债券将承诺更高的到期收益率；二是通过市场价格的调整，使低级别债券价格下降，具备更高的到期收益率。

表 5-2　标准普尔和穆迪公司的债券评级标准要点

标准普尔		穆迪	
债券级别	级别含义	债券级别	级别含义
AAA	归于最高信用等级，借者偿还能力非常高	Aaa	判定为最高质量，风险程度小
AA	支付利息和偿还酬金能力很强，稍逊于最高等级	Aa	高质量但低于 AAA，因为保护程度不够大，或有其他长期风险成分
A	偿还能力强，可是借者在环境和经济条件变化时易受不利影响	A	债券具有有利的投资性，但未来易受风险
BBB	有足够的能力支付利息并偿还本金，但不利的经济条件变化或环境很可能导致风险	Baa	既无高度保护，又没有足够担保，但偿付能力尚可
BB	最低投机等级，B、CCC、CC 均与 BB 相同，有突出的投机成分	Ba	判断有投机成分，未来没希望
C	象征最高等级的投机	B	一般缺乏合乎需要的投资特点，支付保护可能小
CI	为没有利息收入的收入债券（income bond）准备	Caa	地位差和可能拖欠或含有危险成分
D	已处于不履行债券偿付或拖欠支付状态	Ca	非常投机，发行的债券往往拖欠支付
		C	高度投机，往往拖欠支付

5.2 债券定价理论

由第 5.1 节我们知道，债券的价格和债券的到期收益率成反比，到期收益率上升价格下跌，到期收益率下降则价格上升。另外，对于附息债券，债券的到期收益率和债息票率之间也存在互补关系，债券价格大于面值，则到期收益率小于息票率；债券价格小于面值，到期收益率则大于息票率；只有债券价格等于面值时，到期收益率才和息票率相等。当市场利率发生变化时，债券的到期收益率也将随之改变，债券价格因此而波动。债券定价理论的内容就是通过讨论到期收益率、价格、息票率之间的关系，对不同情况下债券价格的变化做定理描述。

1962 年，马尔基尔（B. G. Malkiel）最先系统地导出债券定价的五大定理，为债券定价理论奠定了基础。这五大定理都经过严格的数学证明，作为债券经典理论沿用至今。

**定理一：债券的价格与债券的到期收益率成反比关系，价格下跌到期收益率上升，价格上升则到期收益率下降。

市场利率是直接影响债券收益率的主要因素。市场利率变化会使债券价格变化，导致债券的价格风险。而价格风险的成因是因为到期收益率（应得报酬率）和市场利率同步变化。在债券利息本金的资金流量不变（且确定）的情况下，债券的到期值是固定的，故市场利率上升，到期收益率亦上升，此时只能是债券现值价格下降。表5-3给出了某种期限20年、息票率为10%的债券，在到期收益率分别为8%、10%和12%时的价格情况。

表5-3 债券到期收益率和价格

债券到期收益率（%）	8	10	12
债券面额（元）	1 000	1 000	1 000
每年利息（元）	100	100	100
债券期限（年）	20	20	20
债券价格（元）	1 196.31	1 000	850.64

定理二：当债券的到期收益率不变，或者说到期收益率与息票率之间的差额固定不变时，债券的到期时间与债券价格的波动幅度成正比关系。

这意味着债券价格相对于面值的波动幅度随到期日的临近而缩小。表5-4给出到期收益率均为12%、息票率为10%的债券，在几个不同到期时间情况下的价格。

由表5-4中可以看出，20年到期的债券在收益率上升2个百分点时，价格跌幅达14.94%，而一年后到期的债券只跌1.78%。

表5-4 债券到期时间与债券价格

到期时间	1年	10年	20年
债券面额（元）	1 000	1 000	1 000
债券息票率（%）	10	10	10
债券到期收益率（%）	12	12	12
债券市价（元）	982.19	887.02	850.64
债券价格变化率（%）	1.78	11.30	14.94

定理三：若债券的到期收益率在债券存续期内始终不变，随着债券到期日的临近，债券价格波幅减小，且以递增的速度减小；而到期时间越长，债券价格的波幅越大，且增大的速度是递减的。

我们仍用表5-4来说明：表中债券价格变动比率的幅度，随着到期时间递增呈递减的趋势，如到期时间 1~10 年，债券价格变化率从 1.78% 跳到 11.30%，波幅增加 9.52%；而到期时间为 10~20 年，债券价格变化率只从 11.30% 跳到 14.94%，增加量仅为 1.64%。

定理四：假设债券期限一定，同等收益率变化下，债券收益率上升导致的价格下跌的量，要小于收益率下降导致价格上升的量。

假设有两种债券，有相同的到期日 5 年和息票率 7%，一种债券到期收益率向上一个百分点，另一种债券收益率下降一个百分点，价格的表现如表 5-5 所示。

表 5-5　债券收益率变化方向与债券价格

到期时间	5 年	5 年	5 年
债券面额（元）	1 000	1 000	1 000
债券息票率（%）	7	7	7
债券到期收益率（%）	6	7	8
债券市价（元）	1 042.12	1 000	960.07
债券价格变化率（%）	4.212	0	-4.00

由表 5-5 中数据可知，收益率上升的债券，其价格下降 4%，而收益率下降的债券，其价格升幅为 4.212%。

定理五：因收益率变动引起的债券价格波动幅度与债券所含的息票率成反比，即不同息票率的债券，收益率变化时，息票率高的债券波动幅度要小。

假设有两种债券，除了息票率其他条件都相同，当收益率发生变化时，两种债券的价格波动将有所不同。表 5-6 给出息票率分别为 10% 和零息票两种债券，收益率从 10% 上升到 12% 时价格变化率的情况。显然零息票债券的波幅要大于附息债券。

表 5-6　债券息票与债券价格波动幅度

债券因素	10% 息票债券，10 年期	零息票债券，10 年期
债券面额（元）	1 000	1 000
债券收益率的变化	10%→12%	10%→12%
债券价格的变化（%）	-11.3	-16.47

5.3　债券的凸性、久期与免疫

5.3.1　债券的凸性

根据债券定价理论中的定理一，债券的价格和到期收益率成反向变化，在坐标轴上是一条左上至右下的曲线。而据定理四，债券价格因收益率下降而上升的幅度，大于同等程度的收益率上升所导致的下跌幅度，由此我们可以得到收益率与价格的关系曲线是负斜率且下凸的（见图 5-1）。

从图 5-1 中可以看到，当收益率从原来的 r_0 上升到 r^+ 时，价格下跌幅度为 $P - P_1$，当收益率下降至 r^- 时，价格上升幅度为 $P_2 - P$，在凸性的作用下，$P_2 - P > P - P_1$。

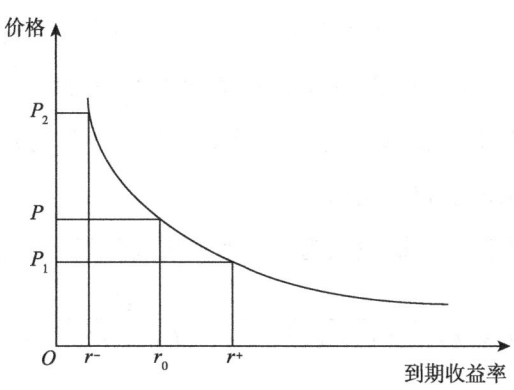

图 5-1　债券的凸性

5.3.2　债券的久期

债券定价理论说明债券的到期日长短和息票率的大小，对债券价格因收益率发生变化时波动幅度有直接的影响。这种因为市场利率变化而导致的债券价格的波动即为债券的利率风险。五大债券定价定理阐述了单个因素对债券风险的作用，但没有区别不同的付息方式对债券的影响，也没有进行具体的风险度量。在此引进久期（duration）的概念，对债券风险的大小给出有效的度量指标。

1. 麦考利久期

久期最早由麦考利（F. R. Macaulay）于 1938 年提出，所以一般用 MD 或者 D 来表示。麦考利久期的公式如下：

$$D = 1 \times W_1 + 2 \times W_2 + 3 \times W_3 + \cdots + n \times W_n$$

$$= 1 \times \frac{C_1/(1+Y)}{P} + 2 \times \frac{C_2/(1+Y)^2}{P} + \cdots + n \times \frac{C_n/(1+Y)^n}{P} \tag{5-8}$$

式中　Y——到期收益率。

P 满足：

$$P = \frac{C_1}{(1+Y)} + \frac{C_2}{(1+Y)^2} + \cdots + \frac{C_n}{(1+Y)^n} \quad (5\text{-}9)$$

所以有：

$$W_t = \frac{C_t}{(1+Y)^t} \times \frac{1}{P}, \quad \sum_{t=1}^{n} W_t = 1 \quad (5\text{-}10)$$

与前面的定义相同，式（5-9）和式（5-10）中 C_t 为第 t 期的现金流量，由式（5-9）看出，D 正好是各现金流量 C_t 的期限 t 的加权平均，权重为当期流量 C_t 以到期收益率 Y 折现的现值在总现值 P 中的比例。Y 为债券的到期收益率，其大小受市场利率的影响而变化。所以，麦考利久期是一个以债券现金流量为基础的还债期限的加权平均值。

如果债券为息票券，每期债息为 C，则由式（5-9）可得：

$$P = \frac{C}{(1+Y)} + \frac{C}{(1+Y)^2} + \cdots + \frac{C}{(1+Y)^n} + \frac{M}{(1+Y)^n} \quad (5\text{-}11)$$

式中　M——面值。

由前述可知，债券的风险受三个主要因素影响：到期时间、息票利率和到期收益率。根据久期的定义及债券的五大定理，可以归纳出久期的五个法则。

久期法则 1：零息债券的久期等于其到期时间。因零息债券存续期间没有利息支付，所以式（5-8）中的前 $n-1$ 项为 0，只有最后一项的时间 n 为久期值。

久期法则 2：在到期时间和到期收益率相同的情况下，息票利率低的债券久期更长，且利率敏感性增加。由债券定理五可知其他条件相同的债券，息票率低的债券风险更大。而由久期的定义可知，息票率低的债券，到期之前各期的现金流较低，所以最后一期的加权值更大，导致久期值更大。

久期法则 3：当息票率不变时，债券的久期和利率敏感性通常随到期时间的增加而增加。债券无论是以面值出售还是以面值的溢价出售，大部分情况下，久期总是随到期时间增加而增加。久期的此条法则中利率敏感性的原理来自债券定理二和定理三。有时候久期并不随到期时间的增加而增加，这种情况一般出现在息票利率不高，但贴现率相当高的债券中。对于大部分债券，久期还是随到期时间增加而增加。

久期法则4：假设其他条件不变，当债券的到期收益率降低时，久期与利率敏感性将会变大。 因到期收益率降低可使得债券价格上升，由久期的定义可知，债券存续期间现金流除以债券价格形成的时间权数会变小，则久期增大。此条法则仅仅适用于息票债券，对于零息债券，久期就是到期时间。

久期法则5：无限期债券的久期为 $(1+Y)/Y$。 无限期债券每年支付固定利息 C，以到期收益率 Y 可计算出债券价格为：

$$P = \frac{C}{1+Y} + \frac{C}{(1+Y)^2} + \cdots + \frac{C}{(1+Y)^n} + \cdots = \frac{C}{Y}$$

由式（5-8）知，$W_t = \frac{C_t}{(1+Y)^t} \times \frac{1}{P} = \frac{Y}{(1+Y)^t}$，$D = \sum_{t=1}^{+\infty} \frac{tY}{(1+Y)^t}$，利用 D 的性质得方程：

$$D - \frac{D}{1+Y} = \frac{Y}{1+Y} + \frac{Y}{(1+Y)^2} + \cdots + \frac{Y}{(1+Y)^n} + \cdots = 1，从而有 D = \frac{1+Y}{Y}。$$

例5-6 有 A、B 两种债券，其各自特点如下。

A 债券：4 年期，2% 的息票率，到期收益率为 9% 时的价格为 77.32 元（100 元面值，下同）。

B 债券：4 年期，8% 的息票率，到期收益率为 9% 时的价格为 96.76 元，两种债券的货币收入流量计值结果如表 5-7 所示。

表5-7 两种债券的基本情况

年限	A				B			
	1	2	3	4	1	2	3	4
货币收入流量	2	2	2	102	8	8	8	108
$(1+Y)^t$	1.09	1.09^2	1.09^3	1.09^4	1.09	1.09^2	1.09^3	1.09^4
$\frac{C_t}{(1+Y)^t}$	1.835	1.683	1.544	72.259	7.339	6.733	6.177	76.510

由表 5-7 可算得：

$$D_A = 1 \times \frac{1.835}{77.32} + 2 \times \frac{1.683}{77.32} + 3 \times \frac{1.544}{77.32} + 4 \times \frac{72.259}{77.32} = 3.865(年)$$

$$D_B = 1 \times \frac{7.339}{96.76} + 2 \times \frac{6.733}{96.76} + 3 \times \frac{6.177}{96.76} + 4 \times \frac{76.510}{96.76} = 3.569(年)$$

因为 $D_A > D_B$，这两种相同到期日的债券，息票低的债券风险更大。

2. 久期的应用

对式（5-11）中的 P 求 Y 的导数，有：

$$\frac{dP}{dY} = (-1)\frac{C}{(1+Y)^2} + (-2)\frac{C}{(1+Y)^3} + \cdots +$$

$$(-n)\frac{C}{(1+Y)^{n+1}} + (-n)\frac{M}{(1+Y)^{n-1}}$$

$$= \frac{-1}{(1+Y)}\left[\frac{C}{(1+Y)} + \frac{2C}{(1+Y)^2} + \cdots + \frac{n(C+M)}{(1+Y)^n}\right]$$

对上式两边同除以 P，有：

$$\frac{dP}{dY} \cdot \frac{1}{P} = \frac{-1}{(1+Y)}\left[\frac{C}{1+Y} + \frac{2C}{(1+Y)^2} + \cdots + \frac{n(C+M)}{(1+Y)^n}\right]\frac{1}{P}$$

$$= \frac{-1}{(1+Y)}D \tag{5-12}$$

$$\therefore \frac{dP}{dY} \cdot \frac{1}{P} = \frac{dP/P}{dY}, \quad \therefore \frac{-1}{(1+Y)}D = \frac{dP/P}{dY} \tag{5-13}$$

式（5-12）等于收益率变化一个单位所引起的价格的变化幅度，可以代表债券和利率风险，式（5-13）表示 D 和此风险直接联系在一起。为使表达更直观，定义修正的久期为：

$$D' = \frac{D}{(1+Y)}$$

这样就有：

$$\frac{dP}{dY} \cdot \frac{1}{P} = -D' \tag{5-14}$$

在实际应用上，式（5-15）的微分 dP、dY 用差分 ΔP 和 ΔY 近似代替，有公式：

$$\frac{\Delta P}{P} \approx -\frac{1}{1+Y} \cdot D \cdot \Delta Y = -D' \cdot \Delta Y \tag{5-15}$$

式（5-15）可用于计算相对于到期收益率变化的价格变化率，式中 P 为初始价格。式（5-15）略作变化，即可计算价格的变化额：

$$\Delta P \approx -\frac{1}{1+Y} \cdot D \cdot \Delta Y \cdot P = -D' \cdot \Delta Y \cdot P \tag{5-16}$$

例 5-7　按 70.53 元的价格，9% 的到期收益率，6% 的息票率售出的 25 年期的债券，可算得麦考利久期为 11.49 年，修正的久期为 10.54 年。若该种债券的到期收益率由 9% 上升至 9.10%（即上升 10 个基点，1 基点 = 0.01%），则债券价格的近似变化率为：

$$\Delta P/P \approx -10.54 \times 0.001 = -0.010\ 54 = -1.054\%$$

债券价格变化额为：$\Delta P \approx -1.054\% \times 70.53 = -0.743\ 4$（元）

实际上，利用债券价值公式，也就是将 9.10% 的到期收益率和 6% 的息票率代入式（5-9），可以计算出收益率变化后的债券现值，得到真实的价格变化率 $\dfrac{\Delta P}{P} \approx -1.045\%$，与久期应用公式的结果相当接近。

当到期收益率发生很大变化时，利用麦考利久期计算的价格变化值误差变大，方法失效。

3. 久期与凸性的关系

在图 5-1 中，我们看到债券的收益率上升或下降时，债券价格因此而产生的涨跌幅度是不一样的。而在式（5-15）中，我们又看到只要收益率的变化量大小相同，则有近似相等的价格变化率，也就是说，由式（5-13）可以推出：

若 $\Delta Y_1 = -\Delta Y_2$，则有：

$$\left|\frac{\Delta P_1}{P}\right| \approx |-D' \cdot \Delta Y_1| \approx \left|\frac{\Delta P_2}{P}\right| \approx |-D' \cdot \Delta Y_2| \qquad (5\text{-}17)$$

因为债券的凸性原理，这种近似等式是有局限的，不可能达到完全的相等。凸性表示了债券价格与收益率之间的非线性的反向关系，而式（5-15）或式（5-16）表示了债券价格与收益率之间的近似线性关系，即

$$\frac{\Delta P}{\Delta Y} \approx -D' \cdot P$$

在基本价格 P 附近，$\dfrac{\Delta P}{\Delta Y}$ 几乎是一个常数，所以有式（5-17）的结果。这种近似关系在收益率变化 ΔY 较小时，与实际值间的误差较小，久期即能较好地反映价格的变化趋势，而当收益率变化显著时，与实际值间的误差增大，会影响到久期结果的有效性。另外，不同债券的凸性程度也会影响到久期结果应用

的有效性。根据式（5-9）中 P 的定义，凸性原理及凸度可由式（5-18）描述。

$$\frac{d^2P}{dY^2} = \sum_{t=1}^{n} \frac{t \cdot (t+1) \cdot C_t}{(1+Y)^{t+2}} \quad (5-18)$$

由式（5-18）可以看出，在任何情况下，债券价格相对于到期收益率的二阶导数均大于零，这样就意味着其一阶导数不是常数，价格与到期收益率之间不是简单的线性关系。

5.3.3 债券的免疫

债券投资虽然可获得确定的利息收入，但债券是利率敏感性资产，投资人持有债券，当市场利率发生变动时，将面临两种风险：价格风险和再投资风险。

价格风险（price risk）指市场利率波动，在投资期限结束时，未到期债券的出售价格可能低于预期的价值甚至低于面值，因而形成价差损失的可能性。如果投资人持有债券到期，价格风险就会降为零。

再投资风险（reinvestment risk）指在投资期间，债息或偿还本金因市场利率波动后，不能以原先的目标收益率进行再投资，因而产生的利差损失的可能性。

价格风险与再投资风险之间有互相抵销的功能，假设利率上升，则债券价格下降，价格风险增大；但利率上升可使得再投资收益增加，投资者持有债券期间的再投资收益可抵补债券价格下跌的损失。债券利率风险免疫（bond immunization）就是基于这样的原理所产生的。

债券利率风险免疫即通过构造与调整投资标的，来使投资组合的久期与设定的投资计划期间维持相等。这样，无论投资组合存续期内利率如何变动，因利率波动造成价格损益与再投资损益总是能互相抵消，可维持投资组合的期末价值不低于预期的资产价值，或者投资终止时报酬率不低于期初设定的目标报酬率。我们称这种保护全部金融资产免受利率波动影响的技术为免疫策略，由此可以看出，免疫策略是一种隔离利率风险的、相对消极的投资策略。

例 5-8 某保险公司设立了某个 30 亿元的投资型保险项目，承诺投资者的利率为 8%。正常情况下，5 年后到期时将支付给受益人的资产总额为 44.079 84 亿元。如果项目存续期内市场利率下降，资产的投资收益率达不到 8%，到期可能无法支付。保险公司可通过适当的资产组合,采用免疫策略避免这种情况的发生。

根据免疫策略的原理,保险公司可将 30 亿元资产投资于久期为 5 年的债券品种。市场上以面值出售,期限 6 年、息票率为 8% 的债券的久期为 4.992 7 年,近似于 5 年。如果保险公司买入该种债券,我们可以计算出利率上升或下降时债券资产 5 年后的价值。假设债券利息进行再投资,5 年后的债券资产价值由利息再投资所得和债券出售两块构成。

由于债券的息票率为 8%,每年利息为 $30 \times 8\% = 2.4$(亿元),假设再投资利率为 R,再投资所得在第 5 年末的价值 P_1 由下式计算。

$$P_1 = 2.4 \times (1+R)^4 + 2.4 \times (1+R)^3 + 2.4 \times (1+R)^2$$
$$+ 2.4 \times (1+R)^1 + 2.4 (亿元)$$

因债券在第 6 年年末到期时可获得 $30 \times (1+8\%)$ 的兑付值,所以第 5 年年末出售债券的价值 P_2 为:$P_2 = 32.4/(1+R)$(亿元)。根据这两个公式,我们计算此债券资产在利率分别为 8%、6% 和 10% 时的第 5 年年末价值,结果如表 5-8 所示。

表 5-8 不同利率下债券资产到期价值 (单位:亿元)

年利率(%)	利息再投资价值	债券出售价值	期末总值
8	14.079 84	30	44.079 84
6	13.529 02	30.566 04	44.095 06
10	14.652 24	29.454 55	44.106 79

由表 5-8 可见,无论市场利率上升还是下跌,债券利息再投资价值与债券出售价值有相反的变化,风险相抵使得债券资产第 5 年年末的价值始终在目标价值 44.079 84 亿元附近,达到免疫的目的。

5.4 债券利率期限结构理论

利率期限结构理论指具有相同风险、流动性及税收待遇,但期限不同的金融工具所具有的不同的利率水平,反映了期限长短对收益率的影响。债券利率期限结构即讨论债券的到期时间对收益率的影响。人们做债券的投资选择时,会根据债券利率的变化调整预期收益率,进而确定债券的买卖价位。利率期限结构理论正是基于对未来利率预测的目的,对不同期限的债券的收益率的可能走势分析研究的理论总结。传统的利率期限结构理论通过研究收益率曲线的形状及其形成原因而建立,有无偏差预期理论、流动偏好理论和市场分割理论三种代表观点。

5.4.1 准备知识:即期利率、远期利率、收益率曲线

1. 即期利率与远期利率

即期利率和远期利率是分析债券利率的两个重要概念。n 年期即期利率(spot interest rate)是指从现在开始持续 n 年的计复利的投资年利率。例如,3 年期即期利率是指连续投资 3 年所得的年利率。即期利率所涉"投资"是指纯粹的、中间没有"支付"的投资,所以 n 年即期利率也就是 n 年期的零息票债券的投资收益率。

远期利率(forward interest rate)是由当前的即期利率隐含的、将来某段时间的投资收益率。大部分情况下,远期利率是指将来某一期内投资的收益率。例如,第 3 年的远期利率指投资者从现在开始的第 2 年年末至第 3 年年末的投资收益率。

若记 s_t 为 t 年期的即期利率,f_t 为第 t 年的远期利率,P_0 为债券的现值,P_t 为第 t 期末的终值,则有:

$$P_t = P_0 (1 + s_t)^t$$
$$P_t = P_0 (1 + s_{t-1})^{t-1}(1 + f_t) \quad (5\text{-}19)$$

即期利率和远期利率的关系式为:

$$f_t = \frac{(1 + s_t)^t}{(1 + s_{t-1})^{t-1}} - 1 \quad (5\text{-}20)$$

例 5-9 如果某份资产现值 P_0 为 1 元钱,1 年期的即期利率为 7%,2 年期的即期利率为 8%,则 1 年后的资产值为 1.07 元($1 \times 1.07 = 1.07$),2 年后的资产值为 1.1664 元($1 \times 1.08 \times 1.08 = 1.1664$)。同时可算出第 2 年的远期利率 $f_2 = \frac{1.1664}{1.07} - 1 \approx 9.01\%$。

在例5-9中，2年期的即期利率要大于1年期的即期利率，所以第2年的远期利率要高于2年期的即期利率，这种情况我们在利率期限结构理论中将进一步讨论。

2. 收益率曲线

收益率曲线也称债券利率期限结构图，是指在以期限为横轴、以收益率为纵轴的坐标平面上，反映在一定时点不同期限的债券的到期收益率与到期期限之间的关系（见图5-2）。它主要包括正常的、相反的、水平的、拱形的四种类型。

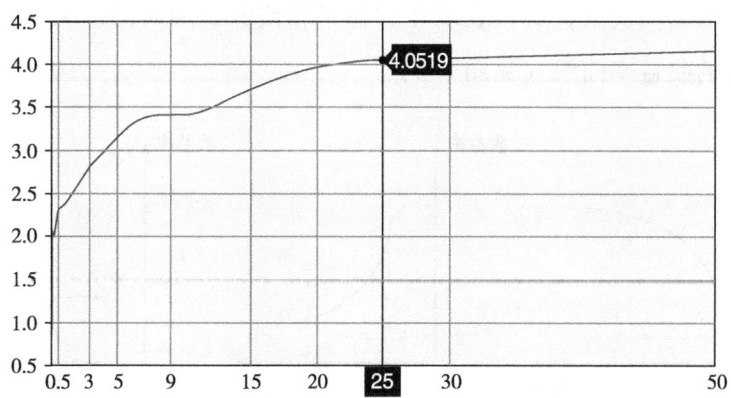

图5-2 实时行情的收益率曲线（2015年5月22日交易所国债）

资料来源：中国债券信息网（http://www.chinabond.com.cn）。

构造债券收益率曲线时，首先要获得某个交易日某市场的所有债券行情，然后确定样本债券，计算出样本债券在该交易日的到期时间及到期收益率，将这些数据作为样本点放在以期限为横轴、以收益率为纵轴的坐标平面上，再将样本点光滑连接，就得到某市场在该交易日的收益率曲线（见图5-3）。

5.4.2 无偏差预期理论

无偏差预期理论也称纯预期理论，这种理论认为即期利率的变化完全决定于人们对未来远期利率的预期。在这种观点下，一个上升的即期利率序列，即长期的即期利率大于短期的即期利率，表示投资者对将来的利率预期上升，而一个下跌的即期利率序列则表明投资者预期将来的利率将下跌。这种预期将影

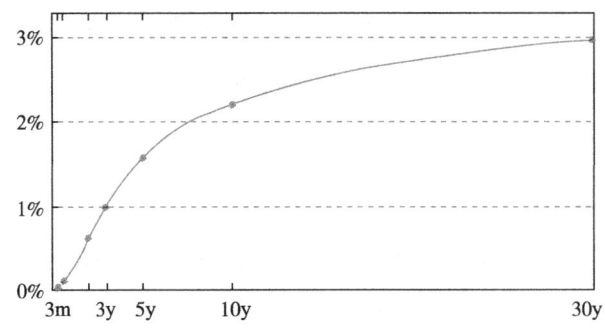

图 5-3 平滑后的美国国债收益率曲线（2015 年 5 月 23 日）

资料来源：http://finance.yahoo.com/bonds/composite_bond_rates.

响到投资者的投资决策，所以表现在收益率和债券到期时间的关系上，有下面三种代表性的收益率曲线（见图 5-4）。

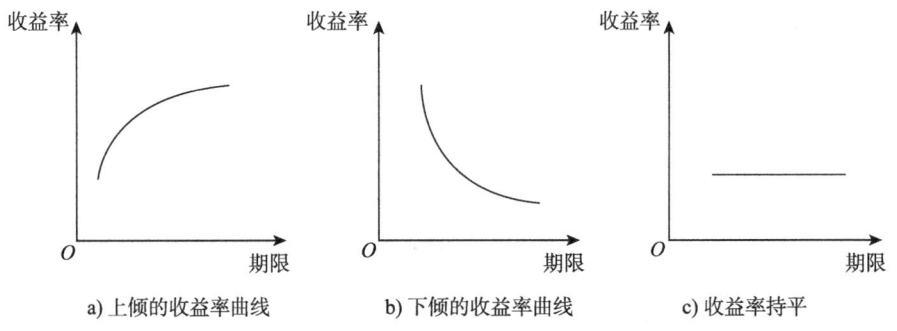

图 5-4 无偏差预期理论的收益率曲线

图 5-4a 中曲线表示长期即期利率大于短期即期利率时，未来的即期利率将上升，有向上的收益率曲线。曲线形成的主要原因是当投资者预期远期利率将上升时，持有长期债券不是好的选择，投资者更愿意持有短期债券，采用短期的滚动投资策略，获取更多的收益。此时，长期债券被抛售，价格下跌，收益率上升。所以，远期利率上升时，收益率曲线是由下向上的。同样的道理可适用情况图 5-4b 中，因投资者预期远期利率将下降，故选择增加长期债券的持有，使得长期债券价格上升，收益率下降，所以收益率曲线下倾。图 5-4c 中预期远期利率与当前利率没有变化，市场长短期债券的持有量没有明显变化，收益率持平。

5.4.3 市场分割理论

期限结构理论的第二种观点是市场分割理论。市场分割理论的主要观点是认为市场存在一个分割，即债券市场的投资者和融资者因受到法律法规、市场偏好或特定的供需周期等因素的限制，往往更愿固守在某个特定的市场，即使别的市场有更高的预期收益率。例如，商业银行倾向于购买短期债券便于资金的流动，而人寿保险公司一般愿意购买长期债券。

在市场存在分割时，投资者不能根据预期随意调整投资结构，不能在不同到期期限的债券之间随意变换，即长期资金市场和短期资金市场，甚至还有中期资金市场，是分割开的。利率期限结构决定于短期市场资金与长期市场资金各自的供需状况。

根据市场分割理论，一个上倾的收益率曲线表示短期资金市场供给和需求的交点所代表的利率，要比长期资金市场的交点的利率低（见图5-5）。

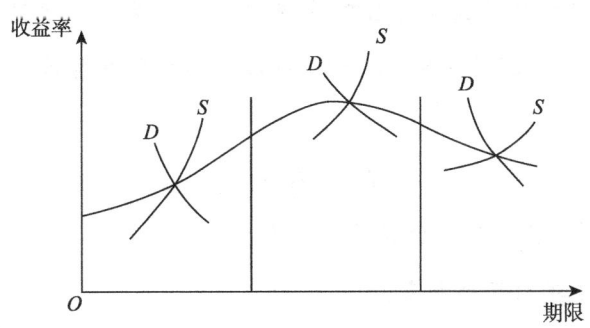

图 5-5　市场分割理论的收益率曲线

5.4.4 流动性偏好理论

流动性偏好理论在对远期利率的预期上，增加了投资者对流动性偏好的要求。投资者制订长期投资计划时，可采用买入长期债券，持有到期兑现的"到期策略"，也可以采用持有短期债券，逐期买卖的"滚动策略"。流动性偏好理论认为投资者偏好短期债券，因为滚动策略比到期策略少一份价格风险。

例如，某投资者准备投资债券2年，他可以买入2年期的债券，到期兑现；也可以买入1年期的债券，1年后兑现再买入1年期债券。理论上这两种策略都是可行的，按无偏差预期理论，在收益率上也是相等的。在 2 年中投资者可能有另外的资金需求，提前退出投资，假设提前 1 年。这种时候，采用滚动策略正好将债券卖出，得到资金；采用到期策略，2 年期的债券提前出售，价格是不确定的，有一定的价格风险。在这种情况下，即便滚动策略和到期策略有相同的到期收益率，投资者也会选择前者来预防可能的价格风险。如果想让投资者购买 2 年期的债券，只能在收益率上提供额外的"风险溢价"。

例 5-10 1 年期的即期利率为 7%，2 年期的即期利率为 8%，第 2 年的远期利率为 9.01%。根据流动性偏好理论，投资者只有在到期策略的预期收益比滚动策略高时，才会选择 2 年期债券持有到期。这意味着投资者对第 2 年利率的预期比计算出来的远期利率 9.01% 要低，也许是 8.6%。在第 2 年预期利率 8.6% 的前提下，采用滚动策略，1 元钱 2 年后的将来值是 1.162 元（$1 \times 1.07 \times 1.086 = 1.162$）；而采用到期策略，这个值将是 1.164 元（$1 \times 1.08^2 = 1.164$），两个值之间的差额 0.002 元即为这 1 元钱投资采用到期策略的风险溢价。或称这 1 元钱投资有 0.41%（9.01% − 8.6% = 0.41%）的风险报酬率。风险报酬率的一般公式可写为：

$$L_2 = f_2 - es_2 \tag{5-21}$$

式中　L_2——2 年期到期策略的风险报酬率；

　　　f_2——第 2 年的远期利率；

　　　es_2——预期的第 2 年的利率。

含有流动性风险溢价的收益率曲线如图 5-6 所示。

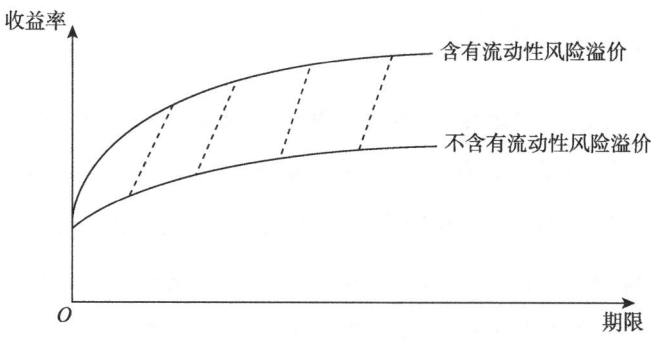

图 5-6　流动性偏好理论的收益率曲线

本章小结

本章从债券的定价原理出发,以债券的价值与到期收益率等指标为基本的评价依据,对债券的价值进行计算,同时阐述了影响债券价值的六大属性及五大基本原理。在此基础上,利用久期的定义对债券风险进行评价,并对债券的凸性和免疫策略做了介绍。

重点内容

债券的内在价值定义及计算、债券到期收益率计算、债券的六大属性、债券五大定理、债券的久期及应用

主要术语

收入资本化法　债券内在价值　附息债券　零息债券　到期收益率　直接收益率　赎回收益率　息票率　待偿期限　债券信用评级　久期　凸性　免疫　期限结构曲线　期限结构理论

习　题

1. 试运用收入资本化法来判断债券价格高估还是低估。
2. 什么是债券的六大属性?它们对债券价格的作用机制是什么?
3. 试述债券的五大定理对债券价格的影响,及它们与债券属性之间的关联性。
4. 试讨论债券久期与凸性的关系。
5. 试述债券免疫策略的目的以及具体的措施。
6. 某机构持有 3 年期附息债券,年息 7.5%,每年付息一次。该债券当前价格为每百元面值 97.5 元,贴现率 10%,问该机构应卖掉债券还是继续持有?
7. 某投资者平价购入一张面值 1 000 美元,利率 10%,差 5 年到期的附息债券。此债券两年后以 1 020 美元被赎回,赎回前已付过第 2 年的利息。投资者将赎回收入重新投资于一张面值仍为 1 000 美元,票面利率为 7%,差 3 年到期的附息债券,该债券市场价格为 996 美元。问这个投资者 5 年间的实际到期收益率为多少?
8. 债券 A 和债券 B 的面值、到期收益率及到期期限分别为 1 000 元、8% 和 10 年。债券 A 的息票利率为 10%,

债券 B 以面值出售，两种债券均按年支付利息。若两种债券的到期收益率都降到 6%，计算它们各自的价格变化率。

9. 假设有一种债券的面值为 100 元，到期期限 6 年，息票率为 7%，按年支付利息。债券以面值出售，试计算债券的久期。如果债券的到期收益率提高到 8%，债券的久期是多少？

10. 某投资公司管理一笔年复利率 14% 的 1 000 万基金 4 年后到期，为规避利率风险需要对资产进行免疫。现有息票率 12%、5 年后到期的债券，久期为 4 年，试计算该债券的价格，并分析将基金购买该债券的免疫效果。

第 6 章

普通股价值评估

为了确保一项投资获得期望的收益率，你必须按你的期望收益率来估计这项投资的内在价值，然后将其内在价值的估计值与现行市场价格进行比较。一个理性的投资者买卖普通股之前，都要对普通股的内在价值做一番估计。当普通股的价格低于内在价值时，可以买入；当普通股的价格高于内在价值时，则不应该买入，否则不能实现投资者所要求的收益率，若持有该种普通股，应考虑卖出；当普通股的价格等于内在价值时，则买卖无所谓。这样的买卖策略比较容易理解，但真正要准确地估计普通股的价值就比较困难。由于普通股价值的估计是普通股投资决策的关键，这一章专门叙述普通股价值的评估。

总体来说，评估普通股价值的方法可以分为两类：内在价值法（现金流贴现法）和相对价值法，具体如图 6-1 所示。本书中我们主要讨论现金流贴现模型和相对价值法。

6.1 股利贴现模型

根据收入资本化法的原理，一种普通股的现值取决于投资者有希望实现的未来现金流量，并用投资者期望收益率贴现。普通股内在价值的计算与其他普通股一样,也是以现值为基础的。虽然,在短期内,股东的收益可能会受到公司收益或其他变量的影响,但其最终价值是由红利的支付来决定的,在某时点上,收益必须转化为对股东的现金流量来计算。红利评估模型是个理论模型,并制约于许多条件,但却是最常用的模型。

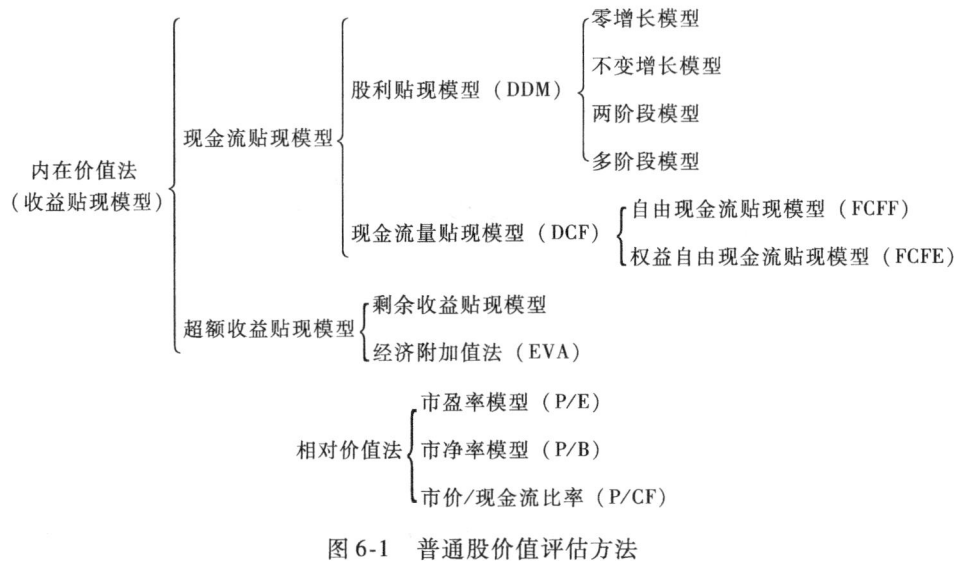

图 6-1 普通股价值评估方法

6.1.1 一般红利模型

一般的普通股红利模型描述如式 (6-1),它是未来的期望红利现金流之和。

$$P_0 = \frac{D_1}{1+K} + \frac{D_2}{(1+K)^2} + \frac{D_3}{(1+K)^3} + \cdots + \frac{D_n}{(1+K)^n} + \cdots \quad (6-1)$$

式中 P_0——股票价格的现值;

D_n——第 n 年的红利;

K——投资者要求的年收益率。

这是个非常一般化的模型,它假定投资者能够预测每年的红利,并能提出每年要求的收益率。

式 (6-1) 是以投资者不出售普通股,即一旦买入普通股则永远持有为前提的。实际中,投资者购入普通股一段时间后就会打算出售,这种情况下存在一个未来的卖出价 P_n,n 为普通股持有年数,P_n 为 n 年末普通股期望的卖出价。这样,式 (6-1) 可改写为:

$$P_0 = \frac{D_1}{1+K} + \frac{D_2}{(1+K)^2} + \frac{D_3}{(1+K)^3} + \cdots + \frac{D_n}{(1+K)^n} + \frac{P_n}{(1+K)^n} \quad (6\text{-}2)$$

6.1.2 红利常数增长模型

一般红利模型假设每年红利和投资者要求的收益率在普通股持有年内保持不变。如果考虑到红利是增长的，年增长率是 g，并假设投资者要求的收益率不变，这就得到红利常数增长模型：

$$P_0 = \frac{D_1}{1+K} + \frac{D_1(1+g)}{(1+K)^2} + \frac{D_1(1+g)^2}{(1+K)^3} + \cdots + \frac{D_1(1+g)^{n-1}}{(1+K)^n} + \cdots \quad (6\text{-}3)$$

式中　　D_1——第 1 年普通股的红利；

$D_1(1+g)^{n-1}$——第 n 年普通股的红利；$n = 1, 2, 3, \cdots, \infty$；

　　　　g——红利的常数增长率。

普通股的当前市场价应该等于期望的红利流的现值。如果投资者能够正确地预测未来红利的增长率，并决定收益率的话，便能确定普通股的价值。这个模型具有更广阔的用途。

式（6-3）是个无穷递减等比级数，可简化为式（6-4）。

$$P_0 = \frac{D_1}{K-g} \quad (6\text{-}4)$$

式（6-4）必须满足两个条件才可适用。第一，增长率必须是常数；第二，要求的收益率 K 必须超过增长率 g。这个公式称为戈登（Gorden）公式。

例 6-1　用常数增长模型决定 A 公司的现值。设 A 公司期望每股红利年增长率为 8%，投资者要求的年收益率是 15%，第一年年末的红利为 0.5 元。

使用式（6-4），得到：

$$P_0 = \frac{D_1}{K-g} = \frac{0.5}{0.15 - 0.08} = \frac{0.5}{0.07} = 7.14 \text{（元）}$$

P_0 在理论上表示所有未来红利的现值。由于时间是无限期的，红利增长率 8% 可能估计偏高，更现实的估计可能是 6%。设 $g = 6\%$，那么 P_0 值的计算如下：

$$P_0 = \frac{D_1}{K-g} = \frac{0.5}{0.15-0.06} = \frac{0.5}{0.09} = 5.56 \text{（元）}$$

我们进一步讨论红利增长率 g 和期望收益率 K 对普通股理论价值的影响。

红利增长率是任何公司在一段时间内增长的主要指标，而且往往作为测定投资价值的一种重要因素。通过公司收益、销售或红利资料可确定公司的增长率，这属于传统的分析方法。传统观点认为，一个投资者在长期内所获得的红利是最有意义的收益。这种观点还认为，如果一家公司真正实现增长，那么从长期看它的股息同样增长，普通股价格也会相应地上升。但是有许多公司不支付红利，因此当一家公司处于萌芽阶段时，无法对其进行分析，因为有许多未知因素。投资者对刚开始经营的公司普通股进行分析是有困难的，只有当公司经营已经稳定并保持稳定增长时才能真正对其进行分析。因此，我们可以运用红利增长率作为衡量手段来确定公司的长期增长情况。

通过以上分析可知，由公司收益对全部投资的比例和红利政策可以确定公司普通股的红利增长率。若投资收益率不变，则红利支付率越低，红利增长率越高。一家公司的红利增长率可由式（6-5）计算：

$$g = ROI \times (1 - S) = ROI \times b \tag{6-5}$$

式中　ROI——公司投资收益率；

　　　S——派息率＝每股红利/每股收益；

　　　b——再投资比率＝每股留利/每股收益。

例 6-2　某公司投资收益率为 10%，并一直实施 50% 的派息率，那么红利增长率 g 可由式（6-5）算出。

$$g = 0.10 \times (1 - 0.5) = 0.10 \times 0.5 = 5\%$$

如果公司改变投资策略，将派息率降至 25%，则红利率变为：

$$g = 0.10 \times (1 - 0.25) = 0.10 \times 0.75 = 7.5\%$$

可见，由于派息率下降，红利增长率提高了。期望收益率 K 在现值模型中被用作未来现金流量的贴现率，因此，讨论期望收益率即讨论贴现率的确定。

然而，贴现率是随着投资者观念的变化而变化的，因为每一个投资者在不同的时间阶段都有各自要求的适当的投资收益率。虽说贴现率在很大程度上取决于投资者的个人选择，因而具有不确定性，但是其下限是有同一性的。许多上市公司发行公司债券，投资者可以从市场行情表上计算该债券的收益率。假若普通股投资者的收益率不能高于该公司债券的话，那么，明智的投资者就不会投资于普通股，因为普通股的风险大于公司债券。因此，用储蓄的收益率或货币市场的资金收益率可以确定贴现率的下限。

按常规来说，投资时间越长，投资的风险越大，选择的贴现率也就越高。选择贴现率时，每一个投资者都有个人的偏好，它基于投资者愿意承担风险的程度。

6.1.3 红利非常数增长模型

实际上，许多公司的红利或收益的增长率并非常数，普通股的内在价值以常数增长模型来评估并非合适。我们知道，任何产业的发展具有一个生命周期，因此，公司的成长性也是非线性的。一个公司在初创期和成长期，其收益增长率较高；当公司扩张到一定程度时，增长率逐渐降下来，直至该公司所在产业达到成熟期。进入成熟期后，产业的长期增长率近似于一个常数，并与宏观经济的长期增长率相对应。也有的公司并不完全按照其所在产业的生命周期运行，公司设法回避其成熟与衰退，它们努力开发新产品和新市场，以维持公司增长的势头。

对于一个非常数增长的公司，如何评估其内在价值呢？只要对常数增长模型做适当的变化就可使用。将增长率划分成几个区间，每个区间有一个红利现值，将每个区间的现值加起来，便可得到公司普通股的现值。我们用一个两区间模型来举例说明这个概念。

例 6-3 假设 J 公司每年支付红利的增长模式如图 6-2 所示。设 J 公司在其生命周期的前 10 年红利增长率为 20%，此后的年份保持 8% 的增长率。J 公司第 1 年支付红利 1 元，投资者要求适当的收益率为 13%，求 J 公司的内在价值。

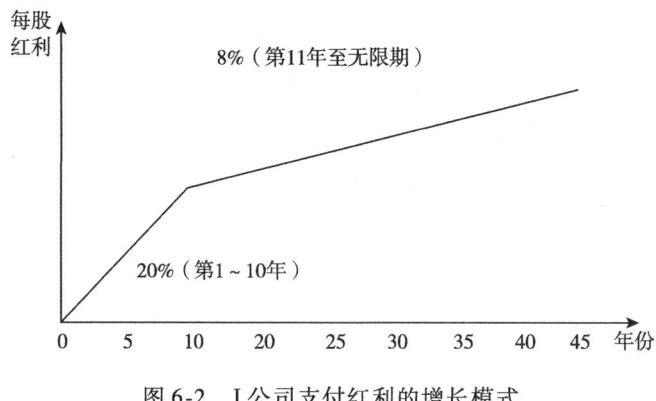

图 6-2　J 公司支付红利的增长模式

公司的内在价值可以分两个区间分别计算，然后相加。前 10 年红利的现值可以逐项算出，再累加。第 11 年至无限远的红利现值可以使用常数增长模型求出现值。我们便能得到回答。前 10 年红利的现值如表 6-1 所示。

表 6-1　红利现值表

年份	红利（元） （20%增长率）	现值因子 （13%贴现率）	红利现值（元）
1	1.00	0.893	0.89
2	1.20	0.797	0.96
3	1.44	0.713	1.03
4	1.73	0.636	1.10
5	2.07	0.567	1.17
6	2.48	0.507	1.26
7	2.98	0.452	1.35
8	3.58	0.404	1.45
9	4.29	0.361	1.55
10	5.15	0.322	1.66
			∑ = 13.42

然后计算第 10 年以后的红利现值。第 11 年年末的红利是 5.56 元（5.15 × 1.08 = 5.56），因为从第 11 年起，余下的红利流是无限的，便可使用戈登公式计算第 10 年后红利流的现值 P_{10}。

$$P_{10} = \frac{D_{10}}{K - g} = \frac{5.56}{0.12 - 0.08} = \frac{5.56}{0.04} = 139.00（元）$$

这个结果表明，一个投资者在第 10 年年末将对第 11 年至无限远期的未来红利流支付 139.00 元，这是第 10 年年末的价格，它必须贴现到目前的现值，贴现率是13%，贴现时间是10年，计算如下：

$$P_0 = \frac{P_{10}}{(1+K)^{10}} = \frac{139}{(1+0.12)^{10}} = \frac{139}{1.12^{10}} = 139 \times 0.322 = 44.76(元)$$

两部分现值相加为：

$$13.42 + 44.76 = 57.18(元)$$

所以，J公司普通股的内在价值是57.18元。

红利评估模型估算了期望的未来红利流的现值。如果预期是正确的，那么普通股价值的评估将是比较合理、准确的，但是一旦预期离实际目标太远，那么评估的准确性将是个问题。

如果一个公司不支付红利，那么红利评估模型将几乎起不了作用。如果一个公司从不支付红利，那么这个公司将不具有任何投资价值吗？答案显然是否定的。有的公司为了长远的发展，将收益再投资，增加公司的经营资产，这样的公司还是具有相当的投资价值。由于红利要支付一定的税金，许多投资者宁可从普通股价格变动中获取资本所得，而不要红利。红利支付得多并不能保证普通股价格在短期内会上升。美国《财富》杂志将1970~1980年从不支付红利的公司和红利增加的公司列了一张表，结果并非人们所想象的那样。13家从不支付红利的公司，其普通股在10年中的年平均收益率的中位数是18.7%；《财富》所列500家公司，其普通股在10年中的年平均收益率的中位数是9.4%；而10年中红利增长的19家公司的平均年收益率在0.5%~5.2%，明显偏低，原因在于普通股价格下跌。一般来说，红利的增长使普通股价值也增加，实际情况并非都如此。如果一个公司总体运行存在问题，那么红利的增加并不能鼓励投资者，这点应该引起注意。

6.1.4 收益与红利组合评估模型

红利评估模型适用于那些在其生命周期中处于扩展或成熟期的公司。这些公司的红利比较具有可预测性，投资这些公司普通股所得的回报构成中，红利所占百分比要大于资本所得。每股收益模型也用以评估普通股的内在价值。例如，投资者可能用所有未来收益的现值来决定普通股的价值。对于那些不支付现金红利，并且以后也不打算支付现金红利的公司来说，收益评估模型可能特别适合。

根据式（6-2），收益与红利组合模型为：

$$P_0 = \frac{D_1}{1+K} + \frac{D_2}{(1+K)^2} + \frac{D_3}{(1+K)^3} + \cdots + \frac{D_n}{(1+K)^n} + \frac{P/E \times EPS}{(1+K)^n} \tag{6-6}$$

式中 P/E——第 n 期的市盈率；

EPS——第 n 期的每股收益。

这个模型依赖于每股收益（EPS）以及与一个有限红利模型相结合的市盈率 M。普通股的价值可以看作一个红利流与该红利流结束之时普通股价格之和的现值。以下用 G 公司作为一个例子来说明这个模型的应用。

例 6-4 我们要估算的是 G 公司 2015 年年初的现值，计算过程列在表 6-2 中。表 6-2 最后一行表明，G 公司在 2015 年的现值之和（普通股价格）是 79.38 元。可以看到，表中第一部分描述了未来 5 年（2015～2019 年）中红利的现值，第二部分用作决定未来（2019 年）普通股价格的现值。

表 6-2 G 公司普通股 2015 年年初的现值分析

第一部分：5 年红利的现值				
年 份	每股收益评估值 （增长率 10%）（元）	每股红利 率估价值	每股红利 估计值（元）	现值因子 （13%）	现值 （元）
2015	6.45	0.45	3.13	0.885	2.77
2016	7.64	0.45	3.44	0.783	2.69
2017	8.41	0.45	3.78	0.693	2.62
2018	9.25	0.45	4.16	0.613	2.55
2019	10.17	0.45	4.58	0.543	2.48
					∑ = 13.11 元

第二部分：普通股价格的现值				
年 份	每股收益（元）	市盈率	价格（元）	现值因子	现值（元）
2019	10.17	13.0	132.04	0.543	66.27
G 公司普通股在 2008 年年初的总现值					∑ = 79.38 元

第一部分，列出了 G 公司今后 5 年中的每股收益，然后乘以公司的红利支付率（派息率），派息 45%，决定了预算的每股红利。在这个例子中，我们假定投资者要求的年收益率是 13%，这个数字作为贴现率。5 年红利的现值之和

是 13.11 元，如表 6-2 第一部分最后一列所示。

表 6-2 的第二部分，将 2019 年每股收益 10.17 元乘以市盈率 13，得到一个 5 年后至未来的一个预期价格 113.04 元，将这个价格以 13% 的贴现率，贴现回 5 年前（2015 年年初），得到现值 66.27 元。

普通股的现值等于 5 年的红利流现值 13.11 元加上未来普通股价格的现值 66.27 元，得到 2015 年年初的总现值 79.38 元。

6.2 现金流量贴现模型

现金流贴现模型（discounted cash flow model，DCF）的原理和股利贴现模型一样，是将一项资产在未来所能产生的自由现金流（通常要预测 15~30 年）根据合理的折现率折现，得到该项资产在目前的价值，如果该折现后的价值高于资产当前价格，则有利可图，可以买入；如果低于当前价格，则说明当前价格高估，需回避或卖出。

DCF 是理论上无可挑剔的估值模型，尤其适用于那些现金流可预测度较高的行业，如公用事业、电信等，但对于现金流波动频繁、不稳定的行业，如科技行业，DCF 估值的准确性和可信度就会降低。在现实应用中，由于对未来十几年现金流做准确预测难度极大，DCF 较少单独作为唯一的估值方法来给股票定价，更为简单的相对估值法，如市盈率，使用频率更高。通常 DCF 被视为最保守的估值方法，其估值结果会作为目标价的底线。对于投资者，不论最终以哪个估值标准来给股票定价，做一套 DCF 模型都会有助于对所投资公司的长期发展形成一个量化的把握。

6.2.1 自由现金流模型

美国学者拉巴波特（Alfred Rappaport）20 世纪 80 年代提出了"自由现金流"概念：企业产生的、在满足了再投资需求之后剩余的、不影响公司持续发展前提下的、可供企业资本供应者、各种利益要求人（股东、债权人）分配的现金。麦肯锡资深领导人之一的汤姆·科普兰（Tom Copeland）教授于 1990 年阐述了自由现金流量的概念并给出了具体的计算方法：

自由现金流量等于企业的税后净经营利润（即将公司不包括利息费用的经营利润总额扣除实付所得税税金之后的数额）加上折旧及摊销等非现金支出，再减去营运资本的追加和物业厂房设备及其他资产方面的投资。其经济意义是：公司自由现金流是可供股东与债权人分配的最大现金额。具体公式为：

公司自由现金流量(FCFF) = (税后净利润 + 利息费用 + 非现金支出)
                    − 营运资本追加 − 资本性支出

这个只是最原始的公式，继续分解得出：

公司自由现金流量(FCFF) = [1 − 税率(T)] × 息税前利润(EBIT)
                    + 折旧 − 资本性支出(CAPX)
                    − 净营运资金(NWC)的变化

其中，息税前利润（EBIT）= 扣除利息、税金前的利润，也就是扣除利息开支和应缴税金前的净利润。

具体还可以将公式转变为：

公司自由现金流量 (FCFF) = [1 − 税率(T)] × 息前税前及折旧前的利润(EBITD)
                     + 税率 T × 折旧 − 资本性支出(CAPX)
                     − 净营运资金(NWC)的变化

公司自由现金流量 (FCFF) = [1 − 税率(T)] × 息税前利润(EBITD)
                     − 净资产(NA)的变化

其中，息前税前及折旧前的利润（EBITD）= 息税前利润 + 折旧

自由现金流（free cash flow for the firm，FCFF）模型认为公司价值等于公司预期产生的自由现金流量按公司资本成本进行折现的净现值。用自由现金流量折现模型进行公司估价时，需要预测未来的自由现金流量、折现率（资本成本）、自由现金流量的增长率和增长模式。

$$P_0 = \sum_{t=1}^{n} \frac{OCF_t}{(1 + WACC_j)^t} \tag{6-7}$$

式中 OCF——公司的自由现金流；

$WACC$——公司的加权平均资本成本。

只要可以获得充足的信息来预测公司自由现金流，那么 FCFF 模型的一般形式就可以用来对任何公司进行估价。

6.2.2 股权自由现金流模型

股权现金流指的是向普通股持有者支付股利前的现金流，是股权所有者可获得的，所以，股权自由现金流（free cash flow to equity，FCFE）模型采用的贴现率是公司的股权成本，而不是资本成本。

$$P_0 = \sum_{t=1}^{n} \frac{FCF_t}{(1+k_j)^t} \qquad (6-8)$$

FCFE 和 FCFF 的最大区别就是：前者只是公司股权拥有者（股东）可分配的最大自由现金额，后者是公司股东及债权人可供分配的最大自由现金额。因此，FCFE 要在 FCFF 基础上减去供债权人分配的现金（即利息支出费用等）。

6.3 相对价值法

使用相对价值法评估普通股的价值依据的是"一价法则"。"一价法则"说的是当两个资产在所有相关的经济影响因素方面都相等时，它们必然会有相等的市场价格。相对价值法的优点在于它提供了有关当前市场是如何按一些标准对股票进行估价的信息，这些标准包括整体市场、不同行业和行业内的单只股票。相对价值法提供的信息是有关某一时点的股价的内容，但并没有指出这一时点的股价是否是合适的。例如，假设整个市场是明显被高估的，你把某个行业或某个股票的价值与这个被高估的市场做比较，就可能得出错误的结论。相对价值法是利用类似公司的市场价值来确定目标公司价值的一种评估方法。它假设存在一个支配公司市场价值的主要指标，而市场价值与该指标的比值对各公司而言是类似的、可比较的，从而分析者就可以在市场上选择一个或几个跟目标公司类似的公司，在分析比较的基础上，修正、调整目标公司的市场价值，最后确定被评估公司的市场价值。相对价值模型主要有市价/净收益比率模型（市盈率法）、市价/净资产比率模型（市净率法）、市价/销售收入比率模型（市销率法、收入乘数法）等。

6.3.1 市价/净收益比率模型

目标公司每股价值 = 可比公司平均市盈率 × 目标公司的每股收益

市价/净收益比率模型（市盈率法）假设股票市价是每股收益的一定倍数。每股收益越大，则股票价值越大。同类公司有类似的市盈率，所以目标公司的股票价值可以用每股收益乘以可比公司的平均市盈率计算。例如，某待估公司的可比公司有甲、乙、丙、丁四家，其修正后的市盈率分别为15、16、17、18倍，则待估公司股票估计的市盈率为：$(15+16+17+18)/4=16.5$倍；若待估公司预计的每股收益为0.6元，则待估股票的估计价格为$0.6 \times 16.5 = 9.9$（元）。

在使用相对价值法对公司股票进行估值时往往使用多家可比公司，因为单一可比公司的市盈率可能被高估，也可能被低估，但只要不存在整体被高估或低估的问题，则通过求平均值将高估或低估的市盈率相互抵消。

1. 市盈率模型的优点

首先，计算市盈率的数据容易获得，并且计算简单；其次，市盈率把价格和收益联系起来，直观地反映投入和产出的关系；最后，市盈率涵盖了风险补偿率、增长率、股利支付率的影响，具有很强的综合性。

2. 市盈率模型的局限性

首先，当公司收益是负值时，市盈率就失去了意义。其次，市盈率除了受企业本身基本面的影响以外，还受到整个经济景气程度的影响。在整个经济繁荣时市盈率上升，整个经济衰退时市盈率下降。如果目标公司的 β 值为1，则评估价值正确反映了对未来的预期。如果公司的 β 值显著大于1，经济繁荣时评估价值被夸大，经济衰退时评估价值被缩小。如果 β 值明显小于1，经济繁荣时评估价值偏低，经济衰退时评估价值偏高。如果是一个周期性的公司，则公司价值可能被歪曲。

因此，市盈率模型最适合连续盈利，并且 β 值接近于1的企业。

6.3.2 市价/净资产比率模型

市价/净资产比率模型（市净率法）假设公司股票价值是净资产的函数，类似公司有相同的市净率，净资产越大则股权价值越大。因此，股权价值是净资产的一定倍数，目标公司的价值可以用每股净资产乘以平均市净率计算。

$$股权价值 = 可比公司平均市净率 \times 目标公司净资产$$

1. 市净率估价模型的优点

首先，净利为负值的公司不能用市盈率进行估价，而市净率极少为负值，可用于大多数公司。其次，净资产账面价值的数据容易取得，并且容易理解。再次，净资产账面价值比净利稳定，也不像利润那样经常被人为操纵。最后，如果会计标准合理并且各公司会计政策一致，市净率的变化可以反映公司的变化。

2. 市净率的局限性

首先，账面价值受会计政策选择的影响，如果各公司执行不同的会计标准或会计政策，市净率会失去可比性。其次，固定资产很少的服务性公司和高科技公司，净资产与公司的关系不大，其市净率没有什么实际意义。最后，少数公司的净资产是负值，市净率没有意义，无法用于比较。

因此，这种方法主要适用于需要拥有大量资产、净资产为正值的公司。

6.3.3 市价/销售收入比率模型

市价/销售收入比率模型（市销率法、收入乘数法）假设影响公司的关键变量是销售收入，公司价值是销售收入的函数，销售收入越大则公司价值越大。既然公司是销售收入的一定倍数，那么目标公司的价值可以用销售收入乘以平均收入乘数估计。

目标公司股权价值 = 可比公司平均收入乘数 × 目标公司的销售收入

1. 市价/销售收入比率模型的优点

首先，它不会出现负值，对于亏损公司和资不抵债的公司，也可以计算出一个有意义的收入乘数。其次，它比较稳定、可靠，销售收入不像利润、账面价值那样会受折扣、存货、非经常性支出等会计政策的影响，难以被人为扩大；最后，收入乘数对价格政策和公司战略变化敏感，可以反映这种变化的后果。

2. 市价/销售收入比率模型的局限性

市价/销售收入比率模型不能反映成本的变化，当公司出现成本控制问题时，尽管利润、账面价值会显著下降，但销售收入可能不会大幅下降，而成本是影响公司现金流量和价值的重要因素之一，这样用市价/销售收入比率模型对问题公司估价，会得出错误结论。

因此，这种方法主要适用于销售成本率较低的服务类公司，或者销售成本率趋同的传统行业的公司。

除上述模型外，还可以使用市价/现金流比率模型，因为一些公司有收益但不一定有足够的现金，这个模型可以很好地反映这些公司的价值。在股票分析中，我们越来越倾向于使用市价/现金流模型。

用相对价值法评估公司股票价值的关键是找到合适的可比公司。可比公司的定义在本质上是主观的。可比公司是指与待估公司业务相同、经营杠杆与财务杠杆相似的一组公司，而在实际操作中要找到一组严格意义上的可比公司非常困难，通常用同行业公司来替代。而同行业公司可能在业务组合、风险程度、增长潜力等方面存在很大差异。即使选择了一组合理的可比公司，待估价公司与可比公司的基本因素方面仍存在差异，根据这些差异进行主观调整并不能很好地解决这个问题。例如，东软股份和清华同方，两者都是计算机软件类公司，属于同一行业。尽管如此，两家公司有着巨大的规模差异、明显的资本结构差异，而且两家生产的产品不同，管理理念也相差甚远，公司历史更是不同。因此，对股票进行准确的估值是非常困难的。

本章小结

本章主要介绍了普通股价值评估的各种模型和方法。

红利评估模型是根据收入资本化法的原理，一种普通股的现值等于其未来的预期现金流贴现之和。红利评估模型适用于那些在其生命周期中处于扩展或成熟期的公司，这些公司的红利比较具有可预测性。红利评估模型分为一般红利模型、红利常数增长模型和红利非常数增长模型。

相对价值评估模型适用于那些不支付现金红利的公司，主要有市盈率模型、市净率模型等。

重点内容

资产负债表评估方法；一般红利模型，红利常数增长模型，适用于不同阶段不同增长率的情况下的红利非常数增长模型；戈登公式。

主要术语

账面价值　清算价值　替代成本　托宾q值　内在价值　现金流　红利增长率　贴现率　市盈率　投资收益率（ROI）　派息率　再投资比率

习　题

1. （1）股票A期望今年年末派发红利2.15元，并且永远以每年11.2%增长。如果投资者要求15.2%的年收益率，股票A的内在价值是多少？

   （2）股票A当前市场价等于它的内在价值，明年它的期望价格是多少？

   （3）假如一个投资者打算现在购买股票A，从现在起一年内收到2.15元红利后卖出，期望资本所得百分比是多少？（即价格升值）红利的收益率是多少？持有期收益率是多少？

2. 公司F的再投资率是0.60，如果它的ROI是20%，当前盈利EPS是每股5元，投资者要求的年收益率是13.5%，计算股票F的价格。

3. 股票C每年有一个13%的ROI，每股有2元的期望利润和1.50元的期望红利。每年市场平均收益率是10%。

   （1）股票C的期望增长率是多少？股价多少？市盈率是多少？

   （2）如果再投资率是0.4，每股期望红利将是多少？期望增长率是多少？股价多少？市盈率是多少？

4. 预计公司M的普通股2015年的红利是0.50元，2012年以后每年红利将以10%的增长率派发，在领取了2020年的红利后，投资者将股票M以P/E=25的价格卖出，那时，预计每股收益已达2元。假定市场贴现率为12%不变。问：普通股在2015年红利派发后的理论价值是多少？

5. X公司每股收益0.3元，$K=6\%$，如果股票价格是30元，那么，X公司的增长机会现值和市盈率是多少？Y公司每股收益2.5元，$K=6\%$，如果股票价格也是30元，那么，Y公司的增长机会现值和市盈率是多少？市场认为哪个公司有较好的成长性？

第 7 章

股票投资分析

股票投资分析是指通过各种专业性分析方法对影响股票价值或价格的各种信息进行综合分析以判断股票价值或价格及其变动的行为,是投资过程中不可或缺的一个环节。股票投资的目的是净效用(即收益带来的正效用减去风险带来的负效用)的最大化。股票投资的成功与否,往往是看这个目标的实现程度。但是,影响股票投资目标实现程度的因素有很多,其作用机制也十分复杂。只有通过全面、系统和科学的专业分析,才能客观地把握住这些因素及其作用机制,并做出较准确的预测。股票投资分析方法主要有两大类:基本分析和技术分析。基本分析研究导致股票价格变化的政治、经济等因素,对决定股票价值的基本要素,如宏观经济指标、经济政策走势、行业发展状况、产品市场状况、公司销售和财务状况等进行分析,评估股票的投资价值。技术分析则是通过图表或技术指标,研究市场过去及现在的行为,以推测未来价格的变动趋势。其依据的技术指标的主要内容是由股价、成交量或涨跌指数等数据计算而得的。

7.1 宏观经济分析

对公司前景做"自上而下"的分析是有意义的。首先,从广泛的经济背景出发,考察宏观经济乃至全球经济;其次,考虑这些外部环境对公司所处行业的影响;最后,才考察特定的公司在行业中的地位,做公司财务分析。这是股票基本分析的一般思路。

为了确定一家公司股票的价值,投资者必须预计这家公司的股利和盈利前景。由于公司的前景与宏观经济形势息息相关,评价时必须考虑公司经营所处的经济环境。对某些公司来说,宏观经济和行业背景可能比公司在行业内的相对表现更影响其利润。

本节首先讨论与公司表现相关的国际因素,再考察描述宏观经济状况常用的重要变量的意义,然后讨论政府宏观经济政策和利率的决定,最后通过经济周期来探讨宏观环境分析。

7.1.1 全球经济

中国已加入世界贸易组织,中国经济将逐步全面地融入经济全球化的潮流。因此,对公司前景做"自上而下"的分析首先必须分析全球经济。国际经济状况可能影响一家公司的出口前景、竞争能力以及它在海外投资的收益。尽管许多国家的经济会受全球宏观经济的整体影响,但是在任何时刻,任何两个国家之间必定存在很大的差异。即使不考虑大多数国家的经济发展与全球经济相关联这一事实,各国经济自身的波动也会对股市产生影响。表7-1列出了一些新兴市场的经济数据,从表中可以看出2002年各国经济发展的巨大差异。例如,中国经济增长率为11.2%,委内瑞拉却下降了16.7%。同样地,同期这些国家的股票市场回报率也有巨大差异。这些数据表明:一国经济环境可能是行业表现的关键参数。在一个经济收缩的国家取得成功比在一个经济扩张的国家要困难。

表7-1 2002年一些新兴市场国家的经济和股市表现

国　家	实际GDP增长率(%)	股市回报(%)
中国	+11.2	-7.6
印度	+5.8	-0.1
印度尼西亚	+3.8	+1.4
新加坡	+3.0	-20.7
韩国	+5.8	-14.9
巴西	+2.4	-26.4
哥伦比亚	+1.9	+49.4

（续）

国　家	实际 GDP 增长率（％）	股市回报（％）
墨西哥	+1.9	-7.9
委内瑞拉	-16.7	+24.0
希腊	-10.1	+98.3
南非	+3.0	-20.7
土耳其	+7.9	-18.1
俄罗斯	+4.3	+50.9

资料来源：《经济学家》，2003 年 3 月 1 日。

政治经济因素的变化使得全球投资环境存在很大的风险和机遇。例如，1992～1993 年，由于受到美国国会可能通过《北美自由贸易区协议》的鼓舞，墨西哥股市反应强烈。1997 年，东南亚金融风暴使得泰国、韩国、新加坡、印度尼西亚以及中国香港等国家和地区的股市受到重挫，投资者遭遇到重大的市场风险。2003 年的伊拉克战争给世界股票市场带来的影响则更加重大。

政治因素的良性发展对经济是有促进作用的。例如，南非种族隔离和经济封锁的终结预示着该国经济将有巨大增长。同样，中东和平进程往良性方向发展也会使中东地区的经济有快速增长，这些情况都提供了引人注目的赚钱机会。反之，某一地区的政治局面动荡不安将使得该地区经济发展受到影响，增加投资者亏损的机会。例如，1992 年 4 月土耳其总统图尔古特·厄扎尔（Turgut Ozal）去世，伊斯坦布尔股市一天下跌了 10.5%。

对经济增长和投资回报有重要影响的因素还有贸易保护问题、资本自由流动和一个国家劳动力的就业等问题。当然，这些问题不像上面的情况那么敏感。影响一个国家产业的国际竞争力的重要因素之一是汇率，即本国货币可以兑换成外国货币的比率。为了更好地说明问题，我们选择可自由兑换的货币为例，美元汇率的变动可以解释对美国经济的影响。由于汇率经常性的波动，美元的价值也跟着以外币定价的商品一起波动。例如，1980 年美元对日元的汇率为 0.004 5 美元/日元；1993 年 10 月 12 日的汇率是 0.009 4 美元/日元，此时，如果日本厂商保持其商品的日元定价不变，那么，一个美国人将用比 1980 年两倍多的美元去购买售价相同的日本商品。即 1980 年支付 45 美元的商品，1993 年则要支付 94 美元。对于美国消费者来说，日本商品显得更贵，因而其销售量可能会减少。显然，日元的升值对那些同美国同行竞争的厂商（如汽车厂商）的市场销售将产生影响。同样地，2006年以来人民币的升值将使中国商品变得昂贵，影响中国商品的国际竞争力。

图7-1反映了1986~2002年美元对几个主要工业国家货币购买力的变化情况。购买力比率称作"实际"汇率或通货膨胀调整后汇率。汇率的变化解释了汇率波动和各国通货膨胀的差异。图7-1中汇率的正值表示美元购买力相对增加；负值表明美元贬值。因此，从图7-1中可以看出，以英镑或欧元定价的商品对美国人来说变贵了；而以加拿大元或日元定价的商品却便宜了。相反，以美元定价的商品对英国人来说更廉价了，而对加拿大消费者来说更贵了。

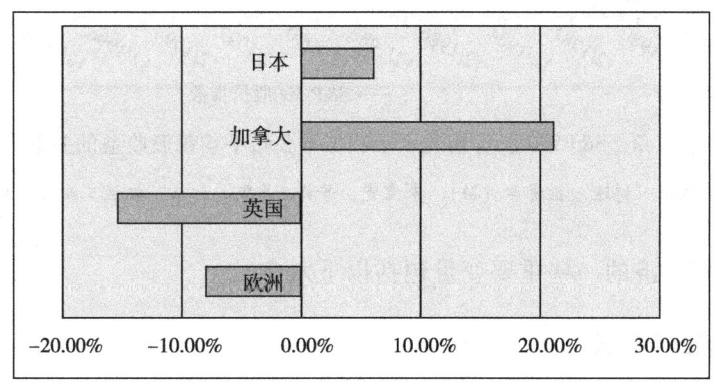

图7-1　1986~2002年美元对主要工业国家货币的实际汇率变化

资料来源：《美国总统经济报告》，2003。

7.1.2　国内宏观经济

宏观经济是所有企业的经营环境。宏观经济对投资收益的重要性可用图7-2反映。图7-2比较了1978年12月~2000年12月S&P500股价指数水平和500家样本公司平均每股收益。图7-2画出了7条平行曲线。上边线是以每股收益乘以26画出的，下边线是以每股收益乘以8画出的。若按正常情况，S&P500指数应落在上下边界之内，即股票价格的变动与公司收益的变动趋势基本一致。20世纪90年代以来，S&P500股价指数涨幅巨大，但宏观经济和公司累积收益也有着相同的变化趋势。因此，要预测宏观市场表现，第一步就要从整体经济的评估着手。

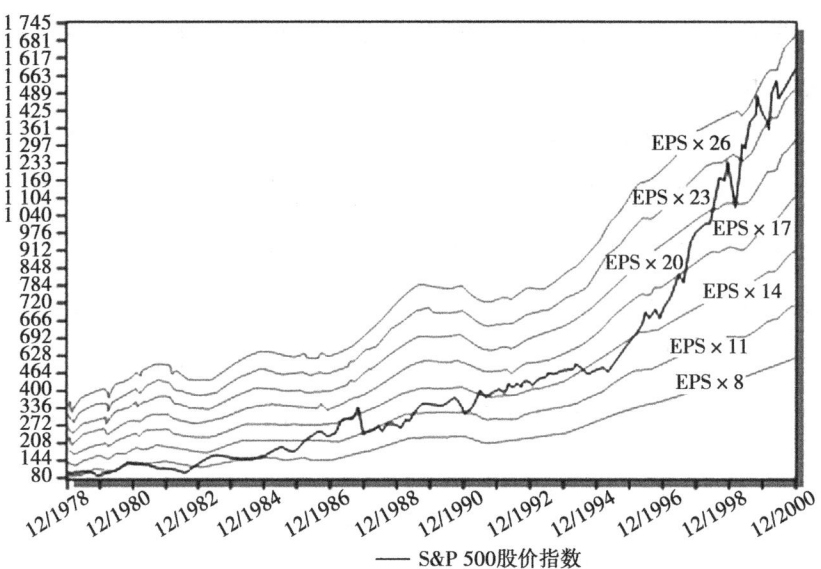

图 7-2　S&P500 股价指数水平和样本公司平均每股收益的关系

资料来源：滋维·博迪. 投资学 [M]. 朱宝宪，等译. 5 版. 北京：机械工业出版社，2005.

描述宏观经济的一些重要变量包括以下六个。

1. 国内生产总值

国内生产总值（GDP）是一国全部产品和服务的度量。迅速增长的 GDP 表明经济在扩张，企业将有充足的机会增加销售。另一个衡量总产出的常用指标是工业产品指数，但它对经济活动的衡量范围较窄，只限于制造业。

2. 失业率

失业率是劳动总人数（工作着和积极寻找工作的人）中没有找到工作的人数所占的比率。失业率衡量了经济运行利用人力资源的程度。深入探讨经济的推动力，还可以应用其他生产要素的使用效率。例如，工厂的生产能力利用率，它是实际产出对于潜在产出的比率。

3. 通货膨胀率

通货膨胀率简称通胀率，指的是一般价格水平持续上涨的幅度。高通胀率与经济过热联系在一起，即对商品和服务的需求超过了生产能力，从而价格产生了上涨的压力。许多政府在制定经济政策时都小心谨慎，他们希望刺激经济以达到充分就业，但又不得不提防引起通胀压力。通胀和失业的利弊权衡是许多宏观政策争议的中心问题。

4. 利率

高利率降低了未来现金流的现值,因而减少了投资机会的吸引力。所以,实际利率是商业投资的决定性因素。住房和高价耐用消费品(如汽车)经常通过融资来购买,对利率高度敏感,因为利率高低影响利息支付的高低。后面,我们将叙述利率的决定因素。

5. 预算赤字

预算赤字是联邦政府收支的差额。政府预算的短缺通过借债来弥补。大量的政府借贷会抬高利率,因为这增加了经济中社会信贷总需求。过度的政府借贷迫使利率提高,导致"挤出"私人借贷和投资。

6. 情绪指标(生产者、消费者信心指数)

消费者和生产者对经济的乐观或悲观预期是经济表现的重要决定因素。如果消费者对其未来收入水平有信心,那么他们将更愿意花钱买一些大件商品。如果厂商预期商品需求量较高,生产和存货水平就会提高。这样,信心影响着消费量和投资量,从而影响对商品和服务的总需求。

7.1.3 利率

制定投资决策最重要的宏观经济变量是利率水平,很大程度上,投资决策取决于对利率水平的期望。假如你有 100 000 元银行存款,你可以选择将部分或全部存款转入定期存款,因为在存款到期时,银行可以支付较高的固定利率。你的决定取决于你对利率的期望。如果你预期利率会下跌,你将会通过投资于相对较长期的定期存款以锁定现行较高利率;如果你预期利率会上升,你当然不会这么做。

利率的预测是应用宏观经济学中最困难的部分之一。决定利率水平有下面三个基本因素:①存款资金的供应量,主要来自于家庭的存款;②市场对资金的需求量,这些资金通过融资投资于实物,如厂房、设备和存货等;③政府对资金的净供应量或净需求量,这由中央银行进行调整。

在描述这些因素与利率的关系之前,有必要把实际利率和名义利率加以区分。

1. 实际利率和名义利率

假如一年前你有 10 000 元人民币，做一年期存款，利率为 10%，一年后你将得到 11 000 元现金。你的 1 000 元人民币回报是实实在在的吗？这取决于当前你能买到的商品和与一年前能买到的商品比较是多还是少。我们用消费品价格指数（CPI）来衡量购买力，CPI 的变动率就是通胀率，比如 CPI = 6%，它表明人民币的价值从购买力的意义上讲一年内贬值了 6%。因此，你的部分利息因人民币购买力的降低而抵消掉了。利率为 10%，扣除购买力抵消的 6%，个人增加的购买力为 4%。我们把名义利率（货币的增加）和实际利率（购买力的增加）区分开来。

名义利率指的是用名义货币计算未经购买力调整的利率。实际利率指的是利率超过通胀率的部分。名义利率记作 R，实际利率记作 r，通胀率记作 i，则可得：

$$r \approx R - i \tag{7-1}$$

式（7-1）表明，实际利率是名义利率减去通胀率后的剩余部分。事实上，实际利率和名义利率间的准确关系为：

$$1 + r = \frac{1 + R}{1 + i} \tag{7-2}$$

这是因为购买力的增加因素 $(1 + r)$，等于货币的增加因素 $(1 + R)$ 除以新的物价水平 $(1 + i)$。式（7-2）变化后可得：

$$r = \frac{R - i}{1 + i} \tag{7-3}$$

式（7-3）表明，实际利率的近似等式（7-1）是实际利率准确值的 $(1 + i)$ 倍。近似式在通胀率 i 较小时比较准确。

在做投资决策之前，传统的定期存款提供名义利率，要算出期望的实际利率，只需减去期望通胀率就可。投资者也可以在事后计算实际利率，通胀率由国家和地方统计局定期公布。但是，未来的实际利率是未知的，投资者只能估计。也就是说，由于未来存在着通胀的风险，因此，即使名义利率无风险，回报率也有风险。

2. 实际利率的均衡

决定实际利率基本因素有三个：供给、需求和政府行为。名义利率是可以观察到的，等于实际利率加预期通胀率，所以影响实际利率的第四个因素是预期通胀水平。虽然经济生活中有许多不同的利率（与证券种类一样多），经济学家通常谈及的只是一个代表性利率。如果我们考虑资金的供需曲线，我们可以用这个抽象概念考察如何来决定实际利率。

图7-3有一条向下倾斜的需求曲线和一条向上倾斜的供给曲线。横轴表示资金的数量，纵轴表示实际利率。

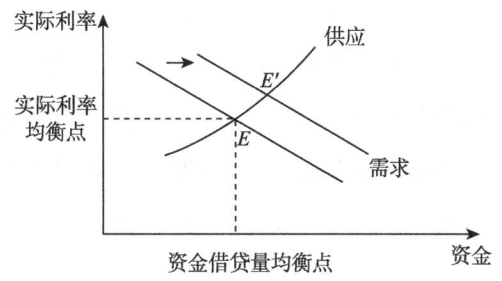

图7-3 资金借贷和实际利率的均衡

供给曲线从左到右倾斜向上，这是因为实际利率越高，家庭储蓄的供给越大。这个假设基于：如果实际利率较高，家庭将选择推迟当前消费，并把他们的可支配收入增加投资以期未来使用。

需求曲线从左到右倾斜而下，这是因为实际利率越低，越多的企业希望投资于实物资本，假定企业按投入资本的预期回报率将项目排序，则所融得资本实际利率越低，企业越愿意投资更多项目。

平衡发生在供需曲线的交叉点，即图7-3中的E点。

政府和中央银行可通过财政或货币政策将供需曲线向左或向右移。例如，如果政府预算赤字增加的话，增加的政府借款需求把需求曲线向右移，这使得均衡实际利率升至E′，也就是，政府借款预期增加将使未来利率预期增加，中央银行可以通过货币扩张抵消这个增长，扩张的货币政策将使供给曲线向右移。

然而，财政部和中央银行并不能轻易使均衡利率移动。由增加货币供给实现的短期利率移动将引起预期的通胀率的变化，从而使得长期利率增加。

因此，虽然实际利率的基本决定因素是家庭的储蓄倾向和对投资于实物资本的预期生产力（也可以说盈利能力），实际利率也会同时受到政府的财政政策和货币政策的影响。

从上可知，资产的实际回报率约等于名义利率减去通胀率。由于投资者关心的是他们的实际回报率（购买力的增加），所以，当通胀率上升的时候，投资者将相应调高他们对资产的名义回报率的要求，以保证他们所要求的实际回报率。

费雪（Irving Fisher, 1970）指出，名义利率应随着通胀率的增加而增加，如果我们把预期通胀率记为 $E(i)$，则费雪等式可以表达为：

$$R = r + E(i) \tag{7-4}$$

假定实际利率为2%，通胀率为4%，于是名义利率约为6%，若通胀率增加到5%，则名义利率应约为7%，增加的名义利率抵消了通胀率的增加。如果投资者要求的购买力为2%不变的话，费雪等式的依据是高通胀率和高名义利率发生的时间一般是一致的。图7-4显示了这一事实。

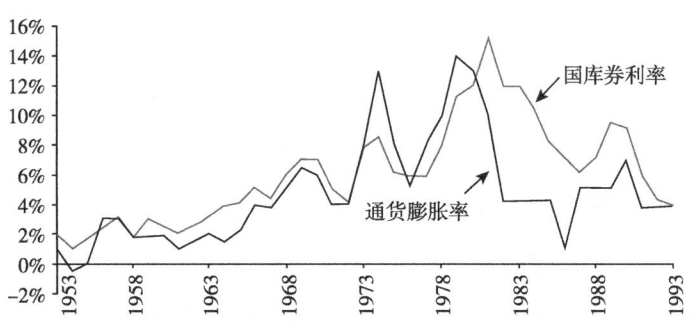

图 7-4　1953～1993 年美国国库券利率和通货膨胀率

7.1.4　财政政策和货币政策

政府有两大宏观经济调控工具——影响商品和劳务需求的调控工具和影响供给的调控工具。影响需求的政策主要集中在政府的财政支出、税收水平和货币政策。影响供给的政策主要用于增强国民经济的生产能力，包括提倡国民教育政策、基础设施建设政策（如扩展通信和交通系统）以及研究开发政策。具体地说，就是通过财政政策和货币政策来调控需求及供给。

1. 财政政策

财政政策指为了稳定经济的特定目的，政府采取的财政支出和税收行为。政府的财政支出和税收行为，属于"需求管理"部分。财政政策可能是刺激和减缓经济最直接的方法。政府财政支出的下降将直接减少对商品和服务的需求。同样，税收的增加则立刻吸收消费者的收入导致消费总量的迅速减少。

通过政府的预算赤字或盈余表现可以考察政府实施财政政策的净效应。预算赤字或盈余是政府财政收入和支出之间的差额。较大的财政赤字意味着政府的财政支出大大超过税收收入。净效应是借助于消费增加对商品的需求超过借助于税收减少对商品需求的部分，从而刺激经济。

2. 货币政策

货币政策指的是中央银行影响货币供应和利率水平所采取的行动。中央银行调控货币供给从而影响宏观经济，它是影响需求的另一种手段。货币政策很大程度上通过对利率的影响起作用。货币供应的增加降低了短期利率，最终鼓励投资和消费需求。然而，就长期而言，绝大多数经济学家认为，较高的货币供应量只会导致较高的价格水平，而对经济活动并不能起到长久的作用。因此，货币当局面临着两难处境。从短期来说，扩张的货币政策可能会降低利率，从而短期内刺激投资和消费，但长期来说，这又会引起价格水平的上升。究竟是刺激经济还是抑制通货膨胀，两者利弊的权衡始终包含在货币政策的决策中。

实施货币政策常用的工具有以下三种：①公开市场操作，即中央银行为自己的账户购买或出售债券。当中央银行购买债券时，它只是"写张支票"而已，因而增加了货币供给（中央银行购买债券不必从银行账户提款）；相反，当中央银行售出债券时，购买者付给中央银行的货币脱离了流通。公开市场操作每天进行，这使得中央银行可以及时调整货币政策。②贴现率，即对商业银行的短期贷款利率和存款准备金的利率。商业银行资产的一部分必须以现金形式持有或存款在中央银行。贴现率的降低表明扩张的货币政策。贴现率的提高则表明收缩的货币政策。③存款准备金比例。降低存款准备金比例将使商业银行的每一单位资产有更多的贷款额，从而增加货币的有效供给，刺激经济。

财政政策对刺激经济的作用比较直接，而货币政策对经济很少有直接的作用，其影响比起财政政策来迂回得多。虽然，货币政策更多的是通过对利率的影响起作用，增加货币供给降低了利率，从而刺激投资需求。当宏观经济运行中的货币增加时，投资者会发现其资产组合中货币比重过大，就会通过购买证券重新调整组合，从而使得证券价格上升，利率下调。从长期来说，个人将增持股票和购买实物资产，这将直接刺激消费需求。货币政策对投资和消费需求的最终效应都没有财政政策那样立竿见影。

7.1.5 经济周期

我们已经考察了为保持低失业率和低通胀率，政府所使用的宏观经济调控工具。尽管如此，经济还是会一次次重复经历高涨和衰退。许多投资者资产安排的决定因素是对宏观经济是否向好或恶化的预测。

经济不断重复经历扩张和衰减期，尽管周期的长度和深度是不规则的。这种重复发生的模式，称之为经济周期。经济周期中的过渡点称为峰和谷。峰是扩张结束，经济开始衰退时的点；谷发生在衰退尾声，是经济步入复苏时的点。

在经济周期的不同阶段，不同行业的表现是不同的。例如，在波谷时，即当经济开始走出衰退时，人们会预期那些"周期性行业"（即对经济状况更敏感的行业）表现应该好于其他行业。周期性行业包括耐用消费品生产商，如房地产、汽车和家用电器生产商等。由于在衰退时人们推迟了对这些商品的消费，其销售情况对宏观经济特别敏感。其他周期性行业包括生产资料生产商，它们生产的商品被其他行业用于生产商品，如钢铁、建筑材料生产商等。当需求疲软时，很少有公司会扩张购买生产资料。因此，生产资料生产商在经济衰退时举步维艰，而在经济扩张时处境较好。相反，防御性行业对经济周期敏感度较低。防御性行业包括食品生产和加工、制药和公共事业等。在经济进入衰退期时，这些行业的表现要优于其他行业。

周期性和防御性的划分与我们讨论资产组合理论时介绍的系统风险和非系统风险是一致的。周期性行业的公司有较高的 β 值，当经济消息有利时，表现最好；但当消息不好时，表现最坏。相反，防御性公司有较低的 β 值，并且表现较少受市场状况影响。判断经济是处于峰还是谷是困难的，而选择周期性或防御性行业还是容易的。然而，选择有吸引力的投资机会并不明显，一般总是在经济扩张（或衰退）开始或结束几个月后才能看清楚。事后看，从扩张到衰退的过渡是明显的，但在任何时候都很难明确地说经济是在升温还是减缓。

由于经济活动具有周期性，所以人们对经济周期做一定程度的预测并不奇怪。美国国家经济研究局（NBER）建立了一套经济周期指标以帮助预测、度量和解释经济活动中的短期波动。先行指标是那些领先于其他经济变量升降的经济变量。同步指标和滞后指标，分别是伴随其他经济活动或滞后经济活动的指标。

一共有 11 项指标组成先行指标综合指数，还有 4 个同步指标和 7 个滞后指标组成了独立的指数。这些指标的组成情况如表 7-2 所示。

表 7-2　经济指标指数

A. 先行指标
1. 制造业生产工人平均每周工作小时数
2. 失业保险的平均每周初次申请数
3. 消费品和材料行业制造商的新订单
4. 卖方业绩——慢速交割扩散指数
5. 购买厂房和设备的合同和订单
6. 地方建筑部门批准的新的私人住房单元数
7. 耐用品行业生产者未完成的订单变化
8. 敏感性原材料的价格变化
9. 500 种普通股价格
10. 货币供应量 M_2
11. 消费者预期指数

B. 同步指标
1. 非农业雇员工资数
2. 个人收入减去转账支付额
3. 工业生产量
4. 制造和销售量

C. 滞后指标
1. 失业平均时间长度
2. 存货与销售额之比
3. 单位产出的劳动力成本指数的变化
4. 银行提供的优惠利率
5. 工商业贷款额
6. 发放在外的分期还款消费信贷与个人收入之比
7. 服务方面的消费价格指数的变化

资料来源：美国经济咨商局（The Conference Board）：商业周期指标，2002 年 2 月。

先行指标总是比其他经济指标先变化，而且，提前于峰的时间总是长于提前于谷的时间。股票价格指数是先行指标，因为股价是对未来盈利能力的前瞻性预测。考虑到货币政策效应的滞后性，货币供应量 M_2 很快就可以被观察到，从而了解扩张的货币政策，但它不能在几个月时间内对经济马上产生影响。因此，当前的货币政策能很好地预测未来的经济活动。

其他先行指标直接由那些会影响不久的将来生产情况的决策组成。例如，制造商的新订单、购买厂商和设备的合同与订单以及房地产的开始兴旺都表明经济即将扩张。

领先指标系列对投资政策而言，用处不大。因为指标系列预测股价向上时，市场已经发生了变化。经济周期还具有一定的可预测性，而股票市场则不可预测，这恰好是有效市场假设的一个现象。

7.2 行业分析

行业分析主要关注那些公司对经济周期敏感度有关的事件、一个行业的生命周期以及影响行业表现的关键事件。

7.2.1 行业与股票表现

行业分析也是重要的。宏观经济困难时，行业难以有较好的表现。在糟糕的行业中，企业也难有出色的表现。行业的表现跟经济表现在各国的情况并不一样，各行业都有差异。美国 1994 年各主要行业每股收益的预期增长率从公共事业的 7.7% 到耐用品消费的 52.6%。各行业在股市上的差异更突出，从半导体行业 9 个月回报的 66% 到计算机行业 -20% 不等。

一旦分析家分析了宏观经济，将其应用到特定行业是必要的。并不是所有行业对经济周期都是敏感的。很明显，烟草行业与经济周期无关，烟草需求看上去并不受宏观经济的影响，烟草消费主要由习惯决定而且只是绝大多数抽烟者预算中的一小部分，因而在困难时期它也不会消减。

相比之下，汽车生产波动较大。在衰退时期，消费者延长汽车使用期，直到他们的收入提高之后。例如，美国历史上汽车生产最差的一年是 1982 年，那也是经济深陷衰退的一年，失业率达到 9.5%。

投资者并不总是喜欢敏感度较低的行业。β值高的行业虽然风险大，虽然它们在经济不景气时有较差表现，但在经济扩展期有较好表现。投资者应该考虑的是投资的预期回报是否能补偿所承担的风险。

7.2.2 行业的分类

1. 标准行业分类法

为了便于汇总各国的统计资料进行对比，联合国经济和社会事务统计局曾制定了一个《全部经济活动国际标准行业分类》，建议各国使用。标准行业分类体系是根据企业所从事的主要活动来进行行业分类的。它把国民经济划分为10个门类，比如农业、畜牧狩猎业、林业和渔业，采矿业和土石采掘业，制造业，电、煤气和水等。

另外，再将各部门划分为许多行业。在每一层次上，该行业的主要活动都能更精确地得到描述。标准行业分类体系不仅对行业进行划分归类，而且还提供信息，诸如行业中的企业数量、该行业中的雇员和生产规模、产品的总值及其他重要的数据材料。在美国，这些信息大多通过统计局的《制造业调查报告》公布，以便投资者能据此估计各行业在不同时期的规模和范围。

2. 我国的行业分类

目前沪深股市的上市公司是按2001年4月3日中国证监会出台的《上市公司分类指引》分类的。分类的依据是国家统计局制订的《国民经济行业分类与代码》，并借鉴联合国国际标准产业分类、北美行业分类体系的有关内容。

7.2.3 对经济周期敏感度的因素

有三个因素影响着企业收入对经济周期的敏感度。

1. 销售的敏感度

有较低敏感度的行业是那些家庭收入并非需求关键因素的产品的生产行业等。必需品对经济状况的敏感度较低，必需品生产行业包括食品、药品和医疗服务。这些行业的企业收入受经济周期波动的影响较小。相比之下，机械、钢铁、汽车和交通行业中的企业对经济环境的敏感度较高。经济扩张时，企业销售有较大的增长；经济衰退时，企业销售明显减少。

2. 财务杠杆

财务杠杆，即借贷的使用。企业支付贷款利息独立于销售收入，是必须偿还的。它们是增加利润对经济状况敏感度的固定成本。在公司财务分析中，我们将详细讨论财务杠杆。

3. 经营杠杆

经营杠杆即固定成本和变动成本间的比例。固定成本是企业不管生产水平高低都要发生的成本，而变动成本是随产品生产多少而升降的成本。公司如果变动成本相对固定成本较高，则对经济状况的敏感度低一些。因为处于经济低谷时，这些企业可随产出减少而降低成本。有较高固定成本的公司因销售波动，收入无法抵消成本。高固定成本又称为高经营杠杆，因为经济环境很小的变化就会对企业盈利产生很大的冲击。

用一个例子来解释这个概念。考虑两家同一行业的企业，它们在经济周期的所有阶段（不管是衰退、正常还是扩张）均有同样的收入。A 企业的许多设备采用短期租赁，因而可在生产减少时减少其租金，固定成本为 500 万元，可变成本是每单位产品 1 元。B 企业许多设备采用长期租赁，无论经济情况如何都必须支付稳定的租金，固定成本为 800 万元，但可变成本为每单位 0.50 元。表 7-3 反映出在衰退期 A 企业比 B 企业景况好，但在扩张期却相反。A 企业的成本随着销售收入而变化，因而在经济衰退时有较好表现，在经济较好时阻碍了其业绩的增长。

表 7-3 经营杠杆对盈利的影响

公司前景	衰退		正常		扩张	
	A	B	A	B	A	B
销售量（万件）	500	500	600	600	700	700
单位价格（元）	2	2	2	2	2	2
总收入（万元）	1 000	1 000	1 200	1 200	1 400	1 400
固定成本（万元）	500	800	500	800	500	800
可变成本（万元）	500	250	600	300	700	350
总成本（万元）	1 000	1 050	1 100	1 100	1 200	1 150
利润（万元）	0	−50	100	100	200	250

7.2.4 行业的生命周期

下面，我们将考察不同的行业。考察生物技术行业后我们会发现，许多企业有较高投资率、高回报率和低派息率，这与低回报率和高派息率的电力设备行业并不一样。为什么？生物技术行业还是新事物，并且近年来，生物技术创造了机遇，使投资有利可图。新产品受专利保护，利润高。由于存在如此赚钱的投资机会，企业发现把所有的利润再投资于公司是上策，于是，这类公司的成长速度比一般公司快。

然而，成长最终要慢下来，高利润率会吸引新企业进入这个行业，加剧的竞争会降低价格和利润率，新技术被确认并且容易把握后，风险下降。随着该行业的进入门槛的降低，投资吸引力下降，这类公司就减少了再投资比率，现金分红增加了。

最后，在一个成熟的行业，我们观察到，它们有稳定的红利和现金流及低风险。成长率与市场总体差不多。一个行业在生命周期的启动阶段提供高风险和高潜在回报，在成熟阶段提供低风险和低回报。

以上分析表明一个典型的行业生命周期可以用以下四个阶段来描述（见图7-5）：

1）启动阶段，特征是非常快速的增长。
2）巩固阶段，特征是成长速度减缓但仍然快于经济总体。
3）成熟阶段，特征是成长速度不慢于总体经济。
4）相对下降阶段，特征是成长速度慢于其他行业，或者行业开始收缩。

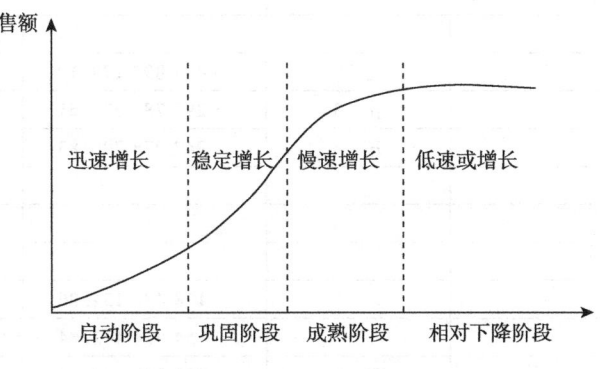

图 7-5 行业的生命周期

7.3 公司财务分析

在第6章中,我们考察了普通股价值的评估,这些评估以公司的红利和收益前景为基础。公司分析中现实可用的只有财务会计数据,我们可以从公司的财务数据中寻求估计普通股内在价值的途径。

7.3.1 财务报表的种类

公司财务报表是关于公司经营活动的原始资料的重要来源。上市公司必须遵守财务公开的原则,定期公布财务报表。财务报表主要有资产负债表、利润表和现金流量表。

1. 资产负债表

资产负债表是基本财务报表之一,它是以"资产=负债+所有者权益"为平衡关系,反映公司在某一特定日期财务状况的报表。资产负债表是公司财务状况在特定时刻的相对静止反映(见表7-4)。

表7-4 资产负债表(部分)

编制单位:青岛海尔股份有限公司　　2014年12月31日　　(单位:元)

项目	附注	期末余额	期初余额
流动资产:			
货币资金	五、1	28 644 033 791.67	20 641 427 383.09
结算备付金			
拆出资金			
以公允价值计量且其变动计入当期损益的金融资产			
衍生金融资产			
应收票据	五、2	16 434 892 178.19	15 711 406 816.34
应收账款	五、3	5 295 781 678.51	4 326 835 846.60
预付款项	五、4	747 078 790.83	1 242 672 526.22
应收保费			
应收分保账款			
应收分保合同准备金			
应收利息	五、5	178 488 134.06	87 707 096.04
应收股利		54 524 472.84	7 728 083.88
其他应收款	五、6	272 800 727.44	282 485 623.20

(续)

项目	附注	期末余额	期初余额
买入返售金融资产			
存货	五、7	7 557 915 687.96	6 908 912 904.54
划分为持有待售的资产			
一处内到期的非流动资产			
其他流动资产	五、8	289 000 484.16	50 974 241.89
流动资产合计		59 474 515 945.66	49 260 150 521.80
非流动资产：			
发放贷款及垫款			
可供出售金融资产	五、9	1 631 281 613.23	397 697 045.90
持有至到期投资			
长期应收款			
长期股权投资	五、10	3 356 609 674.21	2 320 970 110.29
投资性房地产	五、11	30 582 852.72	4 431 637.79
固定资产	五、12	6 970 697 796.84	5 485 338 117.93
在建工程	五、13	1 085 857 872.72	1 603 657 189.63
工程物资			
固定资产清理	五、14	31 400 425.86	
生产性生物资产			
油气资产			
无形资产	五、15	972 387 640.98	671 745 062.62
开发支出	五、16	68 341 844.86	

通过分析资产负债表，我们可以了解公司的财务状况，对公司的偿债能力、资本结构是否合理、流动资金是否充足做出判断。

浏览一下资产负债表主要内容，就会对公司的资产、负债与股东权益的总额及其内部各项目的构成和增减变化有一个初步的认识。我们对资产负债表的一些重要项目，尤其是期初与期末数据变化很大或出现大额红字的项目进行进一步分析，另外，对一些项目进行分析评价时，还要结合行业的特点进行。就房地产公司而言，如该公司拥有较多的存货，意味着公司可能存在着较多正在开发的商品房基地和项目，一旦这些项目完工，将会给公司带来很高的经济效益。我们通过对一些主要财务指标的分析，可以了解公司的财务状况。在以上这些工作的基础上，我们对企业的财务结构、偿债能力等方面进行综合评价。

2. 利润表（利润及利润分配表）

利润表是公司在一段时间内（通常在1年或1个季度内）经营业绩的总结，

是关于收益或亏损情况的财务报表。有的公司公布财务资料时以利润及利润分配表代替损益表，利润及利润分配表就是在利润表的基础上再加上利润分配的内容（见表7-5）。

表7-5 利润及利润分配表（部分）

编制单位：青岛海尔股份有限公司　　2014年　　　　　　　　（单位：元）

项目	附注	本期发生额	上期发生额
一、营业总收入		88 775 444 479.11	86 605 646 350.15
其中：营业收入	五、43	88 775 444 479.11	86 605 646 350.15
利息收入			
已赚保费			
手续费及佣金收入			
二、营业总成本		82 276 339 361.17	81 051 188 280.17
其中：营业成本	五、43	64 345 178 404.56	64 660 313 750.74
利息支出			
手续费及佣金支出			
退保金			
赔付支出净额			
提取保险合同准备金净额			
保单红利支出			
分保费用			
营业税金及附和	五、44	399 706 446.21	433 437 234.41
销售费用		11 578 015 165.15	10 306 817 788.52
管理费用		5 994 655 207.18	5 479 044 763.48
财务费用	五、45	-231 129 546.05	-45 832 322.45
资产减值损失	五、46	189 913 664.12	217 407 065.47
加：公允价值变动收益（损失以"-"号填列）			
投资收益（损失以"-"号填列）	五、47	1 237 475 844.32	621 873 634.53
其中：对联营企业和合营企业的投资收益			
汇兑收益（损失以"-"号填列）			
三、营业利润（亏损以"-"号填列）		7 736 580 962.26	6 176 331 704.51
加：营业外收入	五、48	370 012 850.15	602 001 725.12
其中：非流动资产处置利得			
减：营业外支出	五、48	59 957 588.04	54 684 305.00
其中：非流动资产处置损失			
四、利润总额（亏损总额以"-"号填列）		8 046 636 224.37	6 723 649 124.63
减：所得税费用	五、49	1 354 374 055.85	1 163 881 096.38
五、净利润（净亏损以"-"号填列）		6 692 262 168.52	5 559 768 028.25

利润表是一个动态报告，它记录了营运期间发生的收入和费用，以及公司的净收益或利润，即收入和费用的差值。它展示本公司的损益账目，反映公司在一定时间的业务经营状况，直接明了地揭示公司获取利润能力的大小和潜力以及经营趋势。损益表对投资者了解、分析上市公司的实力和前景具有重要的意义。

利润表由三个主要部分构成。第一部分是营业收入；第二部分是与营业收入相关的生产性费用、销售费用及其他费用；第三部分是利润。

通过分析利润表，可以了解分析公司的盈利能力、盈利状况、经营效率，对公司在行业中的竞争地位、持续发展能力做出判断。

根据利润表中的数据，并结合其他财务报表，特别是资产负债表中的资料，我们可以分析公司全年利润大小及其构成是否合理，评价公司利润变动趋势，考察公司可分配利润的红利派发和留成比例的合理性。如果出现不符合常规的情况，就需要多加分析研究。

3. 现金流量表

编制现金流量表的目的，是为会计报表使用者提供公司一定会计期间内现金和现金等价物流入和流出的信息，以便于报表使用者了解和评价公司获取现金和现金等价物的能力，并据以预测公司未来现金流量（见表7-6）。

表7-6　现金流量表（部分）

编制单位：青岛海尔股份有限公司　　　　2014 年　　　　　　　　　（单位：元）

项　目	附注	本期发生额	上期发生额
一、经营活动产生的现金流量：			
销售商品、提供劳务收到的现金		1 531 868 775.27	312 474 081.84
收到的税费返还		9 618 928.65	6 440 475.41
收到其他与经营活动有关的现金		60 881 420.48	1 205 883 846.48
经营活动现金流入小计		1 602 369 124.40	1 524 798 403.73
购买商品、接受劳务支付的现金		749 469 031.82	810 216 902.13
支付给职工以及为职工支付的现金		240 702 656.68	224 608 640.69
支付的各项税费		68 998 341.67	235 396 902.87
支付其他与经营活动有关的现金		163 752 431.09	221 830 541.41
经营活动现金流出小计		1 222 922 461.26	1 492 052 987.10
经营活动产生的现金流量净额		379 446 663.14	32 745 416.63
二、投资活动产生的现金流量：			
收回投资收到的现金		93.800	42 000 000.00
取得投资收益收到的现金		133 380 745.79	895 744 174.19

(续)

项　　目	附注	本期发生额	上期发生额
处置固定资产、无形资产和其他长期资产收回的现金净额			354 698 355.56
处置子公司及其他营业单位收到的现金净额		730 008.000	
收到其他与投资活动有关的现金			
投资活动现金流入小计		863 482 545.79	1 292 442 529.75
购建固定资产、无形资产和其他长期资产支付的现金		15 690 271.41	12 212 138.17
投资支付的现金		1 656 892 514.09	6 190 000.00
取得子公司及其他营业单位支付的			

现金指企业库存现金以及可以随时用于支付的存款，一般就是资产负债表上"货币资金"项目的内容。准确地说，现金还应剔除那些不能随时动用的存款，如保证金专项存款等。现金等价物指企业持有的期限短、流动性强、易于转化为已知金额现金、价值变动风险很小的投资。现金等价物是指在资产负债表上"短期投资"项目中符合以下条件的投资：①持有的期限短；②流动性强；③易于转换为已知金额的现金；④价值变动风险很小。在我国，现金等价物通常是指从购买日至到期日在3个月或3个月以内能转换为已知现金金额的债券投资。例如，公司在编制1998年中期现金流量表时，对于1998年6月1日购入1995年8月1日发行的期限为3年的国债，因购买时还有两个月到期，故该项短期投资可视为现金等价物（以下在提及"现金"时，除非同时提及现金等价物，否则都包括现金和现金等价物）。

现金流量指企业现金和现金等价物的流入和流出。现金流量表主要由三部分组成，分别反映公司在经营活动、投资活动和筹资活动中产生的现金流量。每一种活动产生的现金流量又分别揭示流入、流出总额，使会计信息更具明晰性和有用性。经营活动产生的现金流量，包括购销商品、提供和接受劳务、经营性租赁、交纳税款、支付劳动报酬、支付经营费用等活动形成的现金流入和流出。

资产负债表和利润表都是以权债发生制确认的，也就是尽管还没有现金收付，但是收入和费用在发生时就可确认；现金流量表则只在现金收付时确认。例如，当货物销售出去后，60天内支付，利润表将在销售发生时将收入确认，资产负债表立刻以应收账款记录而现金流量表则要在货款支付且现金在手头时才对这笔交易进行确认。

一家公司是否有足够的现金流入是至关重要的,这不仅关系到其支付红利、偿还债务的能力,还关系到公司的生存和发展。在其他财务报表中,投资者只能掌握公司现金的静态情况,而现金流量表反映了公司现金流动的动态情况。因此,投资者在研究现金流量表时,与其他财务报表结合起来分析,就会更加全面地了解公司财务状况。

由于现金流量反映出一家公司在报告期内经营活动中现金收支状况,因此,现金流量往往比利润要重要得多。通常情况下,利润很容易做出来,但现金流量的造假就困难得多。当我们看到许多上市公司每股收益很高,但现金流量很低,甚至为负数时,就应该特别予以关注。

利润表列出了公司一定时期实现的净利润,但未揭示其与现金流量的关系;资产负债表提供了公司货币资金期末与期初的增减变化,但未揭示其变化的原因。现金流量表如同桥梁沟通了上述两表的会计信息,使上市公司的对外会计报表体系进一步完善,向投资者与债权人提供更全面、有用的信息。

7.3.2 公司财务比率分析

1. 偿债能力分析

(1) 流动比率

$$流动比率 = 流动资产 \div 流动负债$$

流动比率衡量公司在某一时点偿付即将到期债务的能力,又称短期偿债能力比率。

(2) 速动比率

$$速动比率 = (流动资产 - 存货) \div 流动负债$$

速动比率是衡量公司在某一时点运用随时可变现资产偿付到期债务的能力。速动比率是对流动比率的补充,也称为酸性测试比率。该指标应保持在2:1的水平。过高的流动比率反映了公司财务结构不尽合理。

(3) 利息支付倍数

$$利息支付倍数 = 税息前利润 \div 利息费用$$

利息支付倍数指标是指公司经营业务收益与利息费用的比率，用以衡量偿付借款利息的能力，也叫利息保障倍数。

(4) 应收账款周转率和周转天数

$$应收账款周转率 = 赊销净额 / 平均应收账款余额 \times 100\%$$

其中，

$$赊销净额 = 销售收入 - 现销收入 - 销售退回、折让、折扣$$
$$平均应收账款余额 = (期初应收账款余额 + 期末应收账款余额) \div 2$$
$$应收账款周转天数 = 360 \div 应收账款周转率$$

应收账款周转率也称收账比率，用于衡量公司应收账款周转快慢。由于公司赊销资料作为商业机密不对外公布，所以，应收账款周转率一般用赊销和现销总额，即销售净收入。及时收回应收账款，不仅能增强公司的短期偿债能力，也反映出公司对应收账款方面的管理效率。应收账款周转率，是年度内应收账款转为现金的平均次数，它说明应收账款流动的速度。用时间表示的周转速度是应收账款周转天数，也叫应收账款回收期或平均收现期，表示公司从取得应收账款的权利到收回款项，转换为现金所需要的时间。

2. 资本结构分析

(1) 股东权益比率

$$股东权益比率 = (股东权益总额 \div 资产总额) \times 100\%$$

该指标反映所有者提供的资本在总资产中的比重，反映公司基本财务结构是否稳定。该指标主要用来反映公司的资金实力和偿债安全性，它与负债比率之和等于1。股东权益比率高，公司经营相对安全。但该比率过高，则说明公司财务结构不尽合理，未能充分利用财务杠杆的作用。对于不同的行业，该指标高低标准有所不同。

(2) 资产负债比率

$$资产负债率 = (负债总额 \div 资产总额) \times 100\%$$

资产负债率反映经营活动总资产中有多大比例是债务融资，可衡量公司负债水平的高低，也可衡量公司在清算时保护债权人利益的程度。

(3) 长期负债比率

$$长期负债比率 = (长期负债 \div 资产总额) \times 100\%$$

长期负债比率是从总体上判断公司债务状况的一个指标。

（4）股东权益与固定资产比率

股东权益与固定资产比率 =（股东权益总额／固定资产总额）× 100%

该比率是衡量公司财务结构稳定性的一项指标，反映购买固定资产所需要的资金有多大比例是来自于所有者资本。

3. 经营效率分析

（1）存货周转率和存货周转天数

存货周转率 = 产品销售成本／平均存货成本 × 100%

其中，

平均存货成本 =（期初存货成本 + 期末存货成本）÷ 2

存货周转天数 = 360 ÷ 存货周转率

存货周转率用于衡量公司在一定时期内存货资产的周转次数，反映公司购、产、销经营效率的综合性指标。存货周转率又叫存货周转次数。存货周转时间长短就是存货周转天数。

（2）固定资产周转率

固定资产周转率 = 销售收入 ÷ 平均固定资产

该比率是衡量公司固定资产运用效率的指标。

（3）总资产周转率

总资产周转率 = 销售收入 ÷ 平均资产总额

该项指标反映资产总额的周转速度。

（4）股东权益周转率

股东权益周转率 = 销售收入 ÷ 平均股东权益

该指标说明公司所有者资产的运用效率。

（5）主营业务收入增长率

主营业务收入增长率 =（本期主业收入 - 上期主业收入）／上期主业收入

4. 盈利能力分析

（1）销售毛利率

销售毛利率 = [（销售收入 - 销售成本）÷ 销售收入] × 100%

该指标反映公司销售收入的获利水平。销售毛利指扣除销售成本、销售折让、销售折扣和销售退回之后的毛利额。

（2）销售净利率

$$销售净利率 = （净利润 \div 销售收入）\times 100\%$$

该指标反映公司销售收入的获净利水平。这里，净利润指税后利润。

（3）资产收益率

$$资产收益率 = （净利润 \div 平均资产总额）\times 100\%$$

该指标表明公司资产利用的综合效果，用于衡量公司运用全部资产获利的能力。

（4）股东权益收益率

$$股东权益收益率 = （净利润 \div 平均股东权益）\times 100\%$$

该指标表明公司运用全部股东权益获得收益的能力。

（5）主营业务利润率

$$主营业务利润率 = （主营业务利润 \div 主营业务收入）\times 100\%$$

5. 投资收益分析

（1）普通股每股净收益

$$普通股每股净收益 = （税后利润 - 优先股股利）\div 发行在外的加权平均普通股股数$$

该项指标反映公司每股普通股在一年中的净收益。根据我国目前上市公司没有优先股以及每股面值为1元的情况，可直接用税后利润除以平均股本计算，此时，这一指标称为"股本净利率"。

（2）红利派发率

$$红利派发率 = （每股红利 \div 每股净收益）\times 100\%$$

该项指标反映公司的股利政策。这一指标的评价，很大程度上取决于投资者注重于现金分红还是注重于公司的发展潜力而定。一般地，若作为短期投资，注重于现金分红者应选择红利派发率比较高的股票；注重于公司发展潜力者，则应选择红利派发率不是很高的股票，因为这预示着该公司正在把资金再投资于好的发展项目，从而将使其未来的利润增长具有较大的动力，投资者从这类股票往往能有较好的资本利得。

(3) 市盈率

$$市盈率 = 每股股票价格 \div 每股税后利润$$

该项指标又称价格—盈利比，表示股票的市场价格是每股税后利润的多少倍，即按每股税后利润水平，需要多少年收回投入的资金。这是一个评价股票投资价值的指标，其倒数表示投资于该种股票的投资回报率。例如，某股票市盈率20倍，其投资回报率就是 $1/20 = 5\%$。

(4) 投资收益率

$$投资收益率 = 投资收益 / (期初长、短期投资 + 期末长、短期投资) \div 2$$

该项指标反映公司利用资金进行长、短期投资的获利能力。

(5) 每股净资产

$$每股净资产 = 净资产 / 发行在外的普通股股数$$

该项指标反映每股普通股所代表的股东权益额。

(6) 市净率

$$市净率 = 每股市价 / 每股净资产$$

该项指标表明股价是每股净资产值的多少倍。有人把低市净率股票看作较安全的投资，因为他们把账面价值看作市价的底线。这种观点是值得商榷的。事实上，账面价值并不一定代表股票的流动性价值，这使得"安全升水"概念不可靠。

(7) 资本保值增值率

$$资本保值增值率 = 期末所有者权益总额 / 期初所有者权益总额 \times 100\%$$

该项指标主要反映投资者投入公司的资本完整性和保全性。如果资本保值增值率 $=100\%$，为资本保值；资本保值增值率大于 100%，为资本增值。

7.4 技术分析

技术分析是以预测股票价格变化的未来趋势为目的，以图表为主要手段对市场行为进行研究的方法。市场行为包含三个方面的内容：价格、成交量及达到这些价格和成交量所用的时间，它们是投资者最容易获得的信息。

7.4.1 技术分析的基本假设

技术分析的三大假设是技术分析理论的基础和前提，只有承认这三大假设技术分析得出的结论才是有效的。

1. 市场行为涵盖一切（包容性）

这一假设是技术分析理论的基础。技术分析认为一切能够影响价格的因素——经济的、政治的、心理的以及其他方面的因素，都已经完全反映在证券价格之中，因而研究证券价格就够了。这一假设的实质是价格变化必定反映供求关系，所有的技术分析实际上都是利用价格与供求之间的相互关系来进行分析和预测的。

2. 价格以趋势方式演变（趋势性）

这一假设是技术分析核心的因素。必须接受这一前提，即市场确实有趋势可循，技术分析才有用武之地。技术派研究价格图表的全部意义，就是要在一个趋势发生或转折的早期，及时准确地把它揭示出来，从而达到顺势交易的目的。由这个基本前提可以自然而然地推断，对于一个既成的趋势而言，持续的可能性要大于反转的可能性。

3. 历史往往重演（重复性）

历史往往重演，说得具体点就是打开未来之门的钥匙隐藏在历史里，或者说将来是过去的翻版。技术分析与市场行为学及人类心理学有着千丝万缕的联系。市场行为归根到底是买卖双方争斗的心理过程的外在表现。因为"江山易改，本性难移"，人们对特定的行为往往有同样的心理反应，所以股市历史会常常重演，但是由于人们心理活动的复杂性，历史重演往往不是简单的重复。

7.4.2 技术分析的基本理论

技术分析的基本理论是由美国的查尔斯·道创立的，称道氏理论，这一理论是技术分析的鼻祖。道氏理论强调市场总体的行为（以指数表示），强调总体的市场趋势，而趋势分析正是技术分析的核心，因此学习技术分析的学生往往都是从道氏理论开始。道氏理论的主要内容如下。

1. 价格运动有三种趋势

根据道氏理论，价格运动有三种趋势，其中最主要的是基本趋势，即价格广泛或全面上升或下降的变动情形。这种变动持续的时间通常为一年或一年以上，价格总体升（降）幅超过20%。价格运动的第二种趋势称为次级趋势。次级趋势经常与基本趋势的运动方向相反，并对其产生一定的牵制作用，因而也称为修正趋势。这种趋势持续的时间从三至数月不等，其上升或下降的幅度一般为基本趋势的1/3或2/3。价格运动的第三种趋势为短期趋势，反映股价在几天之内的变动情况。在三种趋势中，长期投资者最关心的是股价的基本趋势，其目的是想尽可能地在多头市场形成时买入股票，而在空头市场形成前及时卖出股票（见图7-6）。

三种趋势最大的区别是其时间的长短和波动幅度的大小。这三种趋势可以解释绝大多数行情，但对于更复杂的价格波动过程，以上三种类型可能还不够用。

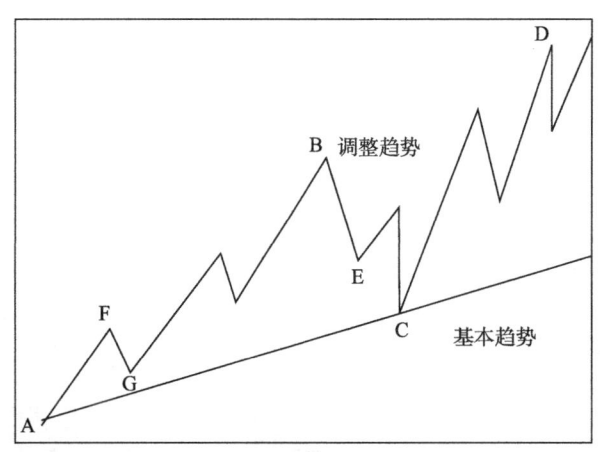

图7-6 同时存在的三种市场趋势

注：A～C为基本趋势；B～C为调整趋势；A～F、F～G、B～E为小趋势；A～B、B～C、C～D为中等趋势。

价格走势的归类对投资者的操作具有十分重要的指导意义。投资者可以专注于长期趋势，也可以利用逆向的中期与短期趋势提高获利能力。

2. 各种平均价格必须相互验证

具体而言，道氏理论是指工业和铁路运输两种分类指数应相互验证，即除非这两种指数均发出看涨或看跌的信号，否则就不可能发生牛市或熊市。由于这两种指数是在同一市场中运行的，所以两者之一的走势变化必定和另一个相互辉映，彼此印证。其中任何一种指数所显示的变动都不能作为断定趋势有效反转的信号。当然，两种指数不必同时发出信号，但间隔时间越短越好。

3. 交易量可以验证趋势

道氏认为交易量分析是第二位的，但作为验证价格图表信号的旁证具有重要价值。成交量会随着主要的趋势而变化（见图7-7）。通常，在多头市场，价升量增，价跌量减；在空头市场，价跌量增，价跌量减。因此，根据成交量可以对主要趋势做出一个判断。当然，成交量只是参考指标，价格反转的信号只能由收盘价发出。

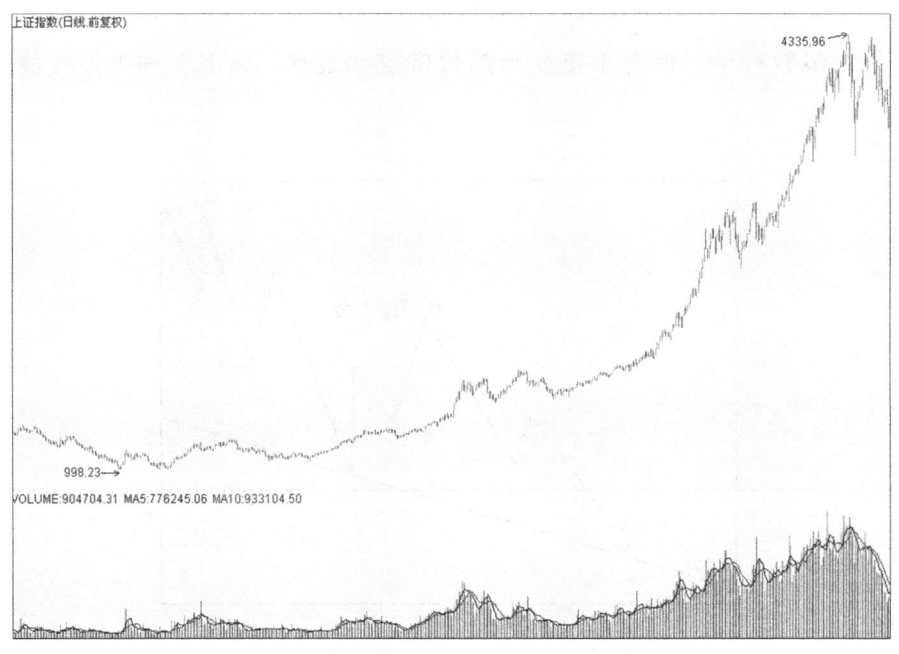

图 7-7　2005 年 6 月开始的上证指数一轮牛市的量价配合近乎完美

值得注意的是，牛市的交易量总是大于熊市的交易量，它随着价格的上升而扩张，随着价格的下跌而减少。原因很简单：当市场长期处于萧条状态时，投资者的账面损失和实际损失都在增加，因此用于投机或投资的资金也相应地减少，当然交易量会减少；而在市场繁荣时，投资者都获得了账面利润或实际利润，尤其是在牛市的最后阶段交易量几乎毫无例外地要超过他们实际拥有的资金。

4. 收盘价最重要

道氏理论并不注意一个交易日当中的最高价、最低价，而只注意收盘价。因为收盘价是对当天价格的最后评价，大部分投资者都将这个价位作为委托的依据。只有收盘价突破才意味着突破有效，其余日内价格即使穿越以前高、低点也是无效的（见图7-8）。

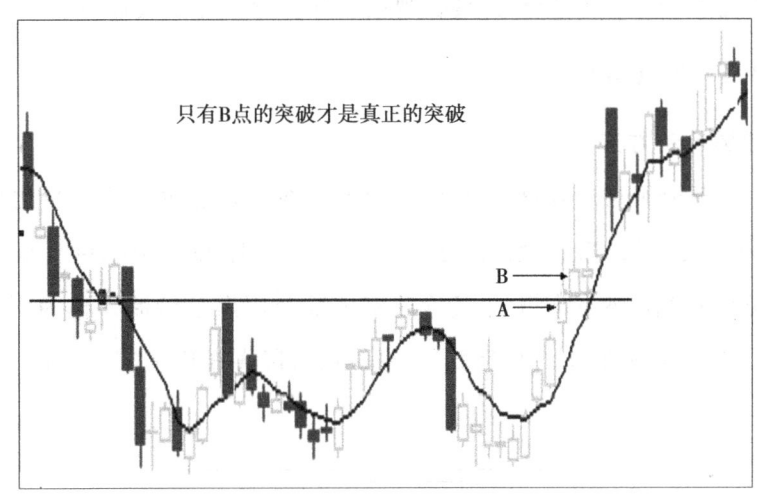

图7-8　只有收盘价（B点）的突破才有效

5. 盘局可以代替次级趋势

一个盘局出现于一种或两种指数中，持续了两个或三个星期，有时达数月之久，价位仅在约5%的距离中波动。这种形态显示买进和卖出双方的力量是平衡的。价位往上突破盘局的上限是多头市场的征兆。相反，往下跌破盘局的下限是空头市场的征兆。盘局常发展成重要的顶部和底部。

6. 在明确的反转信号出现之前主要趋势仍将发挥影响

这是顺应趋势方法的主要基础。一个既成的趋势往往具有惯性，通常要继续发展直到遇到外来因素破坏而改变方向为止。这正如物理学里牛顿定律所说，所有物体移动时都会以直线发展，除非有额外力量加诸其上。交易者不宜过早改变立场，在明确的反转信号出现之前，选择"趋势还将继续"这一边，把握更大些，"持有你的头寸，直到出现相反的指令"。

7.4.3 技术分析的方法

技术分析的主要方法分为两类：图表分析和指标分析。图表分析主要以K线图为基础，结合成交量变化对各种价格形态、价格趋势、支撑和阻力等进行分析，推测未来的价格变动趋势。由于图表分析主观性较强，有"图表分析是一门艺术"之称，因而市场逐渐发展了一些可运用数据计算的公式，来辅助个人对图表形态的分析，使分析更具客观性，这种分析方法统称为技术指标法。

7.4.3.1 K线分析法

1. K线图绘制方法

K线由三部分组成：实体、上影线和下影线。开盘价与收盘价之间用长方柱表示称为"实体"；当收盘价高于开盘价时，实体部分用红色（或空心）绘制，称为阳线；当收盘价低于开盘价时实体部分用黑色绘制，称为阴线；将最高价以直线连至实体称为"上影线"，将最低价以直线连至实体称作"下影线"（见图7-9）。

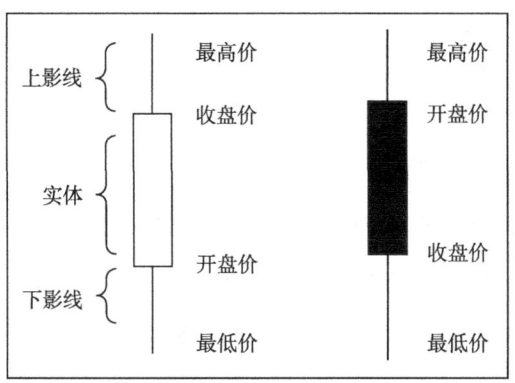

图7-9　K线图的画法

根据开盘价与收盘价的波动范围，可将K线分为阳线、阴线和四值同价线。各种不同的K线具有不同的含义（见图7-10）。

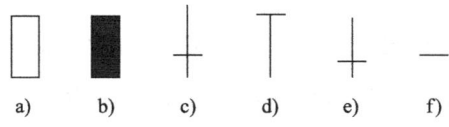

图7-10　单个K线图的含义

(1) 大阳线（见图7-10a）

大阳线表示最高价与收盘价相同，最低价与开盘价一样，上下没有影线，因此也称"秃线"。从一开盘，买方就积极进攻，中间虽然可能出现过买方与卖方的斗争，但一直到收盘，买方始终占优势。大阳线一般要求涨幅在5%以上或长度明显高比例扩张。大阳线的含义因价格位置的不同而不同，大致可分为三种：一段中、长期涨势后出现，暗示行情"总买进"，是卖出的信号；一段中、长期跌势后出现，暗示可能反弹或被看作底部来临的信号；另外，大阳线在突破底部或盘局时出现得较多，表示强烈的涨势。

(2) 大阴线（见图7-10b）

大阴线表示最高价与开盘价相同，最低价与收盘价一样，上下没有影线。从一开始，卖方就占优势，卖方不限价地抛出，市场呈一面倒的趋势，直到收盘，价格始终下跌，表示强烈的跌势。几乎在每个头部，都能看到大阴线的出现。

(3) 十字型（见图7-10c）

这是一种只有上下影线，没有实体的图形。开盘价即是收盘价，表示在交易中，虽然价格上下波动，但收盘价与开盘价相等，表示买方与卖方势均力敌。其中上影线越长，表示卖压越重；下影线越长，表示买方旺盛。十字型是K线图中一种十分重要的图形，在一段中、长期涨势后，十字型的出现暗示行情可能转折，称"黄昏之星"；在一段中、长期跌势后，十字型的出现暗示可能止跌，称"黎明之星"；价格上升或下跌途中出现的十字型表示行情将继续原有的趋势。

(4) T型（见图7-10d）

因外观类似英文字母的"T"而得名。开盘价与收盘价相同，当日交易全部以开盘价以下之价位成交，又以当日最高价（即开盘价）收盘，表示卖方虽强，但买方实力更大，局势对买方有利。

T型与十字型的作用几乎是一样的，唯一不同的是T型经常出现在小型投机股中，因此在我国台湾地区，它又被称为"做手线"。一般地，波段循环高点出现T型时，价格可能在隔一天或者数天后反转下跌；而波段循环高点出现T型时，可能是价格止跌的信号。

(5) 倒 T 型（见图 7-10e）

倒 T 型又称塔形，开盘价与收盘价相同，当日交易都在开盘价以上进行，并以当日最低价（即开盘价）收盘，表示买方虽强，但卖方更强，买方无力再挺升，总体看卖方稍占优势。不管是在上升趋势或者下跌趋势中，凡是在波段循环的高点或低点出现倒 T 形这种形态时，都代表"停止"的意思，好比我们开车时，看到"禁止通行"的标志一样。

(6) 一字型（见图 7-10f）

当开盘价、收盘价、最高价、最低价在同一价位时，就出现了一字型。一字型也称"四值同价线"，在 K 线图中不太常见。它在涨跌停板制度下或交易非常冷清时容易出现，全日交易只有一个价位成交，表示一方占绝对优势。

7.4.3.2 形态分析法

价格在上升或下跌过程中长期波动，从 K 线图上看，涨跌过程中会在某个价位区停留一段时间，少则几根，多则几十根 K 线聚在一起，形成一定的图案或花样，这些图案或花样就称为形态。不同的形态有不同的含义，形态分析的目的是在形态形成过程中尽早判断出属于哪种形态。形态一般分为反转形态和持续形态两种，反转形态名副其实，意味着原有趋势正发生重大转折，持续形态则显示市场正在做休整，原有趋势仍将继续。

反转形态是股价趋势反转时形成的图形，反映出股价趋势反转的信号。这里以最典型的反转形态头肩型为例做说明。

1. 头肩顶

头肩顶的形状呈现三个明显的高峰，其中位于中间的一个高峰较其他两个高峰的高点略高，形似人的头与两个肩膀，因而得名。头肩顶是一个长期性趋势的转向形态，通常会在牛市的尽头出现，杀伤力十分强大。

(1) 形成过程（见图 7-11）

1) 左肩——价格持续上升一段时间后，成交量放大，在过去任何时间内买进的投资者都有利可图，于是获利者开始沽出，形成左肩 A，价格出现短期的回落至 B，成交量较上升时有显著的减少。但此时，上升趋势一如既往，毫无反转的迹象。

2）头部——价格经过短暂的回落后，又有一次强力的上升至 C，形成头部，成交量尽管较高，但与左肩部分相比，明显减少。这时，图表分析者已经有所警觉。此后，价格突破上次的高点后再一次回落至 D，D 与 B 持平，低于 A，成交量显著减少。在上升趋势中，以前的高点一旦被向上穿越后就在随后的市场调整中起到支撑作用。而这次下跌明显地低于 A 点，几乎达到前一个向上反弹的低点 B 的水平，这是个警讯，说明该上升趋势可能出了问题。

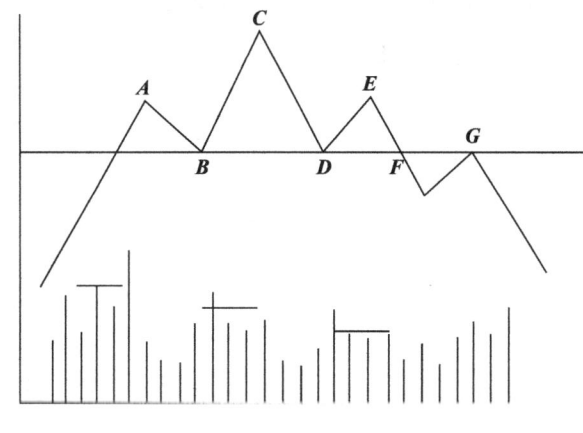

图 7-11 头肩顶的形成过程

3）右肩部分——价格再次获得支撑回升至 E，可是，市场交易者的情绪显著减弱，成交量与左肩和头部相比明显减少，价格未抵达头部的高点便告回落，于是形成右肩，右肩与左肩持平。我们知道，如果上升趋势要持续发展，则每一轮新高点都必须超过前一轮上冲的高点。点 E 处的上升无力达到前一轮高点 C，说明上升趋势已经难以持续，反而形成了依次下降的波峰，满足了下降趋势所要求的一半条件。

4）突破——价格从右肩下跌穿破两个回落低点连成的颈线时，形成突破。在顶部，颈线一般轻微上斜（尽管有时也可能水平，或者在更少数情况下略倾斜向下）。头肩项成立的决定性因素是，收盘价明确地突破到颈线之下。在这种情况下，市场终于突破了由低点 B 和 D 构成的颈线，并跌破 D 点的支撑，从而完全满足了新趋势产生的前提条件——依次下降的峰和谷。于是，从依次下降的峰和谷 C、D、E、F 上，我们可以确定新一轮下降趋势产生了。顺便说明一下，在顶部形态完成后的初始阶段，当市场向下突破时交易量是否急剧扩张并不是至关重要的。

5）反抽——价格反抽颈线后继续下跌，成交量开始放大。反抽现象并不一定总能发生，有时或者只能形成一段极小的反弹。交易量有助于我们推测这种反抽力度的大小。如果在突破颈线的初始阶段交易量极重，那么反扑的余地便大为减小，因为上述突然增加的交易活动反映出市场较重的向下压力。反过来，如果初始突破时的交易量较轻，那么反抽的可能性便大为增加。无论如何，这种反弹应当以较少的交易量进行，并且随后当新的下降趋势恢复时，应该伴随着显著加重的交易活动（见图7-12）。

图 7-12　科达股份（600747）2007年年末2008年年初形成的头肩顶价格反转高达100%

（2）分析要点

1）形态。头肩顶有三个显著的波峰，它们的界定比较明确。中间的峰要稍高于双肩，左肩和右肩的高度则大致相等，有的头肩顶右肩比左肩稍低。但如果右肩的高点比头部还要高，形态便不能成立。

2）交易量。与价格变化相对应的交易量形态，在头肩顶形态的发展过程中扮演着重要的角色。在其他的价格形态中，交易量的作用也都如此。一般来说，第二高峰（头）的伴随交易量比左肩小。但这不是必要条件，而只是市场在这种情况下通常具有的一种强烈的倾向性，也是市场买入力量减轻的早期警讯。根据统计所得，大约有1/3的头肩顶左肩成交量较头部为多，1/3的成交量大致相等，其余的1/3是头部的成交量比左肩大。

最重要的交易量信号，发生在第三高峰（右肩），此处的交易量应比前两个高峰处显著地减少，暗示了头肩顶出现的可能性。价格跌破颈线时，成交量未必增加。倘若成交激增，显示市场抛售力量十分庞大，价格会加速下跌。在价格反抽时，交易量应减少。跌破颈线后可能会出现暂时性的反抽，尤其是在低成交量跌破时反抽比较多见，但反抽不应超越颈线。反抽后价格加速下跌，成交剧增。

3）突破。当收盘价决定性地突破颈线之后，头肩顶形态得以最后完成。头肩顶颈线跌破是一个真正的卖出信号，虽然价格和最高点比较，已回落了相当的幅度，但跌势只是刚刚开始。同样，我们也可以采用3%穿越原则（或者前面章节所介绍的其余价格过滤器）或者两天原则作为进一步的验证手段。

4）价格目标。头肩顶是一个杀伤力十分强大的形态，当颈线被跌破后，跌幅至少等于头部最高点至颈线的距离，但通常其跌幅大于量度出来的最小跌幅。具体测算方法是这样的：从头部的最高点（点 C）画一条垂直线到颈线，然后从突破点开始，向下量出同样的长度。举例来说，假定头顶位于50，相应的颈线位置在40，那么其垂直距离便是两者的差10，我们就应该从颈线上的突破点开始，向下量出10。如果突破点位于41，那么，向下突破的目标就被投射到31的水平（41 − 10 = 31）。

上述价格目标仅仅是最小的，实际的价格运动往往要超越上述目标。不过，如果我们对最小目标心中有数，那么对判断市场运动是否还有足够余地来开立头寸无疑是大有帮助的。

价格下跌的最大目标受先前上涨程度、交易量、形态持续时间、市场状况、重要的支撑位等因素影响，一般地，最大目标是原先趋势的整个范围。比如说，原先的牛市从30涨到了100，那么，从顶部反转形态得出的最大下跌目标便为30，从那里来，还回到那里去。

5）颈线与反抽。顶部的颈线通常稍稍倾斜向上，不过也有时是水平的。这两种情况并没有太大差异。然而偶尔顶部的颈线会向下倾斜，这种坡度是市场疲弱的一种表现，通常，随之而来的右肩也很软弱。不过，这并不全是好消息，而是利弊参半。如果分析者要等颈线突破再开立头寸的话，就不得不等待较长时间，因为该信号在向下倾斜的颈线上出现得很晚，而且届时大部分的下降运动已经发生了。跌破颈线后可能会出现暂时性的反抽，尤其是在低成交量跌破时出现，但反抽不应超越颈线。反抽后价格加速下跌，成交剧增。

6）对称性。头肩顶形态的结构，具有高度的对称性，颈线趋于水平，而右肩与左肩在价格形态上趋于一致（尽管在交易量形态上并不一致）；整个图表呈现的也是一个大体平衡的状态。当然这也并不是绝对的，颈线可能会倾斜。一条向上倾斜的颈线表示市场的强势，一条下斜的颈线则标志着一个不寻常的弱势。很显然，其跌势在下斜颈线形成以及价格突破颈线时已经释放了许多，后面的跌幅反而会比较小。

由于肩部发展趋于对称，一些交易者一待颈线形成就在图表上绘出一条与颈线平行的直线，这一直线由左肩顶部经过头部并继续向右延伸。这就意味着右肩反弹会达到一个近似高度，从而就得到一个卖出的价值水平。但事实上与我们谈到的理想形态完全相同的情形是不存在的，本章中我们举出的几个实例足以说明这一点。实际情况中，会有一肩比另一肩稍高或形成时间稍长的情形，两肩或者其中之一有可能达到接近头部的高度（但不与头部等高），或者都处于一个相当低的水平。如果右肩处的交易活动特别少，那么这一肩就会倾向于较低，但时间上将做延伸。总之，在价格形态、时间和交易量三个基本要素之间存在着一种均衡关系，这一均衡关系无法以语言或数字的形式表达，但交易者可以根据经验感觉到它们的发展。

2. 头肩底

头肩底也称"倒转头肩顶"，它恰好与头肩顶互为镜像。正如图 7-13 所示，它具有三个清楚的谷底，其中头（中间的谷）稍低于两肩。收盘价决定性地向上突破颈线后，形态得以完成。头肩底的测算技术与头肩顶一样。稍有差别的一点是当颈线被向上突破后，价格更习惯于反扑。

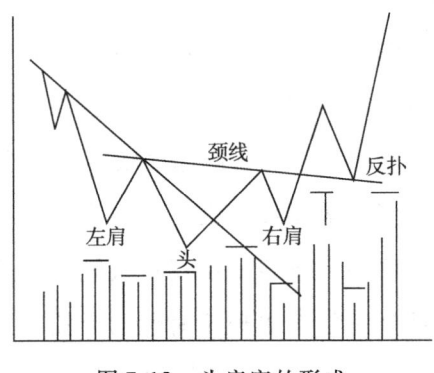

图 7-13 头肩底的形成

头肩底和头肩顶最重要的区别在于两者在交易量的配合上是不同的。在判别头肩底形态及其突破的时候，交易量起着更为关键的验证作用。前面我们讲过，市场具有"因自重而下跌"的倾向性，因此在底部，当市场力图发动一轮牛市的时候，必须具有显著增强的买进的推动力。只有在需求超过供给，并且买方比卖方更积极时，价格才能上涨。

在头肩底形态的前半部分，交易量的配合与头肩顶很相似。形成左肩时，价格下跌，成交量相对增加，价格反弹成交量减小，当价格再次下跌且跌破左肩低点时，成交量再次增加，但较左肩形成时有所减少，形成头部，这是典型的下降趋势的量价配合。当价格从头部最低点回升时，成交量应有所增加，而且其交易量水平要超过左肩上冲时对应的交易量水平。当价格回升到上次的反弹高点时，出现第三次回落，回落的交易量明显少于左肩和头部，价格在跌至左肩的水平时，受到支撑，形成右肩，右肩下跌部分的交易量应该非常少。最后，价格上升突破颈线，这是一个关键时刻，突破信号如果成立，那么所伴随的交易量就必须相应地急剧膨胀。

这一点是头肩底同头肩顶最大的分别。在底部，强劲的交易量绝对是完成形态的关键。另外，反抽在底部比在顶部更经常地出现，不过，其交易量应该较少。随后，新的上升趋势应该在较大的交易量下恢复。

绝大多数头肩底的颈线稍向下倾，如颈线向上倾斜则意味着市场坚挺，不过此处同样也有信号过迟的缺陷；头肩底的测算技术与头肩顶相同；另外，头肩底的完成时间较长，至少需要4个月以上，形态也较为平坦。

头肩底是极具预测威力的形态，一旦确认，升幅大多较大。周线图出现比日线图更准确。

持续形态是股价经过一段时间的快速变动后，不再前进而在一个区域内上下窄幅变动形成的，主要有三角形、旗形、矩形等。这里以对称三角形为例进行说明（见图7-14）。

3. 对称三角形

（1）形成过程

对称三角形由一系列的价格上下变动所组成，价格变动的区域由大而小，由宽而窄。这就是说，价格由低位上升一段时间后，无力突破性地大幅上涨，随后价格开始回落，但回落一定的时间后，便遇到多方的买盘介入，使价格无法创出新低并在前一次低点之上调头上行，但上行时间又不能持久，在前一次高点之下遇到空方的打压，价格调头向下，经过数次沉浮，出现了低点逐步抬高，而高点逐步下移的形态，横向看价格变动的上限向下倾斜，下限向上倾斜，形成两条逐渐聚拢的趋势线，极像一个"绕线筒"（见图7-14）。

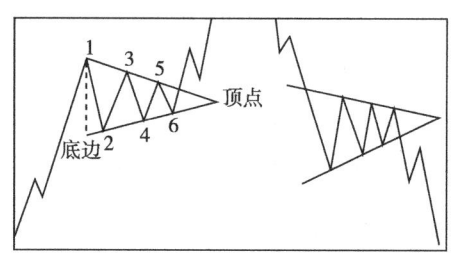

图 7-14　对称三角形

在对称三角形形成过程中，成交量有非常明显的规律性，值得特别注意。由于对称三角形的特性，价格运行前景不明，方向不定，多空双方疑惑重重，不敢全力出击，因此成交量往往随着价格的波动而逐步减少，呈现明显的收缩趋势（或许是不规则的收缩）。当对称三角形发展至尾端时，成交量极度萎缩，一旦成交量大幅增加，就能改变对称三角形的走势，形成突破。

在突然而且没有任何警告的方式下，正如一个越缠越紧的弹簧砰然松开，价格伴随着成交量显著陡增而突破三角形，以一种强烈的运动方式迅猛跳离开，形成突破。包含三角形的图表很少有预示价格在哪个方向上突破三角形的线索，直至突破行为最后发生。也许通过观察同时期其他价格图表，投资者可以获得一些信息，但大部分情况下分析者得等待市场下定决心走某个方向。在最后的突破之前，所有关于这个形态的信息看上去都在代表着怀疑、犹豫和支吾搪塞。一般地，如图7-15所示，如果原先趋势向上，那么价格向上突破结束三角形调整的可能性很大；如果原先趋势向下，那么价格向下突破的可能性就变大了。

对称三角形的形成反映的是买卖双方力量在该段价格区域内势均力敌的暂时均衡状态。当价格从第一个短期高点回落，很快就被买方所消化，推动价格回升，而价格上涨时，空方借机离场，而多方对后市又缺乏信心，因此价格仅回升至上次高点不到的地方已告掉头，又一次下跌；而在下跌过程中沽售的投

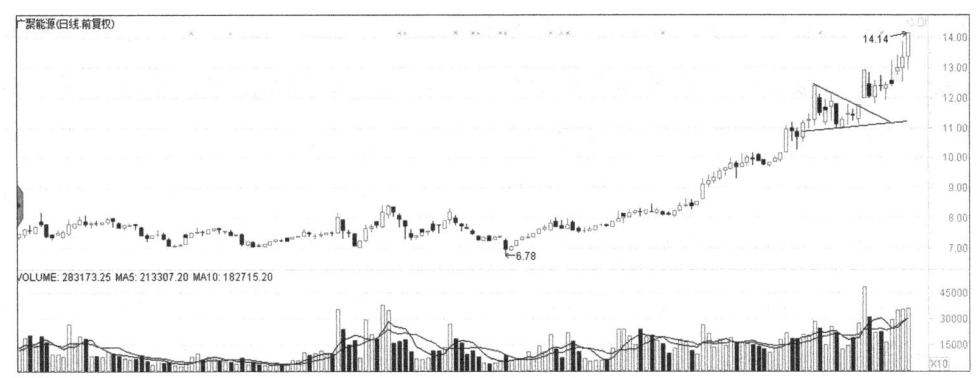

图 7-15　广聚能源（000096）2015 年 5 月经过对称三角形整理后价格继续上升

资者不愿意低价卖出，做空不坚决，因此回落压力并不强，价格还未跌到上次低点便告回升，买卖双方观望性的对峙造成价格上下波动日渐减小，形成了对称三角形形态。在三角形形态中，未来价格是升是跌暂时没有明确的信号，当价格运行到对称三角形的尾端或接近顶点时，多空双方处于一种暂时的平衡状态，双方都无力打破僵局。这时，如有一种力量加入到多方或者空方，天平将马上会产生倾斜。经常是一种外力，如明显的利多或利空消息引发三角形向上或向下突破，突破方向产生后，对称三角形态宣告结束。

（2）分析要点

1）一个对称三角形的形成，必须要有明显的至少两个短期高点和短期低点出现。因为只有四个点才能做出两条聚拢的趋势线。在图 7-15 中，三角形实际上从点 1 开始，这也就是上升趋势的调整的开端。接着，价格撤回点 2，然后上冲到点 3，点 3 低于点 1。仅当价格从点 3 再度回落之后，我们才能做出上边趋势线。注意，点 4 高过点 2。仅当价格从点 4 向上反弹之后，我们才能做出上倾的下边趋势线。正是在这一刻，分析者开始揣测，手头的这个形态可能属于对称三角形。现在，我们得到了四个转折点（1、2、3、4），以及两条聚拢的趋势线。

虽然三角形的最低要求是 4 个转折点，但实际上大部分三角形通常具有 6 个转折点。这就是说在三角形内，其实包含了 3 个峰和 3 个谷，总共形成 5 个波浪（在我们讲到艾略特波浪理论时，还要进一步讨论三角形的五浪倾向）。

2）三角形完结的时间极限。三角形形态的完结，具有时间极限——顶点。对称三角形形态内的第一个高点或低点延伸至三角形顶端的直线叫颈线力矩，一个对称三角形的突破通常发生在颈线力矩的 1/2 或 3/4 处。在这种距离产生的突破，一般较有力度，理论上如果价格超过 3/4 长度位置后，仍未产生有效突破，价格会缓慢运行至对称三角形顶端，多空力量相互抵消，市场已经不能维持既有的趋势，需要积累更多的动能才能继续前进，于是这个三角形对市场而言就不再具有分析意义。但是在实践中，也经常出现价格运行至三角形顶端时，才产生向上或向下突破的现象。

对称三角形构成了价格与时间的一种有趣结合，一方面，聚拢的趋势线界定了形态的价格边界，趋势线的突破意味着形态的完成、原有趋势的恢复；另一方面，两条趋势线构成的横向宽度也提供了时间目标。举例来说，如果其宽度为 20 个周，那么突破就应发生在 10~15 个周。

三角形属于中等形态，形成过程通常花费 1 个月以上的时间，但一般少于 3 个月。持续时间短于 1 个月的三角形可能属于另外的形态类别。例如，三角旗形，它一般是日线图的专利。

3）突破与反抽。三角形的突破以收盘价有效击穿某条趋势线（三角形的边界）为标志。如果只是盘中价格击穿趋势线，突破的有效性仍然有待确认。三角形突破后，价格可能会出现短暂的反方向移动，称为反抽，反抽应止于颈线，反抽点是多头最后的买进点也是空头最后的逃命点。反抽确认后，原来的趋势线将由压力线转为支撑线或者反之。在突破后，三角形的顶点也构成重要的支撑与压力。

4）成交量在三角形形成的过程中不断减少。在三角形内，成交量随着价格波动幅度的减弱而日趋萎缩，以证实多空双方的观望气氛。当价格向上突破时需要大成交量伴随，向下突破则不必，这一点与反转形态类似，反抽时成交量应减少，而趋势恢复时，成交量应重新呈现扩张的情况。

三角形形态形成过程中成交量的变化有助于判别形态是向上还是向下突破。假如对称三角形向下突破时有极大的成交量，可能是一个错误的突破信号，价格于突破后并不会回落，反而可能回升。倘若价格在三角形的顶点跌破，且有高成交量的伴随，情形特别准确；价格下跌一两个交易日后即可回升。

5）对称三角形大部分属于整理形态，不过也有可能在升势的顶部或跌势的底部出现。据统计，对称三角形中有 75% 属整理形态，25% 属反转形态。在主要牛市或熊市早期阶段，属整理形态的可能性最大，随着主要趋势的成熟，反转的机会增加。在三角形内所有的技术指标失效，因此操作上以观望为主。

7.4.3.3 缺口分析

缺口是指股价在快速大幅变动中出现的一段没有任何交易的价格区间。出现缺口后，股价经过几天甚至更长时间的变动后反转过来，回到原来缺口的价格区间时，称为缺口的封闭，又称补空。

1. 缺口的分类

缺口可以分为普通缺口、突破性缺口、持续性缺口与衰竭性缺口四种（见图7-16）。据缺口发生的部位、缺口的大小及类型，缺口可以有不同的预测意义。

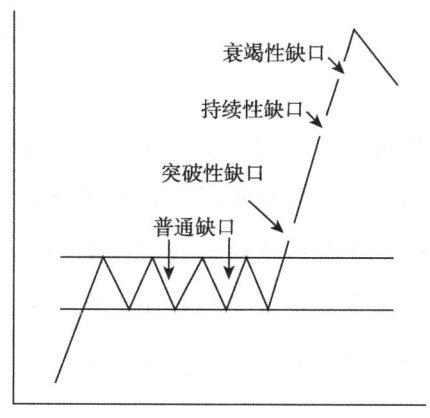

图7-16　缺口的不同类型

（1）普通缺口

这类缺口通常在密集的交易区域中出现，无特别的分析意义，一般在几个交易日内便会完全填补。普通缺口在整理形态中出现的机会较多，所以当发展中的三角形或矩形出现缺口时，就应确定它可能是整理形态。

（2）突破性缺口

突破性缺口是当一个密集的反转或整理形态完成后突破盘局时产生的缺口。当股价以一个很大的跳空缺口远离形态时，表示真正的突破已经形成了。同时缺口能显示突破的力度，突破缺口愈大，表示未来的变动越强烈。突破缺口的分析意义较大，经常在重要的转向形态如头肩型突破时出现，这种缺口可帮助我们辨认突破信号的真伪。

（3）持续性缺口

持续性缺口的技术分析意义最大，它通常是在股价突破后远离形态至下一个反转或整理形态的中途出现，因此持续性缺口能大致预测股价未来可能移动的距离，所以又称为量度性缺口。其量度的方法是从突破点开始，到持续性缺口始点的垂直距离，就是未来股价将会达到的幅度。

(4) 衰竭性缺口

和持续性缺口一样，衰竭性缺口是伴随快速的、大幅的股价变动而出现。在急速的上升或下跌中，股价的波动愈来愈急。这时价格往往跳空上升或跳空下跌出现缺口，此缺口就是衰竭性缺口。通常衰竭性缺口大多在恐慌性抛售或消耗性上升的末段出现。衰竭性缺口是价格变动即将到达终点的象征，所以多半会在短期内被封闭。不过，衰竭性缺口并非意味着市场必定转向，只意味着有转向的可能。

衰竭性缺口的判别很重要。在缺口发生的当天或第二天若成交量特别大，而且未来似乎无法继续出现此大成交量时，这就可能是衰竭性缺口。假如在缺口出现的后一天其收盘价停在缺口边缘形成了一天行情的反转时，就更可确定这是衰竭性缺口了。衰竭性缺口很少是突破前一形态大幅度变动过程中的第一个缺口，绝大部分的情形是它的前面至少会出现一个持续性缺口。

2. 分析要点

1) 一般缺口都会填补。因为缺口反映的是投资者当时的冲动行为，当投资情绪平静下来时缺口便会补回。当然并非所有类型的缺口都会填补，其中突破缺口、持续性缺口未必会填补；只有衰竭性缺口和普通缺口才可能在短期内补回。

2) 突破缺口是否会填补可以从成交量的变化中观察出来。如果此突破缺口出现之前有大量成交，而缺口出现后成交量更大幅增加，并在继续移动远离形态时仍保持，那么缺口短期填补的可能性便会很低。

3) 衰竭性缺口形成的当天成交量最高（但也有可能翌日成交量最高），接着成交减少，显示市场购买力（或抛售力）已经消耗殆尽，于是股价很快便告回落（或回升）。

7.4.3.4 趋势线分析

1. 概念

连接股价波动的高点的直线为下降趋势线，连接股价波动的低点的直线为上升趋势线（见图 7-17）。据波动的时间又可分为长期趋势线（连接长期波动点）和中期趋势线（连接中期波动点）。趋势线表明当股价向其原有方向移动时，它非常有可能沿着这条线继续移动。因此，

1）当上升趋势线跌破时，它就是一个卖出信号。在没有跌破之前，上升趋势线就是每一次回落的支撑。

2）当下降趋势线突破时，它就是一个买入信号。在没有突破之前，下降趋势线就是每一次回升的阻力。

3）价格随着固定的趋势线移动时间越久，此趋势线越是可靠。

4）每一条上升趋势线，需要两个明显的底部才能决定；每一条下跌趋势线，则需要两个明显的顶点。

5）股价的上升与下跌，在各种趋势之末期，皆有加速上升与加速下跌之现象。因此，趋势反转的顶点或底部，大都远离趋势线。

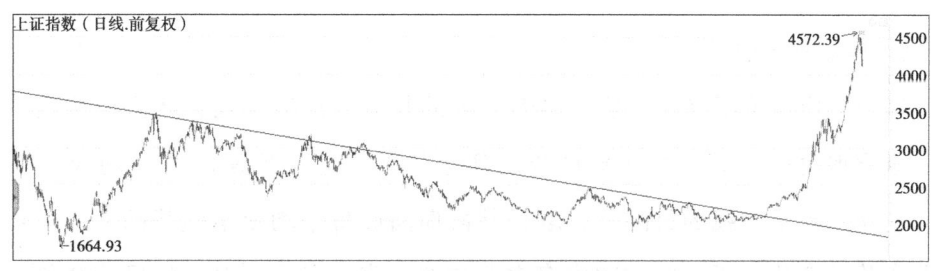

图 7-17　上证指数自 2009 年高点以来的下降趋势线被突破意味着新一轮牛市的开启

2. 趋势线的突破

当股价突破趋势线时，突破的可信度可从下列几点判断。

1）收市价突破有效，否则可以忽略，原趋势线仍然有用。

2）如果收市价突破了趋势线，必须要超越 3% 才可靠。

3）当股价上升冲破下降趋势线的阻力时需要有大成交量的配合；但向下跌破上升趋势线支撑则不必如此，通常突破当天的成交量并不增加，不过，于突破后的第二、三天会有增大的现象。

4）当突破趋势线时出现缺口表示此突破强而有力。

上述四种突破原则可以帮助我们确认趋势线穿越的有效性，但在实际运用中要灵活判断，不可生搬硬套。绝大多数中等趋势线无法拥有精确的形态界线，

而且即使有精确界限，也有许多附加条件。每种价格行为的技术性规则都有例外，并且判断趋势线的重要程度以及理解它们的穿越都需要经验。

有经验的技术分析者经常会在图表上画出各种不同的试验性趋势线，当证明其趋势线毫无意义时，就会将其擦掉，只保留具有分析意义的趋势线。此外，有经验的技术分析者还会不断地修正原来的趋势线，使其更有效。

7.4.4 指标分析

通过一定的数学、统计或其他方法将金融市场的原始数据（开盘价、最高价、最低价、收盘价、成交量和成交余额等）处理成具体的一些数值，并将这些数值制成图表，这些图表就是指标。根据技术指标对当前市场的行情进行判断并进而预测未来价格趋势的方法就是指标分析。移动平均线、指数平滑异同移动平均线（MACD）、随机指数（KDJ）都是最常用的技术指标。

1. 移动平均线

移动平均线是用统计方法，将若干天的收盘价加以平均，然后连接成一条线，观察股价的趋势。移动平均线的理论基础是道·琼斯的"平均成本"概念。使用移动平均线的目的是在取得某段期间股价平均成本的基础上，配合每日收盘价的变化分析这段时间内多空双方的优劣，以研判股价的可能变化。一般来说，现行价格在平均线之上，意味着市场买方需求较大，行情看好；反之，市价在平均线之下，则意味着供过于求，卖压显然较重，行情看淡。

（1）计算

以10天移动平均线为例。将第1个交易日至第10个交易日的10个收盘价累加除以10，得到第1个10天平均价，再将第2个交易日至第11个交易日的收盘价总和除以10，得到第2个10天平均价，将这些平均价连成一线，即为10天移动平均线。其计算公式为：

$$MA(n) = (P_1 + P_2 + \cdots + P_n)/n \tag{7-5}$$

式中　n——周期天数；

　　　P_n——第 n 天股票的收盘价格。

除了以上这种简单移动平均线外，还有加权移动平均和指数平滑移动平均，其计算方法较为复杂,效果也并不比简单移动平均好,因此,这里不做探讨。一般地,移动平均线的周期长短关系其敏感度,周期愈短敏感度愈高。

(2)应用

使用移动平均线预测价格趋势主要是利用其交叉信号,可以采用不同参数的两条移动平均线,也可以利用三条移动平均线形成交叉。效果较好的是两条移动平均线的交叉,即以较长期的移动平均线来识别趋势,以较短期的移动平均线来选择时机。双移动平均法主要有以下两种具体的用法。

1)"双线交叉法"。当短期移动平均线由下往上交叉较长期的移动平均线时,称为黄金交叉,是买入信号。反之,当短期移动平均线由上往下穿越较长期的移动平均线时,称为死亡交叉,是卖出信号。以5天和10天两条移动平均线为例,5天线向上穿越10天线,构成买入信号;5天线向下穿越10天线,形成卖出信号(见图7-18、图7-19)。

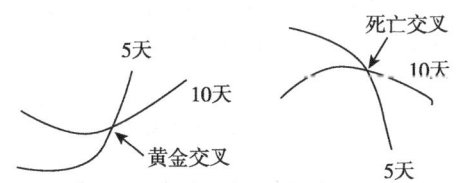

图7-18 双线交叉法

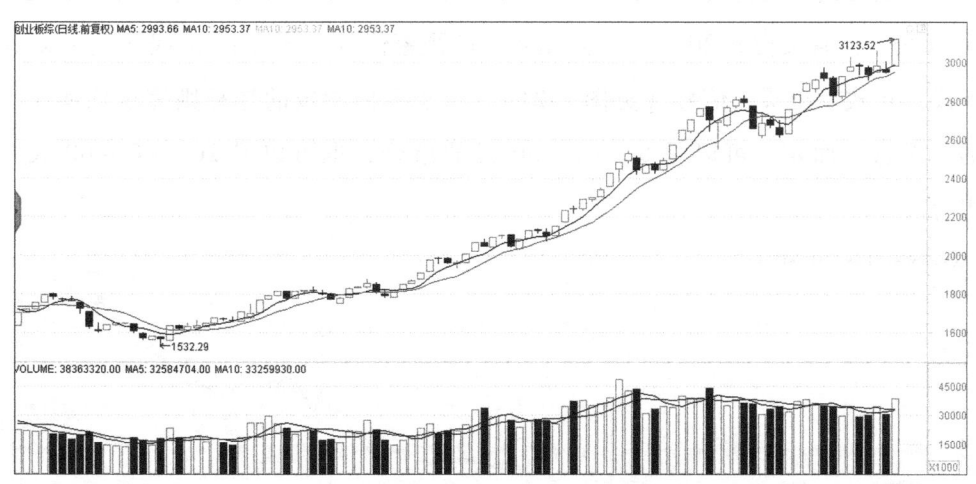

图7-19 2015年上半年,无论创业板那只股5天与10天线的交叉买入利润不菲

2)"中性区法"。将两条移动平均线夹成的中间区域看作中性区,当收盘价同时穿越两条移动平均线之后,才构成买入或卖出信号,收盘价在中性区时

不操作。依此方法设计的系统,也有一些其他系统所不及的长处。采用双移动平均线法在时间上滞后于市场更多一些,但由此也减少了拉锯现象。当然双线交叉法中同样需要选择适当的参数。

采用两条移动平均线可以过滤掉一些假信号,提高操作的准确率。那么,三条移动平均线的组合是否效果更好呢?三线交叉法就是基于这样的设想而出现的。三线交叉法指的是以短、中、长期三条不同参数的移动平均线做组合(见图 7-20)。前面已经指出,移动平均线的时间越短,越贴近价格的波动趋势。由此可以推论,在这种组合中,最短期的移动平均线最贴近价格趋势,中期线次之,长期线离价格最远。因此,在上升趋势中,移动平均线将形成多头排列,而在下降趋势中则形成空头排列。

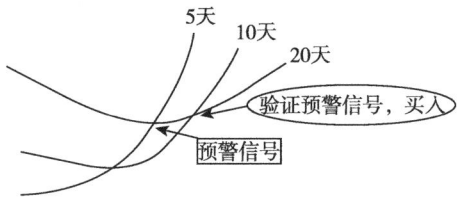

图 7-20 三线交叉法

三条移动平均线的组合在应用时主要采用其交叉信号。以 5 - 10 - 20 天移动平均线为例,当价格趋势由下降转为上升时,往往 5 天线首先掉头向上交叉 10 天线,接着又交叉 20 天线,发出买入的预警信号;然后 10 天线向上交叉 20 天线,正式发出买入信号(见图 7-21)。至于具体参数的选择则完全依使用者的主观意志而定,可以是 5 - 10 - 30 天的组合,也可以是 20 - 40 - 60 天的组合。

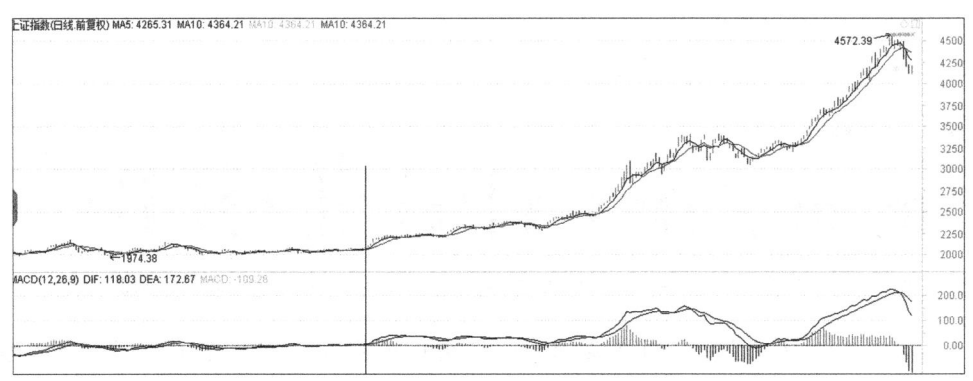

图 7-21 2014 年 7 月,DIF 向上突破 MACD 并上冲 0 线构成买入信号,上证指数进入牛市

当上升趋势反转为下降趋势时，首先发生的情况是，最短期的（也是最敏感的）移动平均线——5 天线向下跌破 10 天线和 20 天线，发出卖出的预警信号。不过，也有分析者会利用这个交叉信号，作为充分的理由卖出平仓，了结原有的多头头寸。随后如果中等天数的移动平均线——10 天线也向下跌破 20 天线时，则卖出信号得到确认。

2. 指数平滑异同移动平均线

指数平滑异同移动平均线（MACD）吸收了移动平均线较易掌握趋势方向的优点，是中长期趋势分析的主要技术工具。它主要是利用两条不同速度的线即快速移动平均线与慢速移动平均线之间聚合与分离的征兆，来研判买进与卖出的时机和信号。

MACD 由快速线与慢速线之差即正负差（DIF）和异同平均数（DEA）两部分组成，快速线采用的是短时间参数，慢速线采用的是长时间参数，以 DIF 值作为判断走势的基础。

（1）计算

指数平均值（EMA），如 12 天 EMA 的计算如下。

$$今日 EMA(12) = 2/13 \times 今日收盘价 + 11/13 \times 昨日 EMA(12) \quad (7\text{-}6)$$

同理，26 天 EMA 计算如下。

$$今日 EMA(26) = 2/27 \times 今日收盘价 + 25/27 \times 昨日 EMA(26) \quad (7\text{-}7)$$

以上计算中，我们分别采用 2/13 和 2/27 作为平滑系数，但这并不是一成不变的，分析者可以根据自己的情况灵活确定平滑系数 $X/N+1$，如果认为当日股价对趋势变动的影响大，则 X 可取大一点，目前在应用中 X 一般取 2，即平滑系数一般为 $2/N+1$。第一个平滑值通常以第 1 日收盘价或最初几天收盘价的平均值来代替。

计算好平滑值后计算两个数值间的离差值，然后再计算离差的平均值 DEA 即 MACD 值。

$$DIF = EMA(12) - EMA(26) \quad (7\text{-}8)$$

$$今日 DEA(N) = 当日 DIF \times 2/N+1 + 昨日 DEA \times$$
$$(1 - 2/N+1)(N 一般为 9) \quad (7\text{-}9)$$

（2）应用

1）DIF 与 MACD 在 0 以上，属多头市场。此时 DIF 向上突破 MACD 是买入信号；DIF 向下跌破 MACD，只能看作回档，不能看成空头市场的开始。

2）反之，DIF 与 MACD 在 0 以下，属空头市场。此时 DIF 向下跌破 MACD，是卖出信号；若 DIF 向上突破 MACD，只能作反弹。

3）背离：股价出现两或三个近期低点，而 MACD 并不配合出现新低点，可作买入；股价出现两三个近期高点而 MACD 并不配合出现新高点，可作卖出。

4）高价区 DIF 两次向下跌破 MACD 预示跌幅较深，低价区 DIF 两次向上突破 MACD 预示涨势较大。

与移动平均线相比，MACD 使发出信号的要求和限制增加，避免了一些假信号的出现，但当市场呈牛皮盘整格局时，MACD 失误的时候还是很多。

3. 随机指数

随机指数（KDJ）是期货和股票市场常用的技术分析工具。随机指数在设计中综合了动量观念、强弱指数和移动平均线的一些优点，主要研究高低价位与收市价的关系，即通过计算当日或最近数日的最高价、最低价及收市价等价格波动的真实波幅，反映价格走势的强弱和超买超卖现象。

（1）计算

KDJ 可以选择任何一种日数作为计算基础。例如，5 日 KDJ 公式为：

$$K = \frac{C - L_5}{H_5 - L_5} \times 100 \qquad (7\text{-}10)$$

$$D = \frac{H_3}{L_3} \times 100 \qquad (7\text{-}11)$$

$$J = 3K - 2D \qquad (7\text{-}12)$$

式（7-10）~式（7-12）中，C 为最后一日收市价；L_5 为最后五日内最低价，H_5 为最后五日内最高价；H_3 为最后三个（$C - L_5$）数的总和；L_3 为最后三个（$5H_5 - L_5$）数的总和。J 值即 K 与 D 的乖离程度。

（2）应用

1）超买超卖区域的判断：$\%K$ 值在 80 以上，$\%D$ 值在 70 以上为超买；$\%K$ 值在 20 以下，$\%D$ 值在 30 以下为超卖。

2）背离判断：当股价走势一峰比一峰高时，随机指数一峰比一峰低；或股价走势一底比一底低时，随机指数一底比一底高，这种现象被称为背离，前者为顶背离，后者为底背离。随机指数与股价走势产生背驰时，一般为转势的信号。

3) %K 线与 %D 线交叉突破判断：当 %K 值大于 %D 值时，表明当前是一种向上涨升的趋势，因此 %K 线从下向上突破 %D 线时，是买进信号；反之，当 %D 值大于 %K 值，表明当前的趋势向下，因而 %K 线从上向下跌破 %D 线时，是卖出信号。%K 线与 %D 线的交叉突破，在 80 以上或 20 以下较为准确。

随机指数与强弱指数都能反映市场的超买或超卖现象，不同的是，随机指数不仅能反映市场的超买或超卖程度，还能通过交叉突破得出买卖信号。当然，当这种交叉突破发生在 50 左右，走势又陷入盘局时，买卖信号无效。

本章小结

证券分析的目的是确定某些证券的特征和识别错误定价的证券。证券分析用基本分析和技术分析两种主要方法评价证券，然后给出投资建议。基本分析者通常做宏观经济分析、行业分析以及上市公司的财务分析，并利用这些资料估计未来股票价值和收益；与此相比较，技术分析者则集中观察股票的价格和交易量，寻找价格波动的可识别模式，以预测未来的价格趋势。本章对这两种分析方法进行了全面的论述，通过本章的学习，可以了解这两种基本的分析方法并对其加以运用。

重点内容

基本分析的路径；政治经济因素对股市的影响；经济周期性波动的影响；国内宏观经济变化的作用，宏观分析的主要内容、财政政策和货币政策的作用、各项经济指标对证券市场的影响；行业分析必须考虑的因素：行业的生命周期分析、行业竞争性分析；公司分析的基本内容、公司财务报表的分析；财务比率的分析；技术分析的基本假设和理论；技术分析的形态分析、缺口分析、趋势分析、指标分析的内容、方法。

主要术语

基本分析　宏观分析　行业分析　公司分析　财政政策　货币政策　通货膨胀率　行业生命周期　资产负债表　利润表　现金流量表　市盈率　市净率　流动比率　偿债能力　盈利能力　财务杠杆　股东权益　技术分析　道氏理论　多头　空头　趋势　形态　反转形态　持续形态　缺口　技术指标

习　题

1. 财政政策和货币政策分别起什么作用？在经济深陷衰退的时候，应采用什么样的货币和财政政策？

2. ①假定实际利率为每年3%，预期通胀率为8%，名义利率是多少？②假定预期通胀率升至10%，实际利率不变，名义利率为多少？

3. 假定政府想刺激经济但并不提高利率。什么样的财政政策、货币政策组合可实现这个目标？

4. 对固定成本为200万元和变动成本为每单位1.5元的C公司来说，在三种不同的经济环境下利润将是多少？你对经营杠杆和经营风险的结论是什么？

5. 这里有4个行业和对宏观经济的4种预测，对于每一种宏观经济预测，请选择一种你认为表现最好的行业。
   行业：A. 住房建设；B. 保健；C. 采矿；D. 钢铁生产；
   经济预测：（1）深度衰退：通胀率下降、利率下降、GDP下降；（2）过热经济：急剧上升的GDP、急剧上升的通胀率和利率；（3）正常扩张：上升的GDP、温和通胀、低失业率；（4）恶性膨胀：下降的GDP、高通胀。

6. 在行业生命周期的哪一阶段你选择下面的行业？（提示：答案并不是唯一的）
   A. 油井设备　　B. 电脑硬件
   C. 电脑软件　　D. 基因工程
   E. 铁路

7. 为什么你认为消费品价格指数是宏观经济的先行指标？

8. 为什么你认为每单位产出劳动力成本指数是宏观经济的滞后指标？

9. 公司财务报表主要有哪几种？各自有何特点？

10. 找一家上市公司的资产负债表、利润及利润分配表和现金流量表计算各种标准财务比率，并分析该公司的经营状况。

11. 与基本分析相比，技术分析的优势何在？

12. 简要叙述技术分析的三个基本假设。

13. 道氏理论在哪些方面为技术分析奠定了基础？
14. 如何区别道氏理论中的主要趋势与基本趋势。三种趋势中，哪一种对实际更具有操作意义？
15. 反转形态与持续形态的主要区别是什么，成交量在形态分析中有什么作用？
16. "由于图表上的关键点位均为大家知晓，机构大户可以人为操纵制造骗线，因而图表分析无效。"你对此持何看法？
17. 试比较分析突破性缺口、持续性缺口、衰竭性缺口三者之间的异同点。
18. 移动平均线有哪些作用，如何利用移动平均线判断趋势？
19. 简述交易量的含义，如何利用交易量与价格的配合来判断价格的趋势？
20. 论述移动平均线如何与其他技术分析方法结合使用。
21. 掌握各种技术指标的基本含义、计算方法及应用法则。

第三篇

现代投资理论篇

第 8 章　有效资本市场假说

第 9 章　投资组合理论

第 10 章　资本资产定价模型

第 11 章　套利定价理论

第 8 章

有效资本市场假说

资本市场有效性假说（efficient capital market hypothesis，EMH）是理性预期学派理论的一个重要组成部分，也是现代经典金融经济学的理论基石之一。20世纪60年代，市场有效性假说的提出，受到了经济学家的极大关注，它体现了竞争均衡。资本市场有效性假说实际上是亚当·斯密"看不见的手"在资本市场的延伸。

8.1 有效资本市场概述

经过几十年的发展与完善，EMH已被广泛应用于全球资本市场。EMH尽管有需要完善的地方，但它毕竟是衡量资本市场信息分布、信息传递速度的一个重要标志。

8.1.1 资本市场有效性假说的形成和发展

对金融市场价格行为的早期经验研究表明，价格行为可以描述成一种随机漫步。只要价格变动是随机的并且服从独立分布，就可以说它遵循随机漫步规律（random walk）。最早发现这一规律的是英国统计学家肯德尔（Kendall）。他在1953年对股市价格的研究中发现股市价格没有任何模式可寻，而是随机的波动，即遵循随机漫步规律。肯德尔的发现使当时的许多经济学家感到困惑，因为这一发现似乎暗示着股票市场是由一种反复无常的市场心理所驱使，没有任何逻辑和理性。然而随着进一步的研究，经济学家很快产生了新的观点，最后他们认为：随机价格波动反映的正是一个功能良好、有效率的市场，这样的市场是理想的竞争市场的结果，是理性的，而不是非理性的。

有效资本市场假说是美国芝加哥教授法玛于20世纪60年代创立的。1967年，罗伯特（Herry Roberts）对有效市场做了分类，划分为弱式有效市场、半强式有效市场和强式有效市场。法玛在1970年发表的论文《有效资本市场：对理论和实证工作的评价》中提出了有效市场的定义，得到了普遍的接受，即有效市场是指这样一个市场：投资者都利用可获得的信息，力图获得更高的报酬。证券价格对市场中新信息的反应是迅速而准确的，证券价格能完全反映全部信息，市场竞争使证券价格从一个均衡水平过渡到另一个均衡水平，而与新信息相应的价格变动是相互独立的，或称随机的。因此，有效资本市场假说又称随机漫步理论。

资本市场是长期资金供给及需求汇合的场所。市场上的任何信息，包括上市公司本身的信息、国民经济的信息，如通货膨胀率、外贸赤字及汇价等都会对资本市场起到重要影响，影响股票、债券价格的变化。在一个有效的股票市场中，股票价格将立即对这些信息做出反应。也就是说，有利的信息会立即导致股票价格上升，不利的信息会立即使股票价格下跌。因此，任何时刻的股票价格都已充分地反映了当时所得到的一切有关的信息。正因为一个有效的资本市场对信息有较快的反应速度，投资者在知道了信息后再做买卖股票的决定为时已晚。所以承认有效市场假设的人必然承认，想利用信息在股市上获取额外利润的机会甚微。在这样的市场上，股票价格与其真正的价值相差无几。同时，公司为筹措资金发行股票时，可期望获得公平合理的价格；投资者购买股票的价格，也可期望是公平合理的。

为了进一步验证现实资本市场的有效性而进行实证检验，经济学家在EMH的验证方法上做了大量的工作。由于市场有效性假说本身并没有可供检验的内容，其经济意义就是，没有人能在市场上持续地赚取超额利润，因此经济学家选择了两条检验途径。第一条途径是找出什么是均衡条件下的证券价格，然后再去检验现实中证券价格波动是否遵循均衡所决定的轨迹，如有偏离，这种偏离是否大到能使人赚取超额利润。沿着这条途径所进行的检验，主要集中在对半强式和强式有效假设上，其中较有影响的工作有：在半强式有效假设上，鲍尔和布朗（Ball 和 Brow）在 1968 年检验了会计收入对价格的影响；帕蒂特（Pettit）在 1972 年检验了红利政策对股市的影响；福斯特（Foster）在 1973 年发现了股市对于每股期望收入的反应等。在强式有效假设上，经济学家通过考察那些机构投资者的表现来验证强式有效假设。第二条途径是从统计学上找出所谓"价格已反映了所有可以得到的信息"的含义，这样得出的往往是随机模式。沿着这条途径所进行的检验，主要集中在对弱式有效假设上，其中最有影响的就是法玛的随机漫步模式及亚历山大（Alexander）的滤嘴检验。

从法玛 1970 年发表的那篇开创性的论文算起，市场有效性假说已走过了 40 多年的历程，在此期间它得到了不断的发展与完善，形成了今日这样一个较完整的经典金融理论，成为研究资本市场的基础。

8.1.2 有效市场的定义

法玛对有效资本市场下了一个严谨的定义，令：

Φ_{t-1}——$t-1$ 期时，与决定当期（即 $t-1$ 期）证券价格有关的所有可获得的信息集合；

Φ_{t-1}^m——$t-1$ 期时，市场用于决定当期证券价格的信息集合；

$P_{j,t-1}$——证券 j 在 $t-1$ 期的市价；$j=1,2,\cdots,n$；

P_{jt}——证券 j 在 t 期的市价，此价格为市价加上 t 期时收到的红利或利息收入；

$f_m=(P_{1t},P_{2t},\cdots,P_{nt}|\Phi_{t-1}^m)$——$t-1$ 期时，市场利用信息集合 Φ_{t-1}^m 预估下一期各证券价格的联合概率密度函数；

$f=(P_{1t},P_{2t},\cdots,P_{nt}|\Phi_{t-1})$——$t-1$ 期，信息集合 Φ_{t-1} 所隐含下一期各证券价格真正的联合概率密度函数。

Φ_{t-1} 具有以下两个性质。

1) Φ_{t-1} 包含所有相关变量在 $t-1$ 期及以前各期所包含的信息，比如 $t-1$ 期及以前各期上市公司业绩、市场状况、消费者的爱好、国民收入等。所以，Φ_{t-1} 包含 Φ_{t-2}，即 Φ_{t-2} 是 Φ_{t-1} 的子集合。同理，Φ_{t-1} 也包含 Φ_{t-3}，Φ_{t-4}，…

也就是说，Φ_{t-1} 以前各期的集合 Φ_{t-2}，Φ_{t-3}，Φ_{t-4}，…都是 Φ_{t-1} 的子集合。

2）Φ_{t-1} 包含所有相关变量彼此有关的信息。这种信息包含同一变量或不同变量 $t-1$ 期或以前各期相互关系的状况，以及自 $t-1$ 期的状况预测未来可能情况的信息。因此，Φ_{t-1} 隐含着下一期各证券价格的联合概率密度函数 $f=(P_{1t}, P_{2t}, \cdots, P_{nt} | \Phi_{t-1})$。

法玛认为，决定 $t-1$ 期证券市价的次序如下：先由 Φ_{t-1}^m 决定 $f_m=(P_{1t}, P_{2t}, \cdots, P_{nt} | \Phi_{t-1}^m)$，再由 $f_m=(P_{1t}, P_{2t}, \cdots, P_{nt} | \Phi_{t-1}^m)$ 决定各证券在 $t-1$ 期的市价 $P_{1,t-1}$，$P_{2,t-1}$，…，$P_{n,t-1}$。在这个过程中，有效资本市场应当具备以下两个条件：

$$\Phi_{t-1}^m = \Phi_{t-1} \tag{8-1}$$

$$f_m = (P_{1t}, P_{2t}, \cdots, P_{nt} | \Phi_{t-1}^m) = f = (P_{1t}, P_{2t}, \cdots, P_{nt} | \Phi_{t-1}) \tag{8-2}$$

式（8-1）表示，市场用来决定各证券价格的信息集合 Φ_{t-1}^m，包括所有可以获得的信息 Φ_{t-1}；式（8-2）表示市场能够正确地引用所有可用的信息，从而推测出真正的联合概率密度函数，由此函数即可决定各证券当期的市价。

由上可知，所谓有效资本市场指的是市场能够知晓所有可用的信息，并且能够正确地据此决定各证券当期的市价。因此，在有效资本市场下，证券价格能够充分地反映所有可以获得的信息。

8.1.3 有效资本市场的三种形式

1967 年，罗伯特对有效市场做了分类，以信息公开程度的差异界定有效市场具有三种不同的形式，即弱式有效市场、半强式有效市场和强式有效市场。

1. 弱式有效市场

在弱式有效市场的假设下，目前的证券价格充分反映了过去证券价格所提供的各种信息。因此，投资者无法利用过去证券价格的信息获取超额利润。随机漫步理论早期研究表明，证券价格在其变动之前，相对于有用的信息来说是随机的。要想取得超额回报，必须寻求历史价格信息以外的信息。可见，技术分析流派基本上是违背弱式有效市场假设的，因为技术分析流派是以过去的证券价格走势来决定将来的买卖策略。

2. 半强式有效市场

在半强式有效市场假设下，目前的证券价格已充分地反映了所有已经公开的信息，包括与现在及过去证券价格有关的信息。如果投资者用这些信息来预测未来的证券价格，并以此进行交易，将不会得到超额收益，因为证券的现价已在这些信息的作用下得到充分的反映，因此，投资者无法因分析这些信息而获得超额的投资报酬。这里，公众可以获取所有已经公开的信息，包括公司的财务报表、派发红利的方案，政府公布的政策及经济数据如货币政策、通胀率、政府财政赤字、国债发行规模等。总而言之，就是公众可以在传媒上获得信息。若半强式有效市场假设成立，大部分股市分析人员都无法生存，因为他们大部分信息的来源为传媒，与一般投资者得到的信息没有两样。只有那些利用内幕信息者才能获得超额收益。

3. 强式有效市场

在强式有效市场的假设下，证券价格充分地反映了所有有用的信息。也就是说，证券价格除了充分反映所有公开信息外，也反映了尚未公开的或者原本属于保密的内幕信息。此时，证券价格反映信息相当迅速，不留任何可以获得非正常回报的买卖机会，使得利用内幕信息从事交易的人将无计可施。这些信息，如企业未来的扩展计划、购并策略和高级管理人员的变更等，即使未公开，但投资者已通过各种方式获得。因此，尚未公开的内幕消息，早已成为公开的秘密，证券价格也已相应调整。在这种情况下，某些投资者即使拥有一些内幕消息，也无法获得超额的利润。事实证明，世界各国证券市场至今都未满足强式有效市场的假设。

由上可知，在弱式有效市场假设下，虽然不能直接地或间接地利用过去价格获得较好的投资效果，但如有其他公开可得的信息或内幕消息可以利用，仍然有可能获得超额利润。在半强式有效市场假设下，虽然不能利用公开可得的信息，但有内幕消息利用，仍有可能获得超额利润。可见，弱式有效市场假设成立时，半强式有效市场及强式有效市场的假设不一定能成立；而半强式有效市场假设成立时，强式有效市场的假设不一定能成立。反之，强式有效市场假设成立时，半强式有效市场及弱式有效市场的假设都能成立；半强式有效市场假设成立时，弱式有效市场假设也能成立。

8.2 有效资本市场的检验

8.2.1 弱式有效市场的检验

弱式有效资本市场的检验主要是检验前后期证券价格变动是否具有依赖性或关联性。若弱式有效市场假设不能成立，则前后期证券价格变动应当具有某种关联。技术派人士则可利用过去股票价格的走势预测未来的变化，从而获得超额的报酬。

几十年来，已发展了许多检验弱式有效市场的方法，下面简单介绍弱式有效市场检验常用的两种方法：①序列自相关分析；②串检验。

1. 序列自相关分析

这种方法是对股票收益率的序列做自相关分析。相关性强，则表明序列存在自相关性，不符合弱有效市场假设；反之，序列不存在自相关性，则符合弱式有效市场假设。股票收益率的计算公式是：

$$R_t = \ln P_t - \ln P_{t-1} \tag{8-3}$$

式中　P_t——t 期的股价；

P_{t-1}——$t-1$ 期的股价；

R_t——t 期收益率。

相隔期可以是日、周、月等，收益率则分别为日收益率、周收益率和月收益率。

序列自相关程度的大小用序列自相关系数表示。[⊖]在序列自相关系数检验方法中，最有名的研究是法玛提出的。他曾经研究道琼斯工业平均数 30 种成分股的日收益率的变动。样本区间是 1956 年 1 月至 1962 年 9 月 26 日，样本点多达 1 000 多个。法玛利用序列自相关分析，发现所有序列自相关系数的数值都很微小，其中最大的是 0.123。

对一个股票价格的日收益率序列来说，虽然没有相互依赖性，但是相距期

⊖ 序列自相关的统计方法可从数理统计学教材获得。

间拉长时的价格变动收益率,却有可能具有相互依赖性。法玛的研究将相距期间拉长至4日、9日、16日,即各种股票第5、10、17个交易日的收盘价取自然对数后,再分别减去第一个交易日的收盘价所取自然对数值。计算结果表明,相距4日、9日及16日序列自相关系数数值都不大。因此,他认为,在序列自相关检验方面,前后期股票价格变动无相关性。

一般而言,相隔一期(即 $k=1$)的序列自相关不显著时,则相差多期的序列自相关也不显著。西方股市序列自相关分析的实证研究,都不拒绝各期股票价格变动不存在相关性的假设,即一般都支持弱式有效市场的假设。

2. 串检验

序列自相关数值经常受异常观察值或极端值所影响,因此,研究各期股票价格变动是否具有关联时,除了序列自相关分析外,还须进一步应用串检验或其他统计方法。

(1)串的概念

串检验(run test)是一种研究一个序列观察值中非随机趋势的统计工具,串(run)是若干个具有相同特征的股票价格变动连在一起的观察值序列。这里所指的股票价格变动有三种情况:正的(股价上升)、负的(股价下跌)和零(股价不变)。因此,在股票价格变动序列中有三种形态的串:正串、负串和零串。股票价格变动串的形态及数目,通过例子可以说明。如表8-1所示,共10个连续的股票价格,股票价格变动 $\Delta P_{t+1}=P_{t+1}-P_t$ 有9个数字,将同符号的 ΔP_{i+1} 作为一个串(不管串内有几个相同符号的数字)。表8-1中共有4个串,其中有2个正串、1个负串及1个零串。

表 8-1 串的形态

第 t 日	股票价格 P_t	$\Delta P_{t+1}=P_{t+1}-P_t$	串的形态
1	8.1		
2	8.4	+0.3	
3	8.9	+0.5	正串
4	9.1	+0.2	
5	9.1	0	零串
6	9.1	0	
7	9.5	+0.4	正串
8	9.0	-0.5	
9	8.8	-0.2	负串
10	8.7	-0.1	

(2) 串检验方法

一个具有 n 个观察值的序列中串的数目将随子样的变化而变化。假定说，观察值的序列表现出一个随机过程的特征，那么序列中串的数目有一个期望值。串检验就是通过将序列中串的数目的观察值与期望值做比较，来判定实际序列是否是随机的。

令 r_1、r_2、r_3 分别表示正串、负串及零串的个数；r 表示三种形态串的个数和，即 $r = r_1 + r_2 + r_3$；n_1、n_2 及 n_3 分别表示价格变动 ΔP_{t+1} 为正值、负值及零的个数；n 为价格变动 ΔP_{t+1} 的总个数，即 $n = n_1 + n_2 + n_3$。这样，在价格变动呈现随机波动的假设下，当 n 很大时，r 近似地服从正态分布。设 μ_r 为正态分布的期望值，σ_r^2 为方差，μ_r 及 σ_r^2 的计算公式分别如下：

$$\mu_r = \frac{n(n+1) - \sum_{i=1}^{3} n_i^2}{n} \tag{8-4}$$

$$\sigma_r^2 = \frac{\sum_{i=1}^{3} n_i^2 \left[\sum_{i}^{3} n_i^2 + n(n+1) \right] - 2n \sum_{i=1}^{3} n_i^3 - n^3}{n^2(n-1)} \tag{8-5}$$

将序列中串数的观察值 r 与串数的期望值 μ_r 比较后，如果两者相差不大，即可判定各期股票价格变动不相关；如果两者相差很大，则认为各期股票价格变动具有相关性。

法玛以道琼斯工业平均数 30 个成分股为研究样本，在研究各期股票价格变动的相关性时，除了对股票价格变动做过序列相关分析外，并进一步做了串检验。相距 1 日的对数价格变动序列中串数的观察值与期望值的计算结果如表 8-2 所示。表 8-2 中的观察值 r，也就是从样本计算的所有串数之和。从表 8-2 可知，串数的观察值 r 与期望值 μ_r 相差最大的情况大都出现于相距 1 日时，但差异并不显著。而相距 4 日、9 日及 16 日时，差异很小。总而言之，可以认为串数的观察值与期望值 μ_r 的相差并不显著。

法玛曾经进一步将股票价格变动的串数，按正串、负串及零串等三种形态加以分析。在相距 1 日的情况下，分析正串、负串及零串等三种形态，串数的观察值与期望值的差异并不显著。法玛虽未列表说明相距 4 日、9 日及 16 日的情况下的研究结果，但却明确指出，所得结果与相差 1 日的情况，并无多大差别。

法玛综合以上串检验的结果，认为各期股票价格变动不存在相关性。

表 8-2 法玛研究报告中相距 1 日之对数价格变动的实际及期望串数

股 票 名 称	观察值 r	期望值 μ_r
Alied Chemical	683	713.4
Alcoa	610	670.7
American Can	730	755.5
A. T. &T.	657	688.4
American Tobacco	700	747.4
Anaconda	635	680.1
Bethlehem Steel	709	719.7
Chrysler	927	932.1
Du Pont	672	694.7
Eastamn Kodak	678	679.0
General Electric	918	956.3
General Foods	799	825.1
General Motors	832	868.3
GoodYear	681	672.0
InternationalHrvester	720	713.2
International Nickel	704	712.6
International Paper	762	826.0
JohnsManville	685	699.1
Owens Illinois	713	743.3
Procter & Gamble	826	858.9
Sears	700	748.1
Standard Oil (Calif)	972	979.0
Standard Oil (N.J.)	688	704.0
Swift & Co.	878	877.6
Texaco	600	654.2
Union Carbide	595	620.9
United Aircraft	661	699.3
U. S. Steel	651	662.0
Westinghouse	829	825.5
Woolworth	847	868.4
平均值	735.1	759.8

资料来源：Eugene F. Fama, "The Behavior of Stock Market Prices", Journal of Business, January 1965, P.75.

8.2.2 半强式有效市场的检验

半强式有效市场的检验，目的在于研究目前的证券价格是否充分反映了所有可以得到的信息；若是，则投资者无法通过分析这些信息而获得较优的投资效果。半强式假设的检验,主要偏重于新的信息发生后,证券价格调整的速度。只要调整速度很快,投资者自然就无法获得超额的利润。半强式有效资本市场的检验方法主要研究新的信息,包括新股票的上市、市盈率的高低等。

1. 新股票的上市

如果股票市场是有效市场,那么股票价格应当充分地反映所有的信息,市场对于新上市股票的价格也会立刻加以调整。因此,新股票上市初期的收益率与当时股票价格指数的收益率应当没有很大的差异。因此,对于新股票上市的研究主要集中在这种差异是否存在?如果存在,这种差异的持续期有多长?

国际上对新上市股票收益率的研究有很多,这里介绍几种研究结果。

1963年,美国证券交易委员会(SEC)的一份报告首次对新上市股票的收益率做了系统的研究。该报告搜集了1958年至1961年三年中新上市的1 671种股票,分别计算各股票上市初期及上市后一个月的市场价格与一级市场承销价的比例(称作价格比)的中位数。结果,SEC发现,上市初期和上市一个月后的价格比的中位数都在1.1以上,表明新上市股票获利不错,如表8-3所示。

表8-3 美国1958~1961年1 671种新上市股票价比的中位数

年度 期间	1959年	1960年	1961年
上市之初	1 131	1 127	1 210
上市后一个月	1 163	1 113	1 205

资料来源:U. S. Securities and Exchange Commission, Report of the Special Study of the Securities Markets of the SEC, 88th Cong. lst Session, 1963, H. Doc. 95.

弗兰克·赖利(Frank K. Reilly)与肯尼斯·哈特菲尔德(Kenneth Hatfield)曾经研究了1963年12月至1964年8月以及1965年1月至同年6月美国新上市的53种股票的收益率。他们计算各股票上市后第一个周五、第四个周五、一年后的第一个周五的价格收益率以及同期道琼斯工业平均数与柜台交易工业股价指数(OTC Industrial Index)的收益率。结果,他们发现,在三个研究期间内,平均而言,新上市股票的收益率都高于市场上一般股票的收益率。他们的研究结果,如表8-4所示。

表8-4 雷利与哈特菲尔德之研究结果

研究项目 持有期间	53种新上市股票平均收益率（%）	道琼斯工业平均数收益率（%）	柜台市场工业股价指数平均收益率（%）
上市后第一个星期五	9.9	0.3	0.3
上市后第四个星期五	7~8	0.5	0.9
上市后一年	43.7	6.8	23.1

资料来源：Frank K. Reilly and Kenneth Hatfield, "Investor Experience with New Stock Issues", Financial Analysts Journal, September—October1969, P. 76-77.

爱伯森（Roger G. Ibbotson）也曾研究了1960年1月至1969年12月美国120种新上市股票上市后60个月超额收益率（即超过股票价格指数的收益率部分）。结果，他发现，上市后第一个月的平均超额收益率为11.4%，此数值显著大于零，其他期间则无超额收益率。因此，新上市股票在上市后第一个月确有超额收益率。从第二个月开始，新上市股票市场即为有效市场。

从美国股市的实证研究可见，新上市股票于上市初期具有超额收益率的原因可能有两个：一是一级市场股票承销价偏低；二是上市初期，购买者持续地高估股票价值。这就表示新上市股票市场是非有效的。美国股市新上市股票市场初期的超额收益率的起因究竟何在，至今也不能确认。因此，半强式有效市场的假设能否成立，还难以下结论。

2. 市盈率的高低

各种股票的市盈率有高有低，多年来，有些学者一直在研究由低市盈率股票构成的投资组合，其投资绩效是否优于随机组成的投资组合的绩效或者高市盈率股票组成的投资组合的投资绩效。从理论上讲，如果资本市场是有效的，则市盈率的高低与投资绩效的高低，两者应无关系。

马克威廉（James D. McWilliams）曾经分析美国390种股票样本的市盈率与其投资绩效间的关系，结果发现，低市盈率的投资组合，其投资绩效优于道琼斯工业平均数的投资绩效，而后者的投资绩效又优于高市盈率的投资绩效。

尼克逊（Francis Nicholson）曾经分析美国189种股票的市盈率与投资绩效的关系，各种投资组合的持有期间自1年至7年不等，结果发现，无论持有期间的长短，低市盈率的投资组合都比高市盈率的投资组合的表现要优异。

以上两份研究都认为，市盈率的高低与投资绩效间具有某种关系。进一步分析，还应考虑风险调整的问题。因此，从以上两份研究报告，难以判定半强式有效市场假设能否成立。

8.2.3 强式有效市场的检验

强式有效市场的检验目的在于研究股票价格是否充分反映了已公开及未公开的所有信息。如果是的话，投资者即使拥有某些内幕消息，也将无法获得更好的投资绩效。强式有效市场的检验，主要是研究共同基金、专业证券商以及公司内部人员能否获得超额利润。

夏普曾经研究美国 34 家共同基金的投资绩效，詹森（Michael Jensen）也曾分析了美国 115 家共同基金的经营成果。两个研究结果显示共同基金的投资绩效，并不比随机组成的投资组合绩效更好。美国共同基金大多财力雄厚，可以聘请众多的投资专家，这些专家与证券发行公司联系密切，故可了解发行公司的许多内幕消息，但其投资绩效并不优越。可见，就这一点而言，强式有效市场假设能够成立。

杰夫（Jay F. Jaffe）曾经研究美国一些公司内部人员交易的结果。他从美国证券交易委员会（SEC）发行的刊物上搜集到 1962 年至 1968 年 200 家大公司的内部人员交易资料，经过对累计超额收益率（CAR）的分析计算，发现公司内部人员交易的结果，即使扣减了交易成本，仍可获得超额收益率。他又分析了 1953 年 1 月至 1955 年 12 月以及 1958 年 1 月至 1959 年 12 月的内部人员交易资料，所得结果仍然如此。因此，对于公司内部人员投资绩效而言，强式有效市场假设不能成立。

综上所述，就美国股市而言，强式有效市场假设仍难成立。

8.3 证券市场异象与行为金融学产生

现代金融理论发端于 20 世纪 50 年代，发展于 60 年代，成立于 70 年代并最终成为主流理论。1952 年，马科维茨发表《资产组合选择——投资的有效分散化》一文成为现代金融理论的开端。1970 年，法玛发表了关于有效资本市场假设（EMH）的文章。夏普（Sharpe，1964）、林特纳（Lintner，1965）和布莱克（Black，1972）构建了一个统计上可检验的 CAPM 模型来描述资本市场的价格机制。EMH 与 CAPM 是内生一致的，并且在某种意义上是相互关联的，即后者提供了一套检验前者的方法。20 世纪 70 年代中期，以有效市场假设（EMH）为基础，以资本市场定价理论和现代资产组合理论为基石的现代金融理论确立了其在金融学领域的地位。现代经典金融理论有三个关键的概念性假设：理性投资者、有效市场和随机游走。

然而，进入 20 世纪 80 年代以后，经济学家不断发现与现代经典金融理论相悖的现象，这些现象被称之为"异象"（anomalies）。它们为批评现代经典金融理论提供了经验基础。

8.3.1 证券市场异象

有些经济学家认为，没有一个市场能够完全有效率地处理所有的信息。一些市场无效率的现象，提供给投资者获取超额利润的机会。这里将反有效市场假说常见的"异象"简要地介绍如下。

1. 公司规模效应

股市中最有名的怪异现象要数小规模公司效应（the small-firm effect）。平均而言，规模小的公司，其超额利润非常高，20 世纪美国股市的历史资料显示了这样的结果。

2. 市盈率效应

市盈率效应（P/E effect）说明市盈率低的股票或投资组合，其超额利润比市盈率高的股票要高。应该说明的是，这些超额利润均已经过风险贴水的调整。因为根据有效市场假说，风险调整后的股票超额利润应该是一致的。也有解释认为不一致的原因是风险调整模型的不一致性。

3. 封闭式基金的折价效应

封闭式基金在交易所或柜台挂牌买卖，其买卖价格由市场内供需情况决定，因此，封闭式基金的买卖价格可能高于基金的资产净值，称为溢价（premium），也可能比资产净值低，称为折价（discount）。在美国和我国台湾的股市中，封闭式基金大多在以折价销售，折价幅度高达20%甚至30%。我国的证券投资封闭式基金自1998年诞生以来，以溢价成交的时间较短，大部分时间以折价成交。因基金以股票为主要投资对象，在有效率的市场，其价格应与资产净值一致。

4. 周末效应与元月效应

周末效应与元月效应（weekend effect and january effect）均是与股市季节性有关的市场怪异现象。周末效应指的是，股价在周末收盘至下周一开盘间有大幅下跌的现象。周末效应可能的原因之一是上市公司或政府往往会挑选在股市交易时间内宣布利多消息；而对于利空消息，上市公司或政府大多会延迟至周末再宣布。由于股市在周末休市，投资者无法及时做出反应，故股价的向下调整会延迟反应在周一的开盘价上。

元月效应指的是股市元月份的收益率异常地高于其他月份。在美国，投资者出于年底节税的动机，可能是造成元月效应的主要原因之一。年前售出持有股票，元月再买回，这样年前价格下跌，故年后价格上升。年底节税之说，实际上有悖于有效市场假说。在国外市场，技术分析派人士经常会劝说客户在周一买入股票，周五卖掉，或元月初买入，元月中卖出。类似的还有季度效应、中国股市的春节效应等。

8.3.2 行为金融的产生

从证券市场异象可以看到，EMH存在明显的缺陷。资本市场作为一个复杂系统并不像有效市场假说所描述的那样和谐、有序、有层次。例如，EMH并未考虑市场的流通性问题，而是假设不论有无足够的流通性，价格总能保持公平。故EMH不能解释市场恐慌、股市崩盘。因为在这些情况下，以任何代价完成交易比追求公平价格要重要得多。行为金融（behavior finance，BF）就是在对现代经典金融理论的质疑中发展起来的。如果金融市场一直像20世纪70年代一样不断提供对CAPM和EMH的有效经验支持，就不可能有今日的行为金融理论。正如著名科学哲学家库恩所指出的那样，异象的发现是科学革命的先声。对这些异象的深入考察和重新寻找理论基础的过程，就成为新理论诞生和科学革命的过程。

尽管 BF 看上去很复杂，其实它只是揭示了基于新古典传统的经济学和金融学的一个致命性缺陷，即完全理性的假设。行为金融学家犯了一个看上去很难想象的错误，那就是假设他们自己每日用复杂数学方法所推导出来的理性与均衡结论，有时自己都难以说服自己，但他们却在假设市场上的参与者已经知道并且贯穿在自己的每一日常行为中。BF 只是想说这是不现实的，BF 中的市场参与者只是准理性人或者有限理性人（quasi-rationality or bounded-rationality），他们并不是按经济学家自己都不会用的贝叶斯法则进行风险决策，而是用简单而有效的直观推断法（heuristics）。在多数情况下，这些直观推断法是有效的，但它们往往包含一些系统性的误差，这些误差在有些情况下会变得很重要，成为影响全局的错误。他们也并不总是根据基本面来进行投资决策，有时会根据噪音来决策，从而成为噪音交易者（noise traders）。而且事实表明，他们的这种非理性行为在市场上并不能被理性的套利行为完全消除，这就给 BF 提供了强大的发展空间。

正是基于现代经典金融学的困境与缺陷，行为金融学将金融学、心理学、行为学、社会学等多学科有效融合，对大量"异象"进行了解释，从而拓宽了金融学的发展空间。从其发展轨迹来看，行为金融学是伴随着行为经济学的发展而诞生的。心理学研究发现在某些情况下人的决策与经济学的理性假定有系统性偏差。行为经济学（behavioral economics）正是伴随心理学在金融领域的拓展而产生的，它是运用心理学、社会学、决策科学等理论和方法研究个人或者群体的经济行为规律的科学。

行为金融学是行为经济学的一个分支，它研究人们在投资决策过程中的认知、情感、态度的心理特征，以及由此而引起的市场非有效性。大多数学者趋于把心理学与金融学相结合的起点作为行为金融学的开端，凯恩斯是最早强调心理预期在投资决策中作用的经济学家，强调心理预期在人们投资决策中的重要性，认为决定投资者行为的主要因素是心理因素，投资者是非理性的，其投资理论是建立在"空中楼阁"（1936）之上的。

真正意义上的行为金融理论是由美国奥瑞格大学商学教授 Burrel 和 Bauman 于 1951 年，最先提出来的。他们认为，金融学家在衡量投资者的投资收益时，不仅应建立和应用量化的投资模型，而且还应对投资者传统的行为模式进行研究。1951年，Burrel发表的《投资研究实验方法的可能性》和1969年发表的《科学的投资分析：科学还是幻想》将行为方法与定量投资模型结合起来了，其1972年发表的《人类判断的心理学研究对投资决策的意义》被认为是第一篇行为金融学论文。1979年，Kahenman和Tversky创立的期望理论是行为金融学重要的理论基础。由于20世纪七八十年代是经典金融理论迅速发展的时期，所构建金融理论体系的完美性，加上大量实证结果的支持，使得行为金融理论处于相对弱势的地位。

1985年，Debondt和Thaler发表的《股票市场过度反应了吗》一文，引发了行为金融理论的复兴，被学术界认为是行为金融研究的新开端。此后，行为金融研究有了突破性进展，主要因为：①经济学重新重视回归经济行为主体本源的规律性挖掘，金融学则顺应这种转向越来越注重对微观金融现象的研究。②大量异象的产生和一些心理学实证研究表明经典金融存在基础上的缺陷。③对研究方法论的再思考。行为金融理论首先关注的是"实际是什么"，注意对现实的研究，再试图找出这些现象背后深层次的经济学解释。④期望理论的进一步发展并得到广泛认可。

随着影响的日益扩大，行为金融学开始为主流经济学家所关注并逐渐接受。2002年10月8日，诺贝尔经济学奖授予了美国普林斯顿大学的丹尼尔·卡尼曼和美国乔治梅森大学的弗农·史密斯。他们把心理学的研究成果和经济学融合到一起，尤其是对不确定情况下人的判断和决策方面做出了突出贡献。两人展示了人们的决策是如何异于经典金融学理论预测的结果。这就激发了经济学家运用心理学来研究经济学，使经济理论更丰富，并预示着金融学的研究将迎来新的发展。

行为金融学作为一门交叉前沿学科，以行为心理学为基础，以投资者心理和套利局限性为两大支柱，构成一个初步的框架。

行为金融学以全新的视角比较系统地、圆满地解释了资本市场上发生的种种"异象"，大大促进了人们对异象的理解和理论研究，从而提高了金融学的解释力。

行为金融学初步揭开了投资者的实际决策过程这一"黑箱"，比较系统地揭示了人们在不确定状态下的实际判断和决策过程，从而对资本市场上投资者的实际决策具有积极的指导意义。

行为金融学创造性地提出由于套利的限制，非理性投资者可以长期在市场上生存且对股价有长久的影响这一观点，从而有利于构建证券市场的微观行为基础。

行为金融学初步构建了以 Kahneman 和 Tversky（1979）的期望理论、Shefrin 和 Statman（1994）的行为资产定价理论、Shefrin 和 Statman（2000）的行为组合理论为基础的行为金融理论体系，结合行为心理学对资本市场上资产价格的决定、资产组合的选择及投资者的实际判断和决策等问题提出了独到的解释，为金融市场参与者发现资产价格和规避风险发掘了新的机会，有利于促进金融资源的更好配置。

8.3.3 前景理论

卡尼曼和特沃斯基在1979年的《前景理论：风险条件下的决策分析》文章中提出了前景理论。他们的观点是：人们更加看重财富的变化量而不是最终量；人们面临条件相当的损失时更倾向于冒险赌博，而面临条件相当的盈利时倾向于接受确定性盈利等。

前景理论有三个特征：①大多数人在面临获得时是规避风险的；②大多数人在面临损失时是风险偏爱的；③人们对损失比对获得更加敏感。因此，一旦人们拥有了，就会小心翼翼不愿冒风险失去，而面对失去时就会不甘心而情愿冒险，可以看出，损失给人带来的痛苦要远大于获得的快乐。

例如，做一个实验，给你两种选择：你一定能获得3 000元；或者说你有80%的可能获得4 000元，20%的可能什么也得不到。显然，"完全理性人"不会接受第一种选择，因为第一种选择的期望值为3 000元，而第二种选择的期望值为3 200元（$0.8 \times 4\,000 + 0.2 \times 0 = 3\,200$），但事实上，大部分的测试者都会接受第一种选择，因为第一种选择的收益是确定的，大多数人处于这种收益状态时往往就开始小心翼翼，不愿意失去已得到的利润，这时如果想要改变人们的这种态度，往往就需要提供很高的风险补偿。这也就简单地验证了人总是规避风险的，卡尼曼和特沃斯基将这种现象称为"确定效应"，即处于收益状态时，大部分人是风险厌恶者。

这种现象在股市里也表现得十分明显，投资们往往会在获利时卖出股票，而对于亏损的股票，卖出的意愿就会小很多。因为股票一旦获利，卖出股票获得的收益就是确定的，人们不愿意将这种确定的收益再拿出去冒险。而对于亏损的股票，人们就总会抱着"或许会上涨"的心态继续持有，这就很好地说明了投资者面对失去时情愿冒险，宁可承受更大的风险"赌一把"也不愿意即刻承受损失的心理，这种现象卡尼曼和特维茨基称之为"反射效应"。

前景理论最后一个基本原理"损失规避"，在生活中的表现也是非常明显的。仍以赌博游戏为例，投掷这样一枚均匀的硬币，如果正面朝上你可以赢得 5 000 元，但如果反面朝上你会输掉 3 000 元，你只能玩一局这样的游戏。虽然玩此游戏的期望值是正的，但是恐怕很少有人会愿意参与这个游戏，即使这个游戏对于玩家来说是更占优势的。因为人们往往对"失"比对"得"更敏感，可能失去 3 000 元的痛苦会超过可能得到 5 000 元的喜悦，所以人们并不愿意参与游戏，这种损失和获得的不对称性也就是"损失规避"。

8.3.4 行为资产的定价问题

经济学的基本问题是价格的问题，而金融学要解决的基本问题是金融资产的定价问题。行为金融学考虑到人的心理因素，关注的不仅仅是"价格"，更是"预期的定价"，这成为行为金融学的基本问题。

首先，我们的定价必须基于"预期"，而且是尽量高于他人的"预期"。想象一下，现在有一只股票处于多头行情当中，大部分的投资者预期在 30 元的价格上会遭遇卖压，这是一阶预期，基于这一预期的理性选择是在价格达到 30 元之前卖出该只股票，这是二阶预期；基于二阶预期得理性选择将是在更低的水平卖出自己的股票，这是三阶预期。也就是说，预期的越超前，能够获得利润的可能性也就越大，但事实是，现实世界里高于三阶预期的行为非常少见。大部分人只具备有限的理性，他们的决策通常指考虑二阶预期或者三阶预期，那些预期太超前的聪明者们由于毕竟是少数，最后反而会被市场淘汰。这也就导致了大多数市场参与者的二阶预期或三阶预期被市场确立为是"正确的"并引导市场参与者的未来决策。这也就是索罗斯原理：金融市场不仅可能扭曲真实经济活动而且可能诱致真实经济活动与扭曲了的市场信号相符合，从而导致更加扭曲的市场信号与经济活动。这一原理,可用来解释金融市场"泡沫"的发生和崩溃。

预期是定价的导火索,那么有了预期,个体又是怎样进行决策的呢?大致而言,个体理性与记忆力和理解力有关,随着年龄的不断增大,个体记忆力呈下降趋势,但是理解力却在不断增强。显然可以看出幼儿的记忆力非常出众,但他们常常不能理解自己所记忆内容的含义;而饱经风霜的老人则恰好相反,他们记忆力衰退,可能对昨天发生的事情也是印象模糊,但是对事情却会有着非常独到的见解。古希腊认为,青年人的理性思考能力随理解力的增加而增加,在大约 45 岁时达到高峰。现代的观察,在大约 65 岁达到高峰,然后,在大约 90 岁以后,记忆力降低至某一阈值,老年人的理性思考能力也开始下降。也就是说,个人的理性决策能力是和年龄息息相关的总体呈现出先上升后下降的趋势。

传统的资产定价模型严格地假设人是"理性人",是风险厌恶的,但事实并不一定如此,从上面的分析可以知道,人的"预期"会在很大程度上影响资产的价格,事实上,不仅是预期,人的各种心理在行为上的反应都会影响资产价格。1994 年,Shefrin 和 Statman 就提出了对 CAPM 模型进行修正的行为资产定价模型(behavioral asset pricing model,BAPM),它不仅包括了理性趋利特征,而且还包括了价值感受特性等诸多因素。

在 BAPM 模型中,投资者被划分为信息交易者和噪音交易者,信息交易者不犯认知偏差,是理性交易者;而噪音交易者常犯认知性错误,没有严格的均值方差偏好,在市场中两种交易者相互作用以决定市场价格,此时如果信息交易者占主导,则市场是有效率的,如果是噪声交易者占主导则市场是无效率的。

无论是 CAPM 模型还是 BAPM 模型,都是以经济学中供求均衡的基本思想为基础的。实际上供求曲线不仅如 CAPM 模型假设那样,只取决于人的理性趋利特性,其价值感受等因素也应该被包含在其中,BAPM 模型很好地填补了 CAPM 模型的这一缺陷,对预期收益决定因素的解释更加完善。另外,BAPM 模型还在噪音交易者存在的条件下,对市场组合回报的分布、风险溢价、期限结构、期权定价等问题进行了全面研究。由于 BAPM 模型既考虑了价值表现特征,又包含了效用主义特性,因此,它一方面从无法战胜市场的意义上接受市场的有效性；另一方面从理性主义意义出发拒绝市场的有效性，这对金融研究的未来发展有着深刻的意义。

本章小结

本章引入了有效市场假说（EMH）；介绍了有效市场的含义、定义和分类；阐述了有效市场三种形式的定义、联系和检验方法；简单介绍了证券市场异象，以及在对现代经典金融理论的质疑中发展起来的行为金融学。

重点内容

有效市场的含义和分类；有效市场三种形式的定义和联系；证券市场异象的主要表现；行为金融学的含义。

主要术语

资本市场有效性假说 弱式有效市场 半强式有效市场 强式有效市场 证券市场异象 行为金融学

习题

1. 如何理解有效资本市场的含义？有效市场三种形式的特征和联系是什么？
2. 如何检验三类有效市场？说出检验方法的基本原理。
3. 证券市场有哪些异象是反有效市场假设的？
4. 行为金融理论有哪些贡献？局限在哪里？

第 9 章

投资组合理论

现实生活中，极少有投资者只在某种单一的资产上进行投资，他们一般会进行组合投资。所谓组合投资，就是将投资资金分配于不同的资产上，投资的结果就是一个投资组合（portfolio）。分散投资的理念早已有之，比如西方有谚语"不要把所有的鸡蛋都放在同一个篮子里"，我国也有古语"东边不亮西边亮"。但传统证券投资重在对单个证券的分析，其投资组合是个别证券的简单集合。1952 年，马科维茨《资产组合选择——投资的有效分散化》论文的发表，标志着现代投资理论（the modern portfolio theory，MPT）的诞生，他也由于在投资理论方面的杰出贡献而获得了 1990 年诺贝尔经济学奖。

本章第 1 节将介绍投资收益率和风险的度量方法，这是构建投资组合的基础；第 2 节将介绍马科维茨投资组合理论的主要内容；第 3 节将介绍夏普的单指数模型，这是马科维茨投资组合模型的简化。

9.1 投资收益率和风险的度量

证券投资决策的实质是投资收益率与风险的权衡问题（problem of risk-return trade-off）。因此，合理地衡量投资的收益率与风险是一个至关重要的问题。

9.1.1 单种证券的收益率和风险

在购买证券之前,投资者会通过某种方法对证券的未来收益率做一个估计,这个估计值就是证券的预期收益率。但投资者也清楚事后的实际收益率不一定刚好等于该预期值,即收益率的实际值与预期值存在偏差,我们把实际收益率偏离预期收益率的可能性称为投资的风险。

1. 证券收益率和风险的情景分析

证券投资的收益率受许多因素的影响,如宏观经济因素、行业因素和上市公司因素等。这些因素发生变化,证券的收益率也会随之变化。如何衡量不确定情形下的投资收益率呢?一种可行的方法是进行情景分析(scenario analysis),即分析未来经济状况出现的各种情形,并预测每种情况出现的可能性大小,从而得到证券投资收益率的概率分布。

例 9-1 假设股票 A 和 B 未来某一时期的投资收益率主要受宏观经济变化的影响,经过分析,得到未来经济状态的三种情况及在这三种情况下股票 A 和 B 的收益率,如表 9-1 所示。

表 9-1 股票 A、B 的收益率

经济状态	发生概率	收益率(%)	
		A	B
繁荣	0.15	69	11
正常	0.60	12	10
衰退	0.25	-4	7

(1) 未来预期收益率的估计:期望值

数学期望为我们估计证券的未来收益率提供了一个很好的工具。其公式为:

$$E(r_i) = \sum_{j=1}^{m} r_{ij} p_j \tag{9-1}$$

式中 $E(r_i)$——证券 i 的期望收益率;

r_{ij}——证券 i 在第 j 种状态下的投资收益率;

p_j——出现第 j 种状态的概率。

在例 9-1 中,股票 A 和 B 的期望收益率的计算过程如下:

$$E(r_A) = 0.15 \times 69\% + 0.60 \times 12\% + 0.25 \times (-4\%) = 16.55\%$$

$$E(r_B) = 0.15 \times 11\% + 0.60 \times 10\% + 0.25 \times 7\% = 9.4\%$$

由上述计算可知，股票 A 和 B 的期望收益率分别为 16.55% 和 9.4%，股票 A 预期有更高的收益。

上述讨论假定只有三种经济状态，但实际上经济状态远不止这三种，从经济的繁荣到萧条，这中间有无数种可能的状态。此外，影响股票未来收益的因素也不仅仅只有宏观经济状况，行业发展的变迁、公司新产品研发是否成功等，均对公司股票的未来价格产生重要的影响。因此，实践中股票的收益状态会更复杂。但只要知道有多少状态，并且能对每种状态都赋予一个概率，并且在各种状态下预测股票的收益率，则可通过类似的方法得到其期望收益率值。

（2）投资风险的度量：方差或标准差

一般认为，证券投资风险是指证券投资收益率偏离期望收益率的可能性。衡量投资风险的方法很多，但最常见的是收益率的方差和标准差。这是因为，第一，这种衡量方法比较直观；第二，这种方法已经得到广泛认可，被大多数理论资产定价模型所采用。投资收益率方差和标准差的计算公式见式（9-2）和式（9-3）。

$$\sigma_i^2 = \mathrm{Var}(r_i) = \sum_{j=1}^m [r_{ij} - E(r_i)]^2 p_j \tag{9-2}$$

$$\sigma_i = \sqrt{\sigma_i^2} = \sqrt{\sum_{j=1}^m [r_{ij} - E(r_i)]^2 p_j} \tag{9-3}$$

式中 $E(r_i)$——证券 i 的期望收益率；

σ_i^2——证券 i 收益率的方差；

σ_i——证券 i 收益率的标准差。

在例 9-1 中，股票 A 和 B 收益率的方差与标准差计算过程如下：

$$\sigma_A^2 = 0.15 \times (69\% - 16.55\%)^2 + 0.6 \times (12\% - 16.55\%)^2$$
$$+ 0.25 \times (-4\% - 16.55\%)^2 = 0.053\,1$$

$$\sigma_A = \sqrt{\sigma_A^2} = \sqrt{0.053\,1} = 23.04\%$$

$$\sigma_B^2 = 0.15 \times (11\% - 9.4\%)^2 + 0.6 \times (10\% - 9.4\%)^2$$
$$+ 0.25 \times (7\% - 9.4\%)^2 = 0.000\,2$$

$$\sigma_B = \sqrt{\sigma_B^2} = \sqrt{0.0002} = 1.43\%$$

由上述计算可知，股票 A 的收益率比股票 B 的高，但同时股票 A 的投资风险也大于股票 B 的风险，其收益率的标准差分别为 23.04% 和 1.43%。

除了用收益率的方差和标准差来衡量投资的风险以外，有些学者也采用收益率区间或半方差等方法来分析投资收益率的波动程度。前者是指投资收益率从最低值到最高值的区间范围，区间越大，表示未来预期收益率的风险越高。若将投资风险仅看作投资收益率低于预期收益率的可能性，将超过预期收益率的部分不视为风险，而视为一种"喜出望外"，这时，可以用半方差（semi-variance）来衡量投资风险。半方差的计算范围只包括低于预期收益率的部分，其具体计算过程在这里不做介绍了。

（3）证券间的相互关系：协方差和相关系数

除了要分析单种证券的收益率和风险外，在投资组合分析中，需要研究不同证券之间的相互关系。协方差可以反映两种证券投资的收益率相对于其期望收益率的变动是否同向，相关系数是一种标准化的协方差，其计算公式为：

$$\sigma_{ij} = \mathrm{Cov}(r_i, r_j) = \sum_{k=1}^{m}[r_{ik} - E(r_i)][r_{jk} - E(r_j)]p_k \tag{9-4}$$

$$\rho_{ij} = \frac{\sigma_{ij}}{\sigma_i \sigma_j} \tag{9-5}$$

式中　σ_{ij}——证券 i 与证券 j 收益率的协方差；

　　　ρ_{ij}——证券 i 与证券 j 收益率的相关系数；

　　　σ_i——证券 i 收益率的标准差；

　　　σ_j——证券 j 收益率的标准差。

在例 9-1 中，股票 A 和 B 收益率的协方差和相关系数的计算过程如下：

$$\begin{aligned}\sigma_{AB} &= (69\% - 16.55\%) \times (11\% - 9.4\%) \times 0.15 + (12\% - 16.55\%) \\ &\quad \times (10\% - 9.4\%) \times 0.60 + (-4\% - 16.55\%) \times (7\% - 9.4\%) \times 0.25 \\ &= 0.002328\end{aligned}$$

$$\rho_{AB} = \frac{0.002328}{0.2304 \times 0.0143} = 0.71$$

由此可见，股票 A 和 B 的收益率之间存在正相关关系，但不是完全正相关，这在证券市场上是一种普遍情况。

2. 利用历史数据估算证券的预期收益率、风险和相关性

利用情景分析法估算证券的预期收益率、风险和两两之间的相关性，需要占有大量的相关证券未来估值的信息资料，这在大多数情况下是相当困难的。如何在缺乏未来估值信息的基础上估计证券的预期收益率、风险和相关性？这需要求助于历史数据。假设估计期和样本期证券的概率分布不变（如果没有足够的信息支持证券收益率的概率分布会发生变化，我们只好假设它不变），计算样本期证券收益率的样本均值、样本方差和样本协方差，以此作为证券在估计期的预期收益率、风险和相关性的合理估计。

证券收益率的样本均值、样本方差和样本协方差的计算公式如下：

$$\bar{r}_i = \frac{1}{T} \sum_{t=1}^{T} r_{it} \tag{9-6}$$

$$\hat{\sigma}_i^2 = \frac{1}{T-1} \sum_{t=1}^{T} (r_{it} - \bar{r}_i)^2 \tag{9-7}$$

$$\hat{\sigma}_{ij} = \frac{1}{T-1} \sum_{t=1}^{T} (r_{it} - \bar{r}_i)(r_{jt} - \bar{r}_j) \tag{9-8}$$

式中 $\bar{r}_i$ ——证券 i 收益率的样本均值；

$\hat{\sigma}_i^2$ ——证券 i 收益率的样本方差；

$\hat{\sigma}_{ij}$ ——证券 i 和证券 j 收益率的样本协方差；

T ——计算样本均值、样本方差和样本协方差所用样本期数。

在计算样本均值、样本方差和样本协方差时，需要选择合适的数据频率和样本期。通常，随着样本期的增加，样本误差减少。但与此同时，估计期和样本期证券收益率概率分布不变假设的可靠性也在降低。可接受的做法是，在你认为概率不会发生巨大变化的限度内，增加样本观测值。

实证研究结果表明，在相对稳定的市场环境下，从长期看，利用历史数据估算的证券收益率、方差和协方差具有较好的延续性。

例 9-2 "中国联通"（600050，简称 LT）和"同花顺"（300033，简称 THS）从 2014 年 7 月至 2015 年 4 月的月百分比收益率如表 9-2 所示，假设未来一段时间两种证券收益率的概率分布不会发生太大的变化，试估计股票"中国

联通"和"同花顺"的预期收益率、方差和协方差。

表9-2 中国联通和同花顺的历史收益率

月份	股票收益率（%）		月份	股票收益率（%）	
	中国联通	同花顺		中国联通	同花顺
2014.07	9.29	37.89	2014.12	25.95	-15.56
2014.08	-1.98	26.13	2015.01	-8.69	20.88
2014.09	3.47	0.95	2015.02	25.00	56.87
2014.10	1.40	-2.90	2015.03	-3.19	40.68
2014.11	8.26	125.71	2015.04	74.04	79.81

资料来源：雅虎财经网站(http://finance.yahoo.com)。

$$\bar{r}_{LT} = (9.29\% - 1.98\% + \cdots + 74.04\%) \div 10 = 13.36\%$$

$$\bar{r}_{THS} = (37.89\% + 26.13\% + \cdots + 79.81\%) \div 10 = 37.05\%$$

$$\hat{\sigma}_{LT}^2 = [(9.29\% - 13.36)^2 + (-1.98\% - 13.36\%)^2$$
$$+ \cdots + (74.04\% - 13.36\%)^2] \div 9$$
$$= 0.0584$$

$$\hat{\sigma}_{THS}^2 = [(37.89\% - 37.05\%)^2 + (26.13\% - 37.05\%)^2$$
$$+ \cdots + (79.81\% - 37.05\%)^2] \div 9$$
$$= 0.1794$$

$$\hat{\sigma}_{LT,THS} = [(9.29\% - 13.36)(37.89\% - 37.05\%)$$
$$+ (-1.98\% - 13.36\%)(26.13\% - 37.05\%) + \cdots$$
$$+ (74.04\% - 13.36\%)(79.81\% - 37.05\%)] \div 9 = 0.0334$$

$$\hat{\rho}_{LT,THS} = \frac{\hat{\sigma}_{LT,THS}}{\hat{\sigma}_{LT} \times \hat{\sigma}_{THS}} = \frac{0.0334}{\sqrt{0.0584 \times 0.1794}} = 0.3264$$

由上述计算可知，用历史收益率法估计的"中国联通"和"同花顺"的预期月度收益率分别为13.36%和37.05%，月度收益率方差分别为0.0584和0.1794，两者的协方差为0.0334，相关系数为0.3264。

9.1.2 投资组合的收益率和风险

在现实经济生活中，投资者一般同时持有若干种实物资产或金融资产，如个人或家庭同时拥有房地产、银行存款和有价证券等资产;公司同时拥有厂房、机器设备、银行存款和应收票据等资产。换句话说,这些实物资产和金融资产一般都是作为一个投资组合的一部分被投资者所持有的。所谓投资组合,是指投资者将投资资金在不同的资产上进行配置所得投资结果的集合。以下,我们分析投资组合的收益率与风险的衡量问题。

1. 投资组合中各种证券的权重

一般以构成投资组合的各种证券的权重表示某个投资组合。如组合 P 由 A 和 B 两种证券构成,其权重分别为 0.4 和 0.6,则该组合可以表示为 $P(0.4, 0.6)$。投资组合中各种证券权重(x_i)的计算公式为:

$$x_i = \frac{购买(或卖空)证券 i 的金额}{投资者投资于某组合的自有资金金额} \tag{9-9}$$

$$\sum_{i=1}^{n} x_i = 1 \tag{9-10}$$

卖空就是负的投资,因此权重可以是正数,也可以是负数。若权重为正数,则表示投资者在该证券上处于多头部位;相反,若权重为负数,则表示投资者卖空该证券,处于空头部位。无论组合中各种证券的权重是正的还是负的,整个组合的所有证券的权重之和等于 1。

例 9-3 已知甲、乙和丙三种股票的每股现价分别为 5 元、10 元和 20 元。张三卖空股票甲 200 股,将所得资金 1 000 元与其自有投资资金 5 000 元共 6 000 元,买入 200 股乙和 200 股丙,得到投资组合 P。求组合 P 中股票甲、乙和丙的权重。

股票甲的权重 $x_1 = \dfrac{-1\ 000\ 元}{5\ 000\ 元} \times 100\% = -20\%$;

股票乙的权重 $x_2 = \dfrac{10\ 元/股 \times 200\ 股}{5\ 000\ 元} \times 100\% = 40\%$;

股票丙的权重 $x_3 = \dfrac{20\ 元/股 \times 200\ 股}{5\ 000\ 元} \times 100\% = 80\%$;

2. 投资组合的期望收益率

投资组合 P 由 n 种证券构成,其权重分别等于 $x_1, x_2, \cdots, x_n$,其收益率

分别为 $r_1, r_2, \cdots, r_n$，则组合 P 的期望收益率为：

$$E(r_P) = E\left(\sum_{i=1}^{n} x_i r_i\right) = \sum_{i=1}^{n} x_i E(r_i) \tag{9-11}$$

因此，投资组合的期望收益率是构成组合的各种证券期望收益率的加权平均数，权重为各种证券在组合中的市场价值比重。

3. 投资组合收益率的方差与标准差

$$\sigma_P^2 = \mathrm{Var}(r_P) = \mathrm{Var}\left(\sum_{i=1}^{n} x_i r_i\right) = \sum_{i=1}^{n}\sum_{j=1}^{n}\left[x_i x_j \mathrm{Cov}(r_i, r_j)\right]$$

$$= \sum_{i=1}^{n} x_i^2 \sigma_i^2 + \sum_{i=1}^{n}\sum_{j=1, j\neq i}^{n} \left[x_i x_j \sigma_{ij}\right] \tag{9-12}$$

$$\sigma_P = \sqrt{\sigma_P^2}$$

因此，投资组合收益率的方差等于构成组合的各种证券两两之间的协方差的加权平均数，权重为两种证券投资比重的乘积。

4. 两种证券投资组合的期望收益率和方差

两种证券投资组合仅仅由两种证券构成，是最简单的证券投资组合，便于我们的计算与分析，而且针对两种证券组合的许多计算方法，可以直接类推至一般的多种证券组合。以下我们主要分析两种证券投资组合。由式（9-11）和式（9-12）可知，两种证券组合的期望收益率和方差的计算公式为：

$$E(r_P) = x_1 E(r_1) + x_2 E(r_2) \tag{9-13}$$

$$\sigma_P^2 = x_1^2 \sigma_1^2 + x_2^2 \sigma_2^2 + 2 x_1 x_2 \sigma_{12} \tag{9-14}$$

$$x_1 + x_2 = 1$$

例 9-4 股票 A 和 B 的预期收益率和标准差如表 9-3 所示，两种股票收益率的相关系数为 0.6，求股票 A 和 B 按 0.2：0.8 的权重所构成的组合 P 的期望收益率与标准差。

表 9-3

股票	期望收益率（%）	标准差（%）
A	8.0	5.0
B	20.0	30.0

$$E(r_P) = 0.2 \times 8\% + 0.8 \times 20\% = 17.6\%$$

$$\sigma_P^2 = 0.2^2 \times 5\%^2 + 0.8^2 \times 30\%^2 + 2 \times 0.2 \times 0.8 \times 5\% \times 30\% \times 0.6 = 0.060\ 6$$

$$\sigma_P = \sqrt{\sigma_P^2} = \sqrt{0.060\ 6} = 24.61\%$$

5. 相关系数对投资组合风险的影响

为了便于分析，并且不失一般性，我们通过两种证券组合，来分析证券之间相关系数的大小对组合收益率的影响。假设证券甲和乙的标准差分别为 σ_1 和 σ_2，其相关系数为 ρ，组合中证券甲的权重为 x，则：

$$\begin{aligned}
\sigma_P &= \sqrt{(x^2\sigma_1^2 + (1-x)^2\sigma_2^2 + 2x(1-x)\sigma_1\sigma_2\rho} \\
&\leqslant \sqrt{x^2\sigma_1^2 + (1-x)^2\sigma_2^2 + 2x(1-x)\sigma_1\sigma_2} \\
&= x\sigma_1 + (1-x)\sigma_2
\end{aligned}$$

所以，除了证券收益率之间完全正相关的特殊情形外，投资组合的风险要小于构成组合的各种证券风险的加权平均数，也就是说，投资组合具有分散风险的功能。而且，构成组合的各种证券收益率的相关程度越低，降低风险的程度越大。这也是为什么要进行组合投资的理由。

9.2 投资组合理论

前面我们分别介绍了单种风险证券和投资组合的收益率和风险是如何衡量的，有了这个基础，我们现在可以来介绍马科维茨的投资组合理论了。投资组合理论由马科维茨于 1952 年提出。

> **阅读材料**
>
> **马科维茨和他的投资组合理论**
>
> 1990 年，由于对投资理论的杰出贡献，马科维茨与米勒（Merton H. Miller）、夏普共同分享了当年的诺贝尔经济学奖。20 世纪 50 年代初期，马科维茨正在芝加哥大学攻读博士学位。根据马科维茨的回忆，一天下午当他在图书馆阅读约翰·伯尔·威廉姆斯（John Burr Williams）的《投资价值理论》时，突然萌生了投资组合理论的基本思想。威廉姆斯认为股票的价值必

须等于未来红利的现值。而由于未来红利是不确定的，可以把他的观点解释为未来红利的期望值。但如果投资者只考虑期望值，则只需投资于期望值最大的单一证券即可。但一般地，投资者都在一定程度地分散投资，这是为什么呢？是为了减少投资的不确定性。这说明，在不确定性条件下，一项投资方案给投资者带来的效用大小，既与投资的期望收益率有关，也与收益率的波动性有关。对于波动性的大小，可以用方差来衡量。有了风险和期望收益率这两个指标，就可以假定投资者从帕累托最优风险收益率组合中进行选择。在这种思想的启发下，把投资者在不确定条件下面对各具特点的多种资产的多维选择问题转化成一个二维组合问题，即期望收益率与方差问题。他把这些想法写成了博士论文，并进一步阐述了实际计算最优投资组合的问题可以怎样简化为数学上的二次规划问题。该论文的研究结果发表于1952年3月的《金融学杂志》（the Journal of Finance）。1959年，在其博士论文的基础上，马科维茨完成专著《组合选择：有效的分散化》。

马科维茨投资组合理论的提出，标志着现代投资理论的产生。1990年，瑞典皇家科学院阿萨·林德贝克教授在当年诺贝尔经济学奖颁奖典礼上如此形容马科维茨的贡献："20世纪50年代以前，几乎还没有任何有关金融市场的理论。马科维茨为这一领域做出了先驱性的贡献。他创立了一个家庭和企业在不确定条件下选择金融资产组合的理论。"保罗·萨缪尔森在他的《经典著作究竟有多伟大》一文中如此写道："这个时期的名著之一，哈里·马科维茨发表的1959年的考尔斯基金会专著，改变了现实世界成千上万的实践者从事证券交易的方式，就这一点说，无论庞古、萨缪尔森还是约翰·多伊都没有一部著作起到过这种作用。"

进入20世纪70年代后，随着退休基金、共同基金等机构投资者的崛起，马科维茨的投资组合理论逐步成为机构投资者的重要投资理念。

9.2.1 投资组合理论的假设条件

如同经济学的其他理论，投资组合理论也是建立在一系列的假设条件基础上的，这些假设条件是：

假设 1：在单期投资模型里，即投资者期初买进（或卖空）证券，在期末卖出（或买进）证券，投资者以期望收益率和标准差作为评价投资组合好坏的唯一标准。

假设 2：所有的投资者都是非满足的，即在一定的风险下，希望收益率越高越好。

假设 3：所有的投资者都是风险厌恶者，即在收益率一定的情况下，风险尽可能小，只有提供足够的风险补偿，他们才愿意承担一定的风险。

假设 4：每种证券都是可无限细分的，即投资者可以购买到任何证券的任何一部分。

假设 5：证券市场是一个"无摩擦市场"（frictionless market），即证券交易不存在佣金、税收等交易成本。

9.2.2 投资的"可行集"或"机会集"

投资组合实际上是一系列有价证券的集合，所谓的最优投资决策（optimal investment decision），就是从目前市场上存在的所有证券中选择一个对该投资者来说最佳的组合，所以，这又称为投资组合的选择（portfolio selection）问题。

在一个存在着许多种不同证券的证券市场上，投资者可以形成的投资组合是无穷尽的。我们把所有可供投资者选择的投资组合所构成的集合，称为投资的"可行集"（the feasible set）或"机会集"（the opportunity set）。

例如，假设证券市场上只有两种证券 A 和 B，只要我们不断地改变这两种证券的投资比重，所形成的投资组合数量就是无数的。如"100%的证券 A、0%的证券 B"是一个投资组合，"80%的证券 A、20%的证券 B"又是另外一个投资组合，其他的组合如"50%的证券 A、50%的证券 B""20%的证券 A、80%的证券 B""0%的证券 A、100%的证券 B"等。仅仅存在两种证券的证券市场就可构成无穷多的投资组合，更何况一个存在着数百种、数千种证券的证券市场。

以上我们用投资组合中所包含的证券的不同投资比重表示一个投资组合，这是一种表示方式。如果我们注意到，改变组合中证券的投资比重，组合的收益率和风险也会随之改变，因此，我们也可以用"期望收益率-标准差"图上的一个点来表示一个投资组合，而用图上的一个集合来表示投资的"可行集"。下文中我们将交叉使用这两种方式表示一个投资组合。

1. 两种证券组合的机会集

假设证券市场上只有两种风险证券 A 和 B，证券 A 的期望收益率和收益率标准差分别为 $E(r_1)$ 和 σ_1，证券 B 的期望收益率和收益率标准差分别为 $E(r_2)$ 和 σ_2，证券 A 和 B 收益率的相关系数为 ρ，并且有 $E(r_1) > E(r_2)$，$\sigma_1 > \sigma_2$。现考虑证券 A 和 B 相关系数的不同情况，分析其机会集的形状。

1）相关系数 $\rho = +1$ 时的机会集。若证券 A 和 B 收益率的相关系数等于 +1，令组合中证券 A 的权重为 x，则证券 B 的权重为 $(1-x)$。由式 (9-13) 和式 (9-14) 可得：

$$E(r_P) = xE(r_1) + (1-x)E(r_2) \qquad (9\text{-}15)$$

$$\sigma_P = x\sigma_1 + (1-x)\sigma_2 \qquad (9\text{-}16)$$

由式 (9-16)，得 $x = \dfrac{\sigma_P - \sigma_2}{\sigma_1 - \sigma_2}$，并将之代入式 (9-15)，得：

$$E(r_P) = \frac{E(r_2)\sigma_1 - E(r_1)\sigma_2}{\sigma_1 - \sigma_2} + \frac{E(r_1) - E(r_2)}{\sigma_1 - \sigma_2}\sigma_P \qquad (9\text{-}17)$$

因此，当两种证券收益率完全成正相关时，由这两种证券构成的投资组合的机会集是一条直线，如图 9-1 所示。

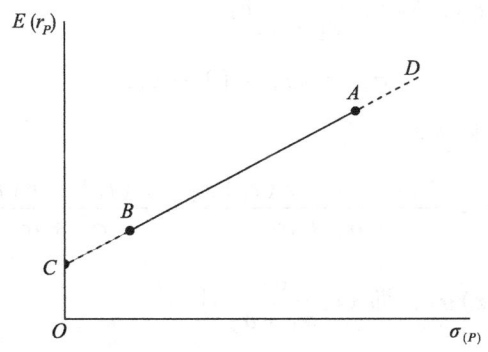

图 9-1　相关系数等于 +1 时两种证券组合的机会集

图 9-1 中，线段 AB 部分表示不允许卖空情形下的机会集，即将一部分资金投资于证券 A，一部分资金投资于证券 B 所形成的投资组合集合；A 点表示将所有的资金都投资于证券 A，证券 B 的投资比重为 0；B 点表示将所有的资金都

投资于证券 B，证券 A 的投资比重为 0；A 点往右延伸的虚线表示卖空低收益率、低风险的证券 B，将所得资金与投资者的自有资金一起投资于高收益率、高风险的证券 A 所形成的投资组合集合，组合的收益率增加，同时风险也增加了；B 点往左延伸的虚线表示卖空高收益率、高风险的证券 A，将所得资金与投资者的自有资金一起投资于低收益率、低风险的证券 B 所形成的投资组合集合，组合的风险降低了，同时收益率也减少了。

同时由图 9-1 还可以看出，通过卖空一定比例的高风险证券 A，并将卖空所得与自有资金一起投资于低风险证券 B，可以构造一个零风险组合，即收益率标准差等于零的投资组合。零风险组合 C 中证券 A 和 B 的权重为：

$$x\sigma_1 + (1-x)\sigma_2 = 0$$

证券 A 的权重：$x = \dfrac{\sigma_2}{\sigma_2 - \sigma_1} < 0$

证券 B 的权重：$1 - x = \dfrac{\sigma_1}{\sigma_1 - \sigma_2} > 0$

2）相关系数 $\rho = -1$ 时的机会集。若证券 A 和 B 收益率的相关系数等于 -1，则：

$$E(r_P) = xE(r_1) + (1-x)E(r_2) \qquad (9\text{-}18)$$

$$\sigma_P = |x\sigma_1 - (1-x)\sigma_2| \qquad (9\text{-}19)$$

当 $x\sigma_1 \geq (1-x)\sigma_2$，即 $x \geq \dfrac{\sigma_2}{\sigma_1 + \sigma_2}$ 时，

$$\sigma_P = x\sigma_1 - (1-x)\sigma_2$$

此时的机会集方程为：

$$E(r_P) = \dfrac{E(r_2)\sigma_1 + E(r_1)\sigma_2}{\sigma_1 + \sigma_2} + \dfrac{E(r_1) - E(r_2)}{\sigma_1 + \sigma_2}\sigma_P \qquad (9\text{-}20)$$

而当 $x\sigma_1 \leq (1-x)\sigma_2$，即 $x \leq \dfrac{\sigma_2}{\sigma_1 + \sigma_2}$ 时，

$$\sigma_P = -x\sigma_1 + (1-x)\sigma_2$$

此时的机会集方程为：

$$E(r_P) = \dfrac{E(r_2)\sigma_1 + E(r_1)\sigma_2}{\sigma_1 + \sigma_2} - \dfrac{E(r_1) - E(r_2)}{\sigma_1 + \sigma_2}\sigma_P \qquad (9\text{-}21)$$

因此，当两种证券收益率完全成正相关时，由这两种证券构成的投资组合

的机会集是折线 ACB，如图 9-2 的实线部分所示。

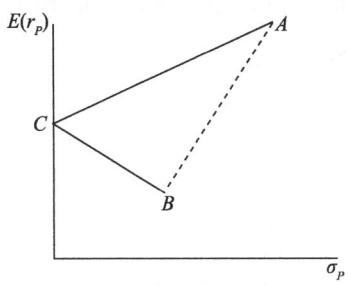

图 9-2 相关系数等于 -1 时两种证券组合的机会集

同样地，由图 9-2 可知，当两种证券收益率完全成负相关时，由这两种证券可以构造一个零风险组合 C，组合中两种证券的权重分别为：

$$x\sigma_1 - (1-x)\sigma_2 = 0$$

证券 A 的权重：$x = \dfrac{\sigma_2}{\sigma_2 + \sigma_1} > 0$

证券 B 的权重：$1 - x = \dfrac{\sigma_1}{\sigma_1 + \sigma_2} > 0$

3）相关系数 $\rho = 0$ 时的机会集。若证券 A 和 B 收益率的相关系数等于零，则：

$$\sigma_P = \sqrt{x^2\sigma_1^2 + (1-x)^2\sigma_2^2}$$

此时，由 A 和 B 构成的投资组合的机会集是一条曲线，如图 9-3 的实线部分所示。

由图 9-3，当两种证券的相关系数为零时，并不能构造一个零风险组合，但可以得到一个最小风险组合。

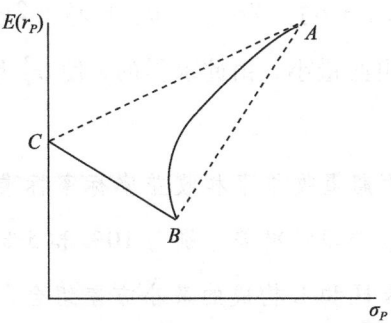

图 9-3 相关系数等于零时两种证券组合的机会集

4）一般相关系数情况下的机会集。实际上，同一股票市场中大多数股票之间一般都是正相关的，但相关系数小于1。一般相关系数情况下两种证券组合的机会集如图9-4的实线部分所示。

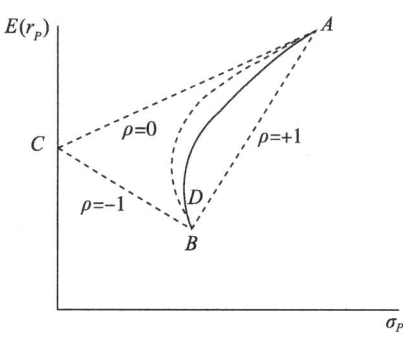

图9-4 一般相关系数情形下两种证券组合的机会集

一般情况下，由证券A和B构成的组合的机会集ADB位于三角形ABC区域内。ρ越大，曲线ADB就越靠近直线AB；ρ越小，曲线ADB就远离直线AB而靠近折线ACB。ADB是凸向纵轴的曲线，曲线上必存在一点D，离纵轴距离最近。

D点是两种证券投资组合机会集中风险（标准差）最小的投资组合。为决定该投资组合D，需求出x的值，为此只需求σ_P^2对x的导数，并令其为零。

$$\frac{d\sigma_P^2}{dx} = \frac{d[x^2\sigma_1^2 + (1-x)^2\sigma_2^2 + 2x(1-x)\sigma_{12}]}{dx}$$

$$= 2x\sigma_1^2 - 2(1-x)\sigma_2^2 + 2\sigma_{12} - 4x\sigma_{12} = 0$$

可得：

$$x = \frac{\sigma_2^2 - \sigma_{12}}{\sigma_1^2 + \sigma_2^2 - 2\sigma_{12}} = \frac{\sigma_2^2 - \rho\sigma_1\sigma_2}{\sigma_1^2 + \sigma_2^2 - 2\rho\sigma_1\sigma_2} \tag{9-22}$$

由于σ_P^2最小，σ_P也必最小，由此求得的x使σ_P^2最小，也使σ_P最小。

例9-5 设证券H的期望收益率和收益率标准差分别为20%和25%，证券L的期望收益率和收益率标准差分别为10%和5%，证券H和L收益率相关系数为0.6。求由证券H和L构成的最小方差组合，并求该组合的期望收益率和收益率标准差。

由式（9-22）得到：

最小方差组合中证券 H 的权重：$x = \dfrac{5\%^2 - 25\% \times 5\% \times 0.6}{25\%^2 + 5\%^2 - 2 \times 25\% \times 5\% \times 0.6} = -0.1$

最小方差组合中证券 L 的权重：$1 - x = 1 - (-0.1) = 1.1$

最小方差组合的期望收益率：$E(r_P) = -0.1 \times 20\% + 1.1 \times 10\% = 9\%$

最小方差组合收益率的标准差：

$\sigma_P = \sqrt{(-0.1)^2 \times 25\%^2 + 1.1^2 \times 5\%^2 + 2 \times (-0.1) \times 1.1 \times 25\% \times 5\% \times 0.6}$

$\quad\ = 4.47\%$

2. 多种证券组合的机会集

我们首先考察三种证券组合。假设存在三种证券甲、乙和丙，其预期收益率各不相等，并且彼此之间不完全相关。

首先由证券 A 和 B 进行组合，得到仅仅由 A 和 B 构成组合的机会集 ADB，D 是机会集 ADB 上的任意一个投资组合。现考虑组合 D 与证券 C 的组合，其机会集为曲线 CD。当 D 在曲线 ADB 上移动时，曲线 CD 构成了一个实体区域，如图 9-5 所示。

随着投资组合中风险证券数量的增加，通过类似的方法可以得到组合的机会集，其形状为如图 9-6 所示的伞形区域。

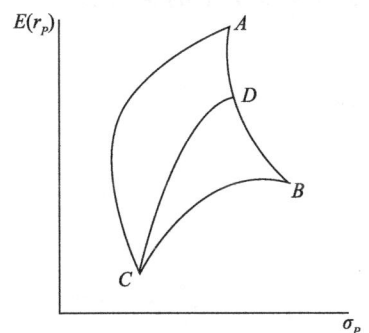
图 9-5 三种证券组合的机会集

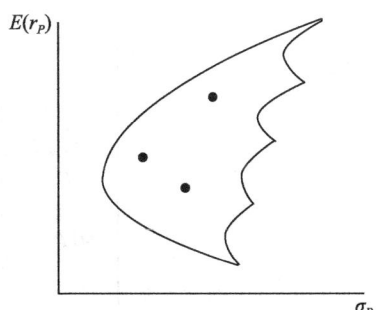
图 9-6 多种证券组合的机会集

9.2.3 最小方差集与有效边界

1. 有效边界的确定

风险厌恶者所追求的投资目标是投资收益率尽可能高，而投资风险尽可能小。这两个相互矛盾的目标导致投资者在投资时应在风险和收益率方面进行权衡利弊和折中。虽然有无数种可能的投资组合（即"机会集"）可供选择，但这是否意味着投资者需要评估市场上机会集中的每一个投资组合？答案是否定的，投资者没有必要去评估所有的投资组合，实际上，投资者只需对一个被称为投资有效集（the efficient set）或马科维茨的有效边界（Markowitz's efficient frontier）做出评估和进行选择即可。

投资者依据以下条件来确定有效边界：第一，给定一定的收益率水平，使得风险最小；第二，给定一定的风险水平，使得期望收益率最大。

根据上述第一个条件，可以确定投资的最小方差集（minimum variance set）为投资机会集的左边界；再根据上述第二个条件，从最小方差集中可以得到有效集或有效边界。

在图9-7中，组合 A 和 B 具有相同的期望收益率，根据条件一，投资者应该选择组合 A，因为组合 A 比组合 B 具有更小的风险。根据类似的方法，我们可以得到最小方差集。在最小方差集中的最左边的投资组合，是所有可能的投资组合中具有最小方差的组合，我们称之为整体最小方差组合（minimum variance portfolio，MVP）。在最小方差集即机会集的左边界中，组合 C 和组合 D 具有相同的风险，但组合 D 比组合 C 具有更高的期望收益率，因此投资者应该选择组合 D，用类似的方法可以得到有效边界，即图9-7中的实曲线。

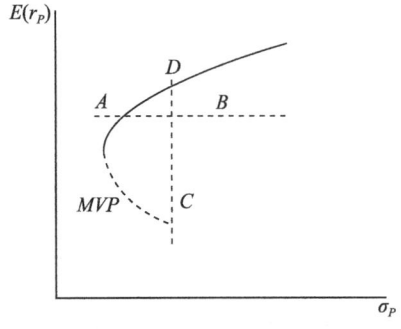

图9-7 有效边界的确定

2. 有效边界的性质

由上述有效边界的确定过程可知，有效边界具有如下性质。

1）有效边界是一条向上倾斜的曲线，反映了风险 - 收益率的权衡关系，即风险越大，要求的收益率越高。

2）有效边界是一条凸向纵轴的曲线，并且是严格凸的，即在有效边界上不存在凹陷的部分。

在图 9-8 中，若存在如虚线显示的凹陷部分，可以证明这种情况是不可能的。取曲线的凹陷部分的两端，即组合 A 和 B。由上述讨论可知，当组合 A 和 B 的收益率完全正相关时，由它们构成的投资组合的机会集为连接 A 和 B 的直线。在其他情况下，其机会集应该在直线 AB 的左上方。因此，有效边界上不可能存在凹陷的部分。

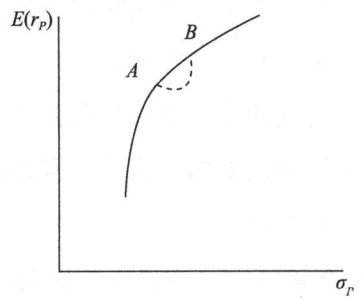

图 9-8　有效边界中不存在凹陷的部分

3）构成组合的各种证券之间的相关系数越小，有效边界就越弯曲。

9.2.4　投资者效用与无差异曲线

理性的投资者应该在投资的有效边界上选择合适的投资组合，但投资者到底应该在有效边界上的众多组合中选择哪一投资组合呢？这需要对投资者的主观愿望进行分析。

投资者效用是一个主观概念，可以用来衡量不同的投资组合给投资者所带来的偏好或满足程度。一般来说，投资收益率增加，投资带来的满足程度也会增加；投资收益率波动加大时，投资者会焦虑、疑惑和不安，投资效用会减少。因此，投资效用的大小会受投资收益率和投资风险的影响，或者说，投资者效用函数至少应包括投资收益率和风险因素。除了受预期收益率和风险因素影响以外，投资者效用的高低还受许多其他因素的影响，如收益率分布的偏态和峰态等，因此，要准确刻画每个投资者在不同情况下的效用函数是非常困难的。

然而在一定的条件下，投资者的效用函数可以仅仅表示为期望收益率和收益率标准差的函数，从而投资者可以只把期望收益率和标准差作为选择的目标。式（9-23）是常用的投资者效用函数。

$$U = E(r_P) - 0.005A\sigma_P^2 \tag{9-23}$$

式中　U——投资者效用；

　　　A——投资者的风险厌恶指数；

$E(r_P)$——投资组合 P 的期望收益率；

σ_P^2——投资组合 P 的收益率的方差。

如果投资者效用仅仅是投资收益率和风险的函数，我们就可以用无差异曲线（indifference curve）来表示投资者的效用。所谓无差异曲线，是指在"标准差－期望收益率"平面上，将效用期望值相同的点所连成的一条曲线，即对某个投资者来说，同一条无差异曲线上的不同的投资组合给他带来的效用期望值相等。无差异曲线具有如下的重要性质。

1）无差异曲线向右上方倾斜（或者说无差异曲线上各点的斜率为正值）。也就是说，随着风险的增加，要想保持相同的效用期望值，只有增加期望收益率，也就是说，必须给增加的风险提供风险补偿。

2）风险厌恶者的无差异曲线凸向横轴。即随着风险的增加，对于相同幅度的风险增加额，投资者所要求的风险补偿不断增加，也就是说，随着风险的增加，无差异曲线上的各点的斜率越来越大。

上述两个性质是由投资者的永不满足及风险厌恶的特性所导致的。

3）无差异曲线是密集的。即任何两条无差异曲线中间，必然有另外一条无差异曲线。我们把某个投资者密集的无差异曲线构成的集合，称为无差异曲线群。

4）对于同一时期的同一个投资者来说，任何两条无差异曲线不可能相交。

5）在无差异曲线群中，越往左上方的无差异曲线，其效用期望值越大。

无差异曲线的上述性质可以保证：对某一个投资者来说，必然有一条无差异曲线与投资的有效边界相切。

投资者效用和无差异曲线由投资者的个人主观确定，因此，不同的投资者的无差异曲线的形状是不同的。我们已经假设所有的投资者都是风险厌恶者，但不同投资者的风险厌恶程度有可能不同。有些投资者可能高度厌恶风险,有些投资者的风险厌恶程度可能较轻微。投资者的风险厌恶程度可以从其无差异曲线的形状来分析。较陡峭的无差异曲线反映了投资者对风险持较保守的态度,即为承受额外的风险需要较多的额外预期收益率来补偿;相反,较平缓的无差异曲线则反映了投资者敢于冒险的精神,即为了获取额外的预期收益率愿意承受较多风险。图 9-9 和图 9-10 分别展示了高度风险厌恶和轻微风险厌恶投资者的无差异曲线。

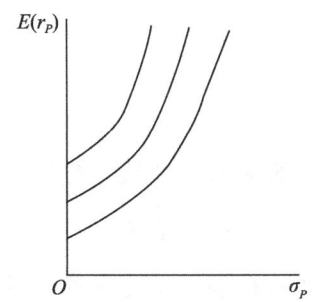

图 9-9　高度风险厌恶者的无差异曲线　　图 9-10　轻微风险厌恶者的无差异曲线

9.2.5　最优投资组合

所谓最优投资组合(the optimal portfolio)或最佳投资组合,是指某投资者在可以得到的各种可能的投资组合中,唯一可获得的最大效用期望值的投资组合。在微观经济学里,消费者运用无差异曲线与预算线的切点来确定自己的最佳消费决策。在这一部分,我们运用类似的方法,来分析风险厌恶者是如何来确定自己的最佳投资组合的。

通过前面的分析,我们知道在期望收益率-标准差平面上,投资的有效边界向右上方倾斜,并且严格凸向纵轴;投资者的无差异曲线也向右上方倾斜,但严格凸向横轴,并且对某个投资者来说,其无差异曲线群是密集的。投资的有效边界和投资者的无差异曲线的这些性质保证了在众多的无差异曲线群中必然有一条无差异曲线与投资的有效边界相切,并且切点是唯一的,即对于某一个投资者来说,其最优投资组合是存在的,并且是唯一的。

在图 9-11 中,曲线 IC_1、IC_2 和 IC_3 是高度风险厌恶者张三的三条无差异曲线，而曲线 IC_4、IC_5 和 IC_6 是轻度风险厌恶者李四的三条无差异曲线。

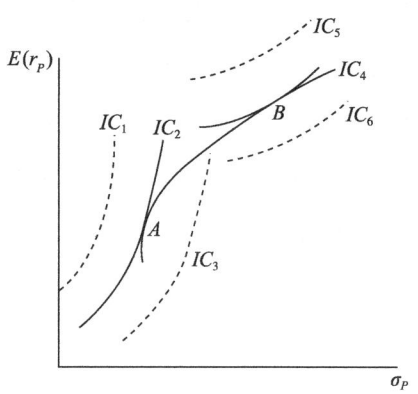

图 9-11　最优投资组合

在任何时候，投资者总是希望达到效用更高的无差异曲线。然而，在实际中是否能达到，还要取决于市场上现存的投资机会。换句话说，投资者在选择和建立投资组合的过程中，既受其对待风险态度的影响，又受市场上现存投资机会的制约。对张三来说，尽管无差异曲线 IC_1 的效用大于 IC_2，但证券市场上并不存在曲线 IC_1 上的投资组合，因而是不可得的；IC_2 是张三可能得到的最大效用的无差异曲线，IC_2 与投资有效边界的切点 A 就是张三的最优投资组合。类似地，组合 B 就是李四的最优投资组合。

图 9-11 还告诉我们，对于像张三这样的高度风险厌恶者，其无差异曲线较陡，无差异曲线在较低的位置与投资的有效边界相切，从而得到的最优投资组合 A 具有较小的期望收益率，同时也具有较低的投资风险；而对于像李四这样的轻度风险厌恶者，其无差异曲线较为平缓，无差异曲线在较高的位置与投资的有效边界相切，从而得到的最优投资组合 B 具有较高的期望收益率，同时也具有较大的投资风险。

总之，要确定某一特定投资者最终会选择和建立哪一个投资组合（即最佳投资组合），除了在期望值和标准差的基础上来评估不同的投资组合所具有的收益率和风险特征之外，还必须使用无差异曲线。一般地，投资者在有效边界与其尽可能高的无差异曲线相切之点上建立自己的投资组合，以使其投资效用达到最大化。

9.3 单指数模型

9.3.1 马科维茨模型的输入数据

马科维茨模型对各种证券收益率波动之间的相互关系没有做任何假设,要得到投资的有效边界,首先需要估计各种证券的期望收益率、收益率标准差及各种证券两两之间的协方差。

若存在 n 种证券,则需要估计 n 个期望收益率、n 个标准差和 $\dfrac{n(n-1)}{2}$ 个协方差,因此构造 n 种证券的投资组合需要输入的数据有 $\left[2n+\dfrac{n(n-1)}{2}\right]$ 个。大多数金融机构需要跟踪的股票有 150~250 种。以 200 种股票为例,马科维茨模型需要输入的数据将高达 20 300 个。

目前,大多数金融机构的证券研究人员按照行业划分其研究对象。例如,证券研究人员甲专门研究金融行业股票,证券研究人员乙专门研究机械行业股票,证券研究人员丙专门研究交通行业股票,等等。各研究人员估计其所关注股票的预期收益率和波动性。但由谁来得出不同行业之间股票(如金融行业股票和机械行业股票)的相关性呢?传统的证券分析很难做出直接的估计。因此,我们有必要对证券之间的相关结构做一定的假设。

9.3.2 单指数模型概述

引起证券收益率变动的因素多种多样。影响各种证券的因素性质不同,影响的时间不同,从而各种证券收益率波动的幅度和方向也会有所不同。但大体上看,若市场主要指数上升,大多数证券的价格可能会上升;若市场主要指数下跌,大多数证券的价格可能会下跌。正是基于证券市场运行规律的这种观察结果,威廉·夏普提出了简化马科维茨模型的方法,即单指数模型(single-index model)。单指数模型的表达式如式(9-24)。

$$r_i = \alpha_i + \beta_i r_M + \varepsilon_i \tag{9-24}$$

式中 r_i——给定时期内证券 i 的投资收益率;

r_M——同一时期的市场收益率；

α_i——截距项；

β_i——斜率；

ε_i——随机误差项。

并且假设：①$E(\varepsilon_i)=0$；②$\text{Cov}(\varepsilon_i, r_M)=0$；③$\text{Cov}(\varepsilon_i, \varepsilon_j)=0$，$\forall i \neq j$。

由单指数模型可知，某一证券的收益率由两个部分构成，一部分为系统收益率，它是能用市场收益率解释的部分；另一部分为非系统收益率，它是由影响公司特有的因素造成的，如公司所面临的不利司法诉讼、公司产品出乎意外的旺销、公司新产品研发失败和公司关键人物遇车祸死亡等。

由单指数模型的假设可知，系统收益率主要受宏观因素的影响，而非系统收益率主要受公司微观因素的影响，两者互不相关，无论市场收益率发生多大的变动，都不会对非系统收益率产生影响。另外，不同公司的非系统收益率互不相关，如一家公司的财务危机只会对该公司的收益率产生影响，而不会波及其他公司。

实践中，市场收益率通常用具有广泛代表性的价值加权市场指数的收益率来代替，如标准普尔500指数或沪深300指数的收益率。对 α_i 和 β_i 的估计通常用时间序列回归的方法，这里不再赘述。

9.3.3 β值

式（9-25）的斜率 β_i 可以视为某一证券的收益率相对于市场指数收益率的敏感性。由于式（9-25）是一个回归模型，所以有：

$$\beta_i = \frac{\text{Cov}(r_i, r_M)}{\sigma_M^2} = \frac{\sigma_i \rho_{iM}}{\sigma_M} \qquad (9\text{-}25)$$

式中 σ_M^2——证券市场指数收益率的方差；

σ_M——证券市场指数收益率的标准差；

$\text{Cov}(r_i, r_M)$——证券 i 的投资收益率与市场证券组合收益率间的协方差；

ρ_{iM}——证券 i 与市场证券组合 M 收益率间的相关系数。

β_i 大于1，表明证券 i 的投资收益率的波动性大于证券市场指数收益率的波动性，该证券属于进攻型证券，如图9-12所示；β_i 小于1，表明证券投资收益率的波动性小于证券市场指数收益率的波动性,该证券属于防守型证券,如图9-13 所示。

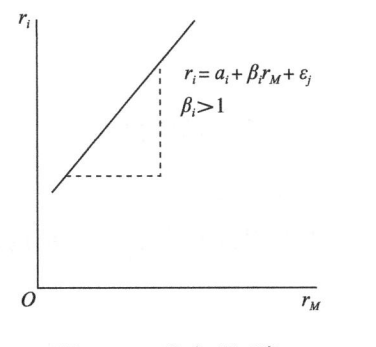

图 9-12　进攻型证券

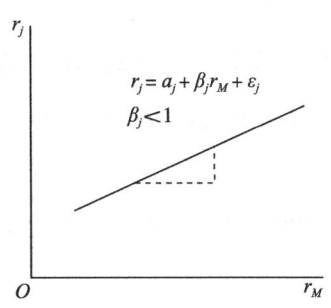

图 9-13　防守型证券

9.3.4　单种证券的期望收益率与风险

1. 单种证券的期望收益率

对式（9-24）两边求期望值,得：

$$E(r_i) = \alpha_i + \beta_i E(r_M) \tag{9-26}$$

式（9-26）表明,单种证券的预期收益率的变动主要受市场收益率变动的影响,其影响的大小取决于该证券对市场收益率变动的敏感性程度,即 β 值的大小。

2. 单种证券的投资风险

由式（9-24）,我们可以把证券 i 的总风险分解成以下两部分：

$$\sigma_i^2 = \beta_i^2 \sigma_M^2 + \sigma_{\varepsilon i}^2 \tag{9-27}$$

式中　σ_i^2——证券 i 的总风险,用其收益率的方差来表示；

σ_M^2——市场收益率的方差；

$\sigma_{\varepsilon i}^2$——随机误差项 ε_i 的方差。

式（9-27）的推导如下：对式（9-24）两边求方差,得：

$$\sigma_i^2 = \mathrm{Var}(r_i) = \mathrm{Var}(\alpha_i + \beta_i r_M + \varepsilon_i) = \beta_i^2 \sigma_M^2 + \sigma_{\varepsilon i}^2$$

上面推导过程中用到了 r_M 与 ε_i 不相关的假设。

式（9-27）表明,任何证券的总风险 σ_i^2 由两部分构成：一是市场风险或系统风险（systematic risk），即由市场收益率的方差所导致的证券收益率的波动 $\beta_i^2 \sigma_M^2$；二是证券的个别风险或非系统风险（unsystematic risk），用随机误差项 ε_i 的方差 $\sigma_{\varepsilon i}^2$ 表示。

3. 不同证券收益率之间的协方差

由单指数模型还可以得到证券 i 与证券 j 收益率之间的协方差：

$$\sigma_{ij} = \text{Cov}(r_i, r_j) = \beta_i \beta_j \sigma_M^2 \tag{9-28}$$

式（9-28）表明，不同证券之间的相互关系是通过各自与市场的相关性体现出来的。

9.3.5 投资组合的期望收益率和风险

1. 投资组合的期望收益率

$$r_P = \sum_{i=1}^n x_i r_i = \sum_{i=1}^n x_i(\alpha_i + \beta_i r_M + \varepsilon_i) = \sum_{i=1}^n x_i \alpha_i + \sum_{i=1}^n x_i \beta_i r_M + \sum_{i=1}^n x_i \varepsilon_i$$
$$= \alpha_P + \beta_P r_M + \varepsilon_P \tag{9-29}$$

式中 $\alpha_P = \sum_{i=1}^n x_i \alpha_i$；$\beta_P = \sum_{i=1}^n x_i \beta_i$；$\varepsilon_P = \sum_{i=1}^n x_i \varepsilon_i$。

因此，投资组合的截距 α_P、β_P 值和随机误差项 ε_P 分别是各种证券的截距、β 值和随机误差项的加权平均数、权数为各种证券在组合中的市场价值的比重，故投资组合的单指数模型是单种证券的单指数模型的直接扩展。

对式（9-29）两边求期望值，可得：

$$E(r_P) = \alpha_P + \beta_P E(r_M) \tag{9-30}$$

2. 投资组合风险的分解

当证券的非系统收益率互不相关时，同样也可将投资组合的总风险进行如下的分解：

$$\sigma_P^2 = \beta_P^2 \sigma_M^2 + \sigma_{\varepsilon P}^2 \tag{9-31}$$

$$\sigma_{\varepsilon P}^2 = \sum_{i=1}^n x_i^2 \sigma_{\varepsilon i}^2 \tag{9-32}$$

从式（9-31）和式（9-32）可以看到，投资组合的 β 值是构成组合的每种证券 β 值的加权平均数，权数是每种证券的投资比重；而组合的非系统风险是构成组合的每种证券的非系统风险的加权平均数,权数是每种证券的投资比重的平方。

3. 多元化投资可降低投资风险

设投资组合 P 由 n 种证券构成,各种证券的收益率互不相关。投资于每种证券的资金数量都相等,则每种证券的投资比重应均为 $\frac{1}{n}$,这样,投资组合 P 的非系统风险为:

$$\sigma_{\varepsilon P}^2 = \sum_{i=1}^{n} \left(\frac{1}{n}\right)^2 \sigma_{\varepsilon i}^2 = \frac{1}{n}\left(\frac{\sigma_{\varepsilon 1}^2 + \sigma_{\varepsilon 2}^2 + \cdots + \sigma_{\varepsilon n}^2}{n}\right) \tag{9-33}$$

等号最右面括号中的值代表的是构成该组合的各种证券所具有的非系统风险的平均数,而投资组合的非系统风险仅仅是这个平均数的 $\frac{1}{n}$。在投资多样化的进程中,随着构成组合的证券数量的不断增加,组合的非系统风险逐渐减小,甚至全部消除。

实证检验表明,一个由 30 种或更多种随机挑选出来的证券构成的投资组合,其个别风险已变得微乎其微(见图 9-14)。这样,投资组合的总风险就等于或略高于其市场风险。从这个意义上说,投资组合的风险仅仅是不能通过多样化投资而消除的市场风险。由于个别风险可以通过多样化投资加以消除,市场就不会因为投资者承受这类风险而给予风险补偿。真正给予补偿的是单个证券的市场风险(用 β 来衡量)而不是总风险(用方差或标准差来衡量)。

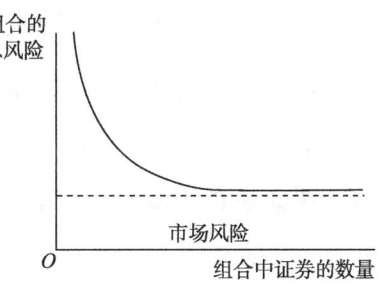

图 9-14 多元化投资可降低投资风险

例 9-6 设证券 A、B、C 和市场证券组合 M 的 β 值和收益率标准差如表 9-4 所示:

表 9-4

证券	A	B	C	M
β 值	1.6	0.4	1.0	1.0
收益率标准差	0.25	0.12	0.15	0.08

（1）求证券 A、B 和 C 的非系统风险；（2）组合 P_1 由证券 A 和 B 按 $0.5:0.5$ 的比例构成，组合 P_2 由证券 A、B 和 C 按相同的比重构成，分别求组合 P_1 和 P_2 的总风险、系统风险和非系统风险。

解：（1）证券 A 的非系统风险 $\sigma_{\varepsilon_A}^2 = 0.25^2 - 1.6^2 \times 0.08^2 = 0.046\,116$

证券 B 的非系统风险 $\sigma_{\varepsilon_B}^2 = 0.12^2 - 0.4^2 \times 0.08^2 = 0.013\,376$

证券 C 的非系统风险 $\sigma_{\varepsilon_C}^2 = 0.15^2 - 1.0^2 \times 0.08^2 = 0.016\,1$

（2）组合 P_1 的 β 值为 $\beta_{P_1} = 0.5 \times 1.6 + 0.5 \times 0.4 = 1.0$

组合 P_2 的 β 值为 $\beta_{P_2} = \frac{1}{3} \times 1.6 + \frac{1}{3} \times 0.4 + \frac{1}{3} \times 1.0 = 1.0$

组合 P_1 的系统风险为 $1.0^2 \times 0.08^2 = 0.006\,4$

组合 P_1 的非系统风险为 $0.5^2 \times 0.046\,116 = 0.014\,873$

组合 P_1 的总风险为 $0.006\,4 + 0.014\,873 = 0.021\,273$

组合 P_2 的系统风险为 $1.0^2 \times 0.08^2 = 0.006\,4$

组合 P_2 的非系统风险为 $\left(\frac{1}{3}\right)^2 \times (0.046\,116 + 0.013\,376 + 0.016\,1) = 0.008\,399$

组合 P_2 的总风险为 $0.006\,4 + 0.008\,399 = 0.014\,799$

由上述计算可知，组合 P_1 和 P_2 有相同的 β 值，因此有相同的系统风险。但由于证券 C 的加入，组合 P_2 相较于组合 P_1 非系统风险降低，从而也降低了组合的总风险。

本章小结

投资组合管理以整个组合作为分析对象，以整个组合的投资效用最大化作为投资目标，而传统投资管理主要关注单种证券的收益率和风险。马科维茨模型用数学期望来计算证券或组合的预期收益率，用方差或标准差来衡量投资风险，用协方差或相关系数来衡量证券预期收益率之间的相互关系。构建马科维茨最优投资组合的主要步骤有：估计构成组合的每一种证券的期望收益率、风险和各种证券两两之间的协方差，这是一项复杂的工程；构造投资的机会集；构造投资的最小方差集和有效边界；有效边界与无差异曲线的切点就是最优投资组合。单指数模型是马科维茨模型的简化，其基本假设是各种证券收益率的变动都受市场共同因素的影响，随机误差项反映的是某种股票的特有风险，与其他股票无关。证券或投资组合的总风险可以分解为系统风险和非系统风险，多元化投资可以降低甚至消除非系统风险，但不能降低系统风险。

重点内容

单种证券与投资组合的期望收益率和风险的计算；投资有效边界的构建过程及其性质；投资者效用和无差异曲线；单指数模型的形式；证券或投资组合总风险的分解。

主要术语

投资组合　预期收益率　标准差　机会集　最小方差集　有效边界　无差异曲线　最优投资组合　单指数模型　β值　系统风险　非系统风险

习　题

1. 你同意有关投资者的"不知足"和"厌恶风险"的假设吗？试举一个例子说明赞成或反对这些假设的理由。

2. 什么时候投资组合收益率的标准差等于构成组合的各种证券的收益率标准差的加权平均数？试以两种证券投资组合为例给出数学证明。

3. 根据投资组合理论，如果越来越多的股票被纳入等权重投资组合，则此投资组合的风险将产生什么变化？请以图形辅助你的说明。

4. 随机选择在沪深股票市场上市交易的4种股票，估计其预期收益率、风险和两两之间的协方差，并据此得到由该4种股票构成的投资有效边界。

5. 如果你的投资组合由两种高度竞争的公司股票构成，则用单指数模型会高估还是低估组合的残差？

6. 请解释为什么同一个投资者在某一时期的任何两条无差异曲线不会相交，请用图形辅助你的说明。

7. 张三期初拥有下述A、B、C、D四种股票，这四种股票收益率的相关数据如表9-5所示：

表　9-5

股票	股数 （股）	当前价格 （元/股）	期末预期价格 （元/股）
A	100	50	60
B	200	35	40
C	50	25	50
D	100	100	95

求该期间张三持有的投资组合的期

望收益率是多少。

8. 股票 A 和 B 的期望收益率分别为 13% 和 5%，标准差分别为 10% 和 9%，李四决定卖空 1 万元的股票 B，并用所得资金与其原有的自有资金 2 万元一起去购买股票 A，设股票 A、B 间的相关系数为 0.25，求李四的投资组合的期望收益率和标准差。

9. 证券甲和乙的相关资料如表 9-6 所示：

表 9-6

证券	期望收益率（%）	标准差（%）
甲	30	40
乙	10	9

已知甲和乙收益率的相关系数为 0.6，试画出由该两种证券构成的组合的有效边界。

10. 设投资组合 P 由证券 A、B 和 C 构成，其相关资料如表 9-7 所示：

表 9-7

证券	A	B	C
权重	0.3	0.5	0.2
β 值	0.5	0.8	1.6
非系统风险（%^{2}）	50	30	100

设市场证券组合的标准差为 10%，求组合 P 的总风险。

11. 已知市场证券组合的方差为 900 %^{2}，股票 A、B、C 及由它们构成的组合 P 的资料如表 9-8 所示：

表 9-8

股票	权重	β 值	预期收益率（%）	方差（%^{2}）
A	0.2	0.8	35	1 000
B	0.3	0.9	45	1 200
C	0.5	1.4	70	2 500

（1）计算每种股票的非系统风险；
（2）组合 P 的 β 值为多少？
（3）组合 P 的方差为多少？
（4）组合 P 的预期收益率为多少？

12. 已知股票甲在未来一年的收益主要取决于未来经济状况和其某关键产品的研发进展。表 9-9 给出了该股票在各种状态下的可能收益（括号中的数字为该状态出现的概率）：

表 9-9

状态	萧条（0.1）	一般（0.6）	繁荣（0.3）
新品研发成功（0.6）	10%	20%	40%
新品研发失败（0.4）	−15%	5%	18%

求股票甲的期望收益率和收益率标准差。

13. 已知股票甲、乙和丙的预期收益率分别为 6%、10% 和 20%，其收益率标准差分别为 3%、5% 和 30%，股票甲和乙收益率之间的相关系数为 0.3，股票甲和丙收益率之间的相关系数为 0.4，而股票乙和丙收益率之间的相关系数为 0.7。求由股票甲、乙和丙构成的最小方差投资组合。

第 10 章

资本资产定价模型

在第 9 章中,我们分析了投资者如何将资金分配于不同的资产上,即如何构建最优的投资组合。但我们的分析范围仅仅局限于风险资产方面,而没有涉及无风险证券。本章第一节我们将引进无风险资产,讨论无风险资产引入后对投资有效边界及其最优投资组合的影响;然后在此基础上,探讨如果所有的投资者都按照马科维茨的方法来构造其投资组合,在市场达到均衡时,证券和投资组合收益率将如何决定。

10.1 引入无风险资产后投资的有效边界

马科维茨投资组合理论探讨了投资者在风险证券范围内如何进行其资产配置。投资者在做投资决策时,这些证券在持有期末的价格或收益率是不确定的,所以投资者在事前只能进行理性预期。而且,马科维茨投资组合理论也没有考虑投资者使用金融杠杆手段或进行保证金交易的可能。

然而在现实经济生活中,投资者不仅购买风险证券,而且也经常对无风险资产进行投资。在信用制度高度发达的今天,投资者不仅可以用自有资金进行投资,也完全可以发挥财务杠杆的作用,使用借入的资金来进行投资。因此,有必要对马科维茨的投资组合理论做一些修正并在理论上加以扩展。

10.1.1 无风险资产的含义

无风险资产（risk-free asset）的概念是使投资组合理论发展为资本市场理论的主要因素。前面已述风险证券是指未来收益率不确定的证券，而这种不确定性或波动性可以用收益率的方差或标准差来衡量。无风险资产是指具有确定的未来收益率的资产，其未来收益率的方差或标准差为零。

无风险资产的收益率与任何风险证券的收益率之间的协方差及相关系数也为零。设 r_i 为任意风险证券的收益率，r_F 为无风险资产的收益率，即无风险利率（risk-free interest rate），则两者的协方差为 $\mathrm{Cov}(r_i, r_F) = E\{[r_i - E(r_i)](r_F - r_F)\} = 0$。那么，哪些资产可视为无风险资产呢？

任何公司证券都在不同程度上存在着违约风险，因此，无风险资产不可能是公司证券。由于中央政府拥有征税与发行货币的权力，因此，由中央政府所发行的债券几乎不存在违约风险。

由于存在价格风险与再投资风险，因此只有与投资者的投资期限相匹配的政府债券才可能是无风险资产。例如，假定某投资者预期的投资期限为 4 个月，当他投资于离到期还有 6 个月的国库券时，他就面临着价格风险，因为过了 4 个月，该证券的市场价格有可能产生难以预期的变化，因此 4 个月后的证券的售价使得投资收益率存在着不确定性。同样地，如果他投资于离到期还有 3 个月的国库券，那么 3 个月后他还必须再投资，这样他就会面临再投资风险。

另外，由于存在通货膨胀的可能，因此，只有完全指数化的债券才有可能成为无风险资产。

因此，从理论上看，只有由中央政府发行的、期限与投资者的投资期长度相匹配的、完全指数化的债券才可视作无风险资产。

然而，在现实经济中，完全符合上述条件的流通中的有价证券非常少，所以在投资实务中，为了方便起见，大多数投资者转而使用范围更广的货币市场工具作为无风险资产的替代物。货币市场工具主要包括国库券（treasury bills）、银行存单（bank certificates of deposit）和商业票据（commercial paper）等。

投资于无风险资产相当于以无风险利率贷出一定数量的资金，所以又称为"无风险贷出"（risk-free lending），卖空无风险资产相当于以无风险利率借入一定数量的资金，故又称为"无风险借入"（risk-free borrowing）。因此，买卖无风险资产只不过是手段，而实质是存在无风险的借贷市场。在下文中，当我们谈到存在无风险资产和存在无风险借贷机会时，指的是一回事，我们将交叉使用这两个术语。

10.1.2　存在无风险借贷机会的投资组合的收益率与风险

现考虑由 n 种证券构成的投资组合 P。组合 P 包含无风险资产，其投资比重为 x_F；另外 $n-1$ 种证券都是风险证券，$n-1$ 种风险证券在组合 P 中总的投资比重为 $1-x_F$。我们将仅仅由这 $n-1$ 种风险证券构成的风险证券组合记为 R。因此，投资组合 P 可以视为由无风险资产和风险证券组合 R 的组合而构成。

x_F 可以取正数，也可以为负数。当 x_F 大于零时，表示投资者将一部分资金投资于风险证券组合 R，将另一部分资金投资于无风险资产，这相当于以无风险利率 r_F 贷出一部分资金，或者说存在"无风险贷出机会"。这时，无风险资产与风险证券组合 R 的投资比重 x_F 和 $1-x_F$ 都大于零而小于 1，我们把这种投资组合称为"贷出性投资组合"。而当 x_F 小于零时，表示投资者卖空无风险资产，或者说以无风险利率 r_F 借入一部分资金，并把所获得的资金与初始自有资金一起投资于风险证券组合 R，即存在着"无风险借入机会"。这时候，无风险证券的投资比重 x_F 小于零，而风险证券组合 R 的投资比重 $1-x_F$ 大于 1，我们把这种投资组合称为"借入性投资组合"。而当 x_F 等于零时，表示投资者将所有的资金全部投资于风险证券组合 R，即不存在"无风险借贷机会"。无论是上述三种情况的哪一种情形，无风险资产与风险证券组合 R 投资比重之和都等于 1。

第 9 章已经讨论了风险证券组合的收益率与风险是如何衡量的，因此在这里，我们假设风险证券组合 R 的期望收益率与标准差为已知，分别为 $E(r_R)$ 与 σ_R。

由式（9-13）可知，存在无风险借贷机会的投资组合 P 的期望收益率为：

$$E(r_P) = x_F r_F + (1 - x_F) E(r_R) \tag{10-1}$$

因而，存在无风险借贷机会的投资组合的期望收益率为无风险收益率与风险证券组合的期望收益率的加权平均数，其权数为两者在整个投资组合 P 中所占的投资比重。

由式（9-14）可知，投资组合 P 收益率的标准差为：

$$\sigma_P = \sqrt{x_F^2 \times 0 + (1-x_F)^2 \sigma_R^2 + 2x_F(1-x_F) \times 0} = (1-x_F)\sigma_R$$
（10-2）

因此，当存在无风险借贷机会时，投资组合的风险（标准差）等于风险证券组合的投资风险（标准差）与其投资比重的乘积。

例 10-1 设无风险利率为 5%，风险证券组合的期望收益率为 10%，标准差为 8%。求当无风险资产的投资比重 x_F 分别为 -50%、-10%、0%、10%、50%、100% 时整个投资组合 P 的期望收益率与风险。

计算结果由表 10-1 所示：

表 10-1 不同无风险资产投资比重下组合 P 收益率和风险的计算结果

x_F	-50%	-10%	0%	10%	50%	100%
$E(r_P)$	12.5%	10.5%	10%	9.5%	7.5%	5%
σ_R	12%	8.8%	8%	7.2%	4%	0%

从上述计算我们可以看出，随着无风险证券投资比重的增加，投资组合的期望收益率逐渐减小，同时，组合的风险也在减小。

10.1.3 存在无风险借贷机会时投资的有效边界

由式（10-2）可得 $x_F = 1 - \dfrac{\sigma_P}{\sigma_R}$，将之代入式（10-1），整理后可得：

$$E(r_P) = r_F + \frac{E(r_R) - r_F}{\sigma_R} \sigma_P$$
（10-3）

这就是由无风险资产和风险证券组合构成的组合的机会集方程。由式（10-3）可以看出，当存在无风险借贷机会时，投资组合的期望收益率与其所涉及的风险（标准差）之间存在的关系变成了线性关系。

在图 10-1 中，曲线 RM 表示仅仅由风险证券构成的组合的有效边界，R 是它上面的任意一个风险证券组合。由无风险资产和风险证券组合 R 的组合构成的机会集是由 r_F 点出发连接 r_F 和 R 的一条射线 $r_F R$。在射线 $r_F R$ 上的点 r_F 表示投资者将所有资金都投资于无风险资产，所得的收益率为 r_F，风险为零；在线段 r_FR 中间的点，表示将一部分资金投资于无风险资产，余下部分投资于风险证券组合 R 所构成的组合，是一种"贷出性投资组合"，其收益率大于 r_F 而小于 $E(r_R)$，风险大于零而小于 σ_R，越靠近 r_F 的点，无风险证券的投资比重越大，而越靠近 R 的点，无风险证券的投资比重越小；点 R 表示将所有资金都投资于风险证券组合 R，所获的期望收益率为 $E(r_R)$，风险为 σ_R；射线 r_FR 上 R 点右侧延伸线所代表的组合是卖空无风险资产，并将卖空所得与自有资金一起投资于风险证券组合 R，是一种"借入性投资组合"，其期望收益率大于 $E(r_R)$，风险也大于 σ_R。

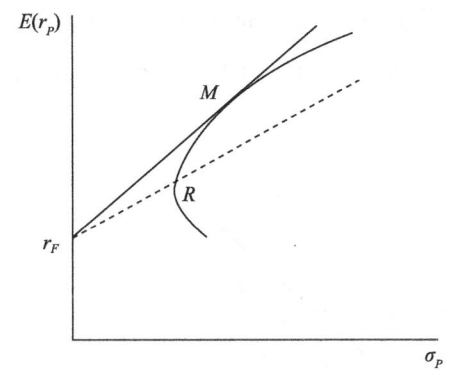

图 10-1　存在无风险借贷机会时投资的有效边界

然而，投资于 R 点所代表的风险证券组合并非是最佳的，投资者更希望将无风险资产与别的风险证券组合相结合。射线 r_FM 由 r_F 点出发与风险证券有效边界相切，切点 M 称为切点投资组合。除点 r_F 外，在收益率给定时，射线 r_FM 是所有由无风险资产和风险证券组合构成的投资机会集中风险最小的；在风险给定时，射线 r_FM 是所有由无风险资产和风险证券组合构成的投资机会集中收益率最大的。另外，除了 M 点，在收益率相同的情况下，射线 r_FM 的风险都小于风险证券有效边界；在风险相同的情况下，射线 r_FM 的收益率都大于风险证券的收益率。因此，射线 r_FM 所代表的投资组合集合是既包含无风险资产又包括风险证券时投资的有效边界，切点投资组合 M 是最优的风险证券组合。

总而言之，无风险借贷机会的存在，增加了新的投资机会，大大地拓展了投资组合的空间。更为重要的是，它改变了马科维茨有效边界的形状和位置，从原先的曲线 RM 变为直线 r_FM。

10.1.4 分离定理

在图10-2中，射线 $r_F AMB$ 是存在无风险借贷机会时投资的有效边界，它上面的任何一点都是由无风险资产和切点投资组合 M 的一定比例构成。若投资者比较保守，其无差异曲线较陡，此时无差异曲线与有效边界 $r_F AMB$ 切于 A，形成的最优投资组合为 A；若投资者比较激进，其无差异曲线较为平缓，此时无差异曲线与有效边界 $r_F AMB$ 切于 B，形成的最优投资组合为 B。无论投资者最终选择了什么样的投资组合，都是由无风险资产和切点投资组合 M 的一定比例构成，其风险证券组合都是 M，所不同的只是无风险资产的投资比重不同。最优风险证券组合的确定与投资者的风险偏好、效用函数或无差异曲线没有关系。

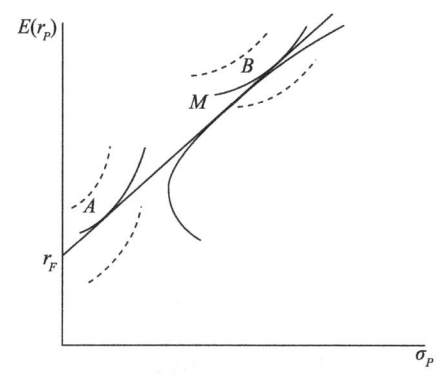

图10-2 分离定理

以上论述的内容就是著名的分离定理（separation theorem），它最早由美国芝加哥大学教授詹姆斯·托宾（James Tobin）于1958年提出来的。分离定理的具体表述为：我们不需要知道投资者对风险和收益率的偏好，就能够确定风险资产的最优组合。

由于无风险借贷属于融资决策（finance decision）的内容，投资于切点证券组合属于投资决策（investment decision）的内容，因此"分离定理"实质上论述的是投资者的投资决策与融资决策的分离。

下面我们用一个例子来说明分离定理的含义。

例10-2 现有三种风险证券 A、B 和 C，张三经过分析估计这三种证券的期望收益率分别为 8%、20% 和 30%,收益率标准差分别为 5%、15% 和 40%,证券 A 和 B、A 和 C 及 B 和 C 的相关系数分别为 0.6、0.4 和 0.2,并且已知无风险利率为 4%,张三的自有投资资金有 20 000 元。求最优风险证券组合。

解:设由 A、B 和 C 构成的任一风险组合 R 中,A、B 和 C 的投资比重分别为 x_1,x_2,$1-x_1-x_2$,则:

$$\begin{cases} E(r_R) = 8\%x_1 + 20\%x_2 + 30\%(1-x_1-x_2) \\ \sigma_R = [0.05^2 x_1^2 + 0.15^2 x_2^2 + 0.3^2(1-x_1-x_2)^2 + 2 \times 0.5 \times 0.15 \\ \qquad \times 0.6 \times x_1 \times x_2 + 2 \times 0.5 \times 0.4 \times 0.4 \times x_1 \times (1-x_1-x_2) \\ \qquad + 2 \times 0.15 \times 0.4 \times 0.2 \times x_2 \times (1-x_1-x_2)]^{0.5} \end{cases}$$

设 $s = \dfrac{E(r_R) - 0.04}{\sigma_R}$,使得 s 达到最大时的 x_1,x_2,$(1-x_1-x_2)$ 就是最优风险证券组合。为此,s 分别对 x_1、x_2 求偏导数,并令其为零,可得

$$\begin{cases} x_1 = 0.137 \\ x_2 = 0.735 \\ x_3 = 0.128 \end{cases}$$

即最优风险证券组合 M 为 (0.137, 0.735, 0.128)。

若张三比较保守,他将一半资金即 10 000 元投资于无风险资产上,将另一半资金即 10 000 元投资于最优风险证券组合 M 上。则张三对证券 A、B 和 C 所投资的资金为:

$$\begin{pmatrix} 0.137 \times 10\,000 \\ 0.735 \times 10\,000 \\ 0.128 \times 10\,000 \end{pmatrix} = \begin{pmatrix} 1\,370 \\ 7\,350 \\ 1\,280 \end{pmatrix}$$

若张三比较激进,卖空无风险资产,得到资金 10 000 元,并将其与自有资金 20 000 元共 30 000 元投资于最优风险证券组合 M 上,则张三对证券 A、B 和 C 所投资的资金为:

$$\begin{pmatrix} 0.137 \times 30\,000 \\ 0.735 \times 30\,000 \\ 0.128 \times 30\,000 \end{pmatrix} = \begin{pmatrix} 4\,110 \\ 22\,050 \\ 3\,840 \end{pmatrix}$$

但无论张三是保守的还是激进的,他投资于证券 A、B、C 的相对比例相

同，都是 0.137：0.735：0.128。

10.2 资本资产定价模型

马科维茨投资组合理论论述了理性投资者在不确定的情形下应该如何选择自己的最佳投资组合。如果证券市场上每个投资者都按照这种方法来构造其投资组合，那么在市场均衡时，风险证券的合理收益率应该为多少？这就是本章所述资本资产定价模型所要回答的。

资本资产定价模型（capital asset pricing model，CAPM）最早由威廉·夏普（William F. Sharpe，1964）、约翰·林特纳（John Lintner，1965）和简·莫辛（Jan Mossin，1966）分别提出，该模型建立在一系列严格的假设条件下，我们将之称为标准型资本资产定价模型。后人在此基础上，对某些假设逐步放宽，提出了多种资本资产定价模型，如零 β 资本资产定价模型、多期资本资产定价模型、多 β 资本资产定价模型和以消费为基础的资本资产定价模型等，我们将其称作非标准型资本资产定价模型。本章只介绍标准型资本资产定价模型。

> **阅读材料**
>
> **威廉·夏普和他的资本资产定价模型**
>
> 威廉·夏普 1934 年 6 月出生于美国马萨诸塞州的坎布里奇市。1951 年，夏普进入加州大学伯克莱分校，计划主修医学。一年后转学到加州大学洛杉矶分校，主修企业管理专业。在加州大学洛杉矶分校，夏普得到了两个经济学学位，即在 1955 年获得经济学士学位和在 1956 年得到经济学硕士学位。
>
> 加州大学洛杉矶分校有两位教授对他的事业有深刻影响。在商业学院时，他有幸成为金融教授弗雷德·威斯顿的研究助理。威斯顿推荐夏普读哈里·马科维茨的著作，并开始了使金融学发生革命的有挑战性的研究。另一位是经济学教授阿门·阿尔钦。他是夏普在洛杉矶分校时"做人的模型"。阿尔钦教育学生对一切事情要提出疑问。夏普说："我一直设法模仿他的研究方法。"

> 1956年,夏普作为一名经济学家加入兰德公司,同时继续在加州大学洛杉矶分校攻读博士学位。在那个时期,兰德正在研究计算机科学、对策论、线性规划、动态规划及应用经济学中的开拓性工作。1960年,完成了全部专业课的考试之后,夏普开始考虑他的博士论文题目。在弗雷德·威斯顿的建议下,他向同在兰德公司的哈里·马科维茨求教。他们从此开始密切合作,研究"基于证券间关系的简化模型的证券组合分析"课题。虽然哈里并不是夏普博士论文答辩委员会的成员,但他实际上是整篇论文的顾问。夏普说:"我欠他的债是巨大的。"

10.2.1 资本市场理论的假设条件

由于资本市场理论是在马科维茨投资组合理论的基本上发展起来的,因此资本市场理论包含了投资组合理论所涉及的所有假设。除此以外,还有如下一些假设。

假设1:所有的投资者都可以以无风险利率无限制地借入或贷出任何数量的资金,并且对于所有的投资者而言,无风险利率是相同的。

假设2:所有的投资者都具有相同的投资期限。

假设3:所有的投资者都具有相同的预期(homogeneous expectations),即他们对各证券的期望收益率、方差以及相互之间的协方差的判断是一致的。

假设4:证券市场是个无摩擦市场,即不存在交易费用,也不存在个人所得税。

假设5:所有的投资者都是价格接受者,即单个投资者的交易不会影响证券的价格。

这些假设条件与现实经济生活存在着一定的距离。应该如何理解这些假设条件呢?

我们知道,由于实际的经济环境过于复杂,以至于我们无法描述所有影响该环境的因素,而只能集中于最重要的因素,而这只能通过对经济环境做一系列的假设来达到。一个模型或理论的假设条件不可能与实际经济情况完全相符,否则模型或理论就失去了存在的意义。因为我们建立模型或提出理论的目的，就是要去除影响我们思维的纷繁芜杂的表面现象，以使我们能够将思路集中于我们所关心的问题。因此，我们并不需要特别关心理论或模型的假设是否与实际的经济环境相符合，相反，检验一个模型或理论好坏的标准在于它帮助我们理解和预测被模拟过程的能力，正如弗里德曼（Friedman）所说的："关于一种理论的假设，我们关心的问题并不是它们是否完全描述了现实，因为它们永远不可能。我们关心的是，它们是否充分地接近我们所要达到的目的，而对这个问题的回答是：该理论是否有效，即它们是否能够充分准确地预测。"

10.2.2 市场证券组合

对于图 10-2，由于资本市场理论假设所有的投资者对风险证券拥有相同的预期，而且投资期限都相同，因此所有的投资者的风险证券有效边界应该都相同。又由于所有的投资者都可以以无风险利率任意借贷，且所有的投资者的无风险利率都相同，所以所有的投资者拥有相同的存在无风险借贷机会时的有效边界，拥有相同的切点证券组合。那么，在市场均衡条件下，这个所有的投资者都相同的切点证券组合 M 会是什么呢？答案是市场证券组合（market portfolio）。

所谓市场证券组合是指由市场上所有流通中的风险证券所构成的证券组合。在这个证券组合中，投资于每一种风险证券上的投资比重等于其相对市场价值，而每一种风险证券的相对市场价值等于该证券的市场总价值除以所有证券的市场价值总和，即

$$x_i^* = \frac{\text{风险证券 } i \text{ 的市场总价值}}{\text{所有风险证券的市场总价值}} \tag{10-4}$$

那么，为什么市场达到均衡时，切点证券组合就是市场证券组合呢？

假设市场上只有 3 种风险证券 A、B 和 C，证券 A、B 和 C 的现价分别为每股 10 元、20 元和 50 元，其流通量分别为 2 000 万股、1 500 万股和 1 000 万股，故三种证券目前的市场价值分别为 2 亿元、3 亿元和 5 亿元，三种证券市场总价值为 10 亿元，市场证券组合 M 中证券 A、B 和 C 的比重分别为 0.2、0.3 和 0.5。

又假设市场上仅有两个投资者：张三和李四，二人拥有市值为 10 亿元的

A、B 和 C 三种证券。为不失一般性,假设张三拥有市值为 6 亿元,李四为 4 亿元。

假如张三没有持有证券 A,由于李四和张三的风险证券组合相同,即都是切点证券组合,故李四也没有持有证券 A,这显然是不可能的。因此,切点证券组合应该包含市场上所有流通的证券。

假如切点证券组合中 A、B 和 C 的比重不是 0.2、0.3 和 0.5,而是 0.1、0.2 和 0.7。则张三所拥有的证券 A 的市值为 60 000×0.1=6 000(万元),李四所拥有的证券 A 的市值为 40 000×0.1=4 000(万元),加起来为 1 亿元,而证券 A 目前的市值为 2 亿元。所以切点证券组合中每一种证券的权重都不能偏离市场证券组合中各种证券的权重,换句话说,市场均衡时,切点证券组合就是市场证券组合。

在资本资产定价模型中,市场证券组合起着核心的作用。一般的定价理论都是根据已知几种资产的价格,求出一种资产相对于这几种资产的相对价格。正如在物理学里,要给出某物体的速度就必须给出已知的参照物一样。在资本资产定价模型中,这种假设价格已知的资产就是市场证券组合。

理论上,市场证券组合不仅包括普通股,还应涵盖所有的风险资产,如公司债券、金融期货与期权、房地产等。然而,在现实经济生活中,市场上并不存在一个能将流通中的所有风险资产都包含在内的资产组合。实务中,一般将具有广泛代表性的价值加权股票指数如 S&P500 指数、沪深 300 指数等作为市场证券组合的近似物。

10.2.3 资本市场线

通过上述分析可知,投资的有效边界是由无风险利率 r_F 出发,经过市场证券组合 M 的射线。这条线称为资本市场线(capital market line,CML),如图 10-3 所示。

资本市场线的方程由式(10-5)给出:

$$E(r_P) = r_F + \frac{E(r_M) - r_F}{\sigma_M}\sigma_P \quad (10\text{-}5)$$

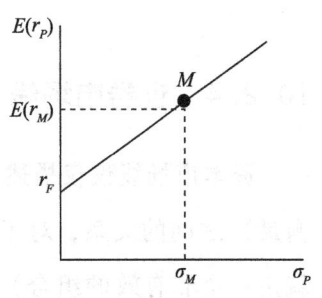

图 10-3 资本市场线

资本市场线的概念最早由威廉·夏普提出，它描述了当证券市场达到均衡时，有效投资组合（efficient portfolio）的期望收益率与风险（标准差）之间的关系。

资本市场线向右上方倾斜，这意味着投资者想要获得更高的期望收益率就必须承担更多的风险。截距 r_F 代表无风险利率，称为时间价值；斜率 $[E(r_M) - r_F]\sigma_M$ 为单位风险收益率，表示当有效投资组合收益率的标准差每增加一个单位时，其期望收益率应该增加的数量。

资本市场线表明，有效投资组合的期望收益率等于无风险利率加上风险溢价（risk premium），而风险溢价等于单位风险报酬与用标准差来衡量的组合的风险的乘积，即

$$期望收益率 = 无风险利率 + 单位风险价值 \times 风险数量$$

需要注意的是，建立在资本市场线上的投资组合只有系统风险。因为除了全部持有无风险资产的点 r_F 外，所有的有效投资组合的风险证券组合都是市场证券组合，而市场证券组合包含了所有的风险证券，是经过充分投资分散化（well-diversification）处理的，非系统风险已被充分"处理"掉了。因此，市场不再为投资者承担非系统风险而给予风险补偿。资本市场线上的每一点都代表一个有效的投资组合，而非有效投资组合都落在这条直线的下方。

例 10-3 设无风险利率为 5%，市场证券组合的期望收益率为 10%，标准差为 5%，某有效投资组合的标准差为 8%，求其期望收益率。

解：该组合的期望收益率为：

$$E(r_P) = 5\% + \frac{10\% - 5\%}{5\%} \times 8\% = 13\%$$

10.2.4 证券市场线

资本市场线仅仅描述了有效投资组合的期望收益率与其风险（用标准差来衡量）之间的关系，对于非有效投资组合或单种风险证券（单种风险证券本身就是一个非有效的组合），则无此关系存在。事实上，非有效投资组合或单种风险证券始终位于资本市场线的下方。为了说明所有投资组合和单种风险证券

的期望收益率与其风险间的关系,需要引入证券市场线(security market line, SML)的概念。

1. 证券市场线的导出

证券市场线有许多推导方法,这里我们仅介绍夏普的推导方法。

在图10-4中,M是市场证券组合,r_F为无风险利率,i是任意一种证券,其期望收益率为$E(r_i)$,收益率标准差为σ_i。设D是由证券i与市场证券组合M构成的投资组合,x为证券i的投资比重,$(1-x)$为市场证券组合M的比重。则组合D的期望收益率和标准差分别为:

$$E(r_D) = xE(r_i) + (1-x)E(r_M) \tag{10-6}$$

$$\sigma_D = \sqrt{x^2\sigma_i^2 + (1-x)^2\sigma_m^2 + 2x(1-x)\sigma_i\sigma_M\rho_{iM}} \tag{10-7}$$

$$\frac{dE(r_D)}{dx} = E(r_i) - E(r_M)$$

$$\frac{d\sigma_D}{dx} = \frac{d\sigma_D}{d\sigma_D^2}\frac{d\sigma_D^2}{dx} = \frac{x(\sigma_i^2 + \sigma_M^2 - 2\sigma_i\sigma_M\rho_{iM}) - \sigma_M^2 + \sigma_i\sigma_M\rho_{iM}}{\sigma_D}$$

D点的斜率为:

$$\frac{dE(r_D)}{d\sigma_D} = \frac{dE(r_D)}{dx}\frac{dx}{d\sigma_D} = \frac{[E(r_i) - E(r_M)]\sigma_D}{x(\sigma_i^2 + \sigma_M^2 - 2\sigma_i\sigma_M\rho_{iM}) - \sigma_M^2 + \sigma_i\sigma_M\rho_{iM}}$$

令$x = 0$,可得:

$$\left.\frac{dE(r_D)}{d\sigma_D}\right|_{x=0} = \frac{[E(r_i) - E(r_M)]\sigma_D}{\sigma_i\sigma_M\rho_{iM} - \sigma_M^2}$$

当$x = 0$时,$D = M$,这样$\sigma_D = \sigma_M$,上式必然是M点的斜率,而M在CML上,

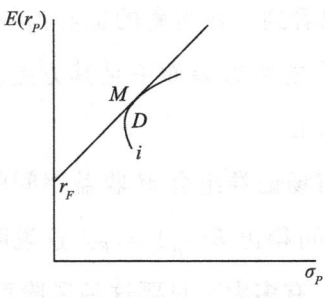

图10-4 证券市场线的推导

所以 M 点的斜率也就是 CML 的斜率，所以有：

$$\frac{[E(r_i) - E(r_M)]\sigma_D}{\sigma_i\sigma_M\rho_{iM} - \sigma_M^2} = \frac{E(r_M) - r_F}{\sigma_M}$$

$$\frac{[E(r_i) - E(r_M)]\sigma_M}{\sigma_i\sigma_M\rho_{iM} - \sigma_M^2} = \frac{E(r_M) - r_F}{\sigma_M}$$

$$\frac{[E(r_i) - E(r_M)]}{\sigma_i\rho_{iM} - \sigma_M} = \frac{E(r_M) - r_F}{\sigma_M}$$

$$E(r_i) = r_F + [E(r_M) - r_F]\frac{\sigma_i\rho_{iM}}{\sigma_M}$$

$$E(r_i) = r_F + \beta_i[E(r_M) - r_F] \tag{10-8}$$

这里 $\beta_i = \frac{\sigma_i\rho_{iM}}{\sigma_M}$，与单指数模型中 β 的含义一致。

式（10-8）即为证券市场线方程，它也可用图 10-5 表示。

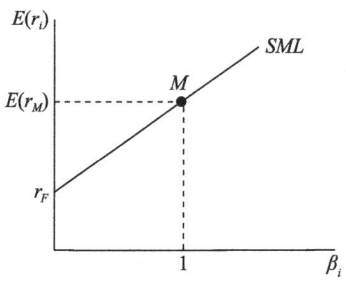

图 10-5　证券市场线

证券市场线是以 r_F 为截距，以 $E(r_M) - r_F$ 为斜率的直线。因为斜率是正的，所以 β 越大的证券，其期望收益率也越大。

2. β 系数

由 β 的定义，我们可以看到，在均衡的证券市场上，衡量某种证券风险的正确量是其与市场证券组合的协方差而不是其方差。为了更好地理解这一点，下面我们考虑几种极端的情形。

首先，假设证券 A 与市场证券组合 M 收益率间的相关系数 ρ_{AM} 等于零，此时 β_A 也等于零，则由 SML 可得出 $E(r_A) = r_F$。这说明当市场达到均衡时，无论这种证券的风险（标准差）有多大，只要这种风险可以被分散掉，该证券的期望收益率就正好等于无风险利率，从而得不到任何风险补偿。

其次，假设另有一种证券 B 与市场证券组合 M 的收益率存在负相关关系，此时 β_B 小于零，由 SML 可得出 $\mu_B < r_F$。其原因是，当该证券与市场相组合时，能够缩减整个投资组合的风险，从而使得投资者可以接受这种低收益率的证券。

设市场证券组合由证券 1，证券 2，…，证券 N 构成，组合中各种证券的投资比重分别为 x_1，$x_2\cdots$，x_n，则市场证券组合的方差为：

$$\sigma_M^2 = \mathrm{Cov}(r_M, r_M) = \mathrm{Cov}\left(\sum_{i=1}^n x_i r_i, r_M\right) = \sum_{i=1}^n x_i \mathrm{Cov}(r_i, r_M)$$

$$\sigma_M^2 = x_1 \sigma_{1M} + x_2 \sigma_{2M} + \cdots + x_n \sigma_{nM} \tag{10-9}$$

从式（10-9）可知，市场证券组合的方差等于它和组合中所有证券的协方差的加权平均数，权数为各种证券在市场证券组合中所占的比重。所以，组合中每一只证券对市场证券组合标准差的贡献依赖于其与市场证券组合的协方差。这意味着，与市场证券组合的协方差越大的证券，对整个市场证券组合造成的风险也大。但是，标准差大的证券对整个市场造成的风险不一定比标准差小的证券造成的风险大。因此，当市场均衡时，证券风险的正确度量应是它与市场证券组合的协方差而不是它的标准差。

3. 投资组合的证券市场线

证券市场线除了适用于单种风险证券外，对投资组合也能适用。对于投资组合 P，

$$\begin{aligned} E(r_P) &= \sum x_i E(r_i) = \sum x_i \{r_F + [E(r_M) - r_F]\beta_i\} \\ &= r_F \sum x_i + [E(r_M - r_F)] \sum x_i \beta_i \end{aligned}$$

$$E(r_P) = r_F + (\mu_M - r_F)\beta_P \tag{10-10}$$

这里，$\beta_P = \sum x_i \beta_i$，组合 P 的 β 值为：

$$\beta_P = \frac{\mathrm{Cov}(r_P, r_M)}{\sigma_M^2} = \frac{\mathrm{Cov}(\sum x_i r_i, r_M)}{\sigma_M^2}$$

$$= \sum x_i \frac{\mathrm{Cov}(r_i, r_M)}{\sigma^2} = \sum x_i \beta_i$$

10.2.5 资本市场线与证券市场线的关系

资本市场线与证券市场线都服务于资本资产定价模型，它们有相互一致的

地方，两者相互兼容，但两者之间也存在着一些差别。资本市场线与证券市场线的关系可概括如下。

1) CML 仅适用于经过充分投资分散化处理后的有效投资组合，而 SML 则主要适用于所有单种证券或投资分散化处理得不够充分的非有效投资组合。

2) 在 CML 的几何图形中，衡量风险的指标是方差或标准差，它是对资产总风险（包括系统风险和非系统风险）的衡量；而在 SML 的几何图形中，衡量风险的指标是 β 值，它仅仅是对有价证券或金融资产所涉及的系统风险的衡量。

3) 当证券市场处于均衡时，充分进行过投资分散化处理的投资组合处于 CML 这条直线上，而单种证券的点都处于 CML 的下方。对 SML 来说，金融市场的均衡意味着所有单种证券或由风险资产和无风险资产构成的投资组合全都处在 SML 上。

4) CML 是 SML 的特例。证明如下：

在 CML 上取上 G 点，G 代表有效投资组合，则：

$$\mu_G = r_F + \frac{\mu_M - r_F}{\sigma_M} \sigma_G$$

由于 G 与 M 均处于 CML 上，所以 G 与 M 的收益率必然完全成正相关，即 $\rho_{G,M} = 1$。所以有：

$$\mu_G = r_F + \frac{\mu_M - r_F}{\sigma_M} \rho_{GM} \sigma_F = r_F + \beta_F(\mu_M - r_F) \qquad (10\text{-}11)$$

式（10-11）是证券市场线，可见 CML 可转化为 SML，CML 不过是 SML 的特例而已。

10.2.6 不均衡情况

由于 SML 是表示单种证券或投资组合的均衡情况，所以任意一种证券或投资组合如果不在 SML 上，则表示存在不均衡的情况。

在图 10-6 中，某证券或投资组合的系统风险为 β^*，根据证券市场线，市场均衡时，该系统风险对应的合理收益率应该为 $E(r)$，即证券市场线上 A 点对应的期望收益率。但实际上该证券或组合的预期收益率为 $\tilde{r}$，高于合理收益率水平 $E(r)$，因此该证券或组合目前的市场价格存在低估的现象。

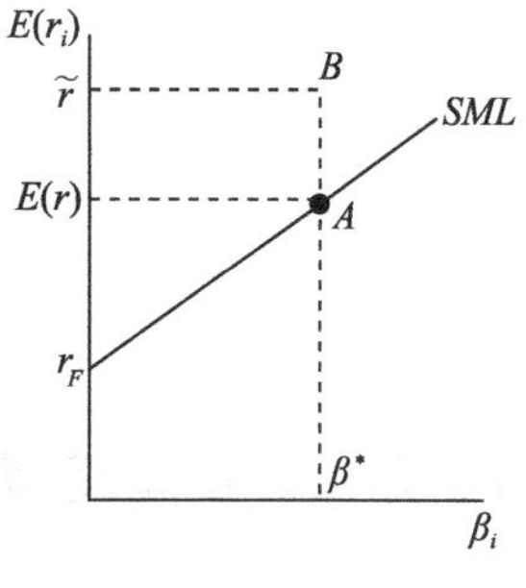

图 10-6 不均衡情况

从上述分析可知,当市场处于均衡状态时,SML 决定证券的期望收益率,同时,SML 也决定证券的价格。将该说法推广至资本市场的各种资产时,证券市场线可决定资本市场上各种资产的价格。因此,用以表示证券市场线的模型称为资本资产定价模型。

例 10-4 某分析师对股票 A 和 B 未来一年的相关估计值如表 10-2 所示,并且已知市场证券组合相应时期的期望收益率为 20%,无风险利率为 6%,试对股票 A 和 B 当前价格的合理性进行评价。

表 10-2

股票	当前价格（元）	预计 1 年后价格（元）	预计 1 年内红利（元）	β 值
A	10	12	0.5	0.6
B	20	22	0.2	1.8

解：根据资本资产定价模型,股票 A 和 B 的期望收益率分别为:

$$E(r_A) = 6\% + 0.6 \times (20\% - 6\%) = 14.4\%$$

$$E(r_B) = 6\% + 1.8 \times (20\% - 6\%) = 31.2\%$$

但预计股票 A 和 B 的实际收益率分别为:

$$\tilde{r}_A = \frac{(12-10)+0.5}{10} = 25\% > 14.4\%$$

$$\tilde{r}_B = \frac{(22-20)+0.2}{20} = 11\% < 31.2\%$$

因此,股票 A 的价格低估,而股票 B 的价格高估了。

本章小结

本章首先探讨了引进无风险资产后对投资有效边界的影响。所谓无风险资产是指具有确定未来收益率的资产,其收益率标准差等于零。引进无风险资产后改变了投资有效边界的位置和形状,有效边界从原来的曲线变成了直线。

在确定投资者的最优风险证券组合时,无须知道其风险偏好,这就是分离定理。

在市场均衡时,切点证券组合为市场证券组合。市场证券组合包含所有在市场上流通的风险资产,并且每种资产的权重为各种资产的市值占总市值的比重。

在市场均衡时，有效投资组合位于资本市场线上，非有效组合位于资本市场线下方。有效投资组合是充分分散化的投资组合，其非系统风险等于零，并且与市场证券组合完全正相关。资本市场线衡量了市场均衡时有效投资组合的期望收益率和风险的关系，其表达式为：

$$E(r_P) = r_F + \frac{E(r_M) - r_F}{\sigma_M}\sigma_P$$

市场均衡时，所有证券或投资组合（有效和非有效）都位于证券市场线上。证券市场线衡量了市场均衡时证券或投资组合的期望收益率与其系统风险之间的关系，其表达式为：

$$E(r_i) = r_F + \beta_i[E(r_M) - r_F]$$

重点内容

无风险资产的引入对投资有效边界的影响；市场证券组合的含义及其在资本资产定价中的意义；分离定理的主要内容；资本市场线和证券市场线的意义及其关系。

主要术语

无风险资产　无风险利率　市场证券组合　分离定理　资本资产定价定理　资本市场线　证券市场线

习　题

1. 什么是"市场证券组合"？为什么所有偏离"市场证券组合"的投资都被认为是缺乏理性的或是不经济的？
2. 简述资本市场线与证券市场线的区别。
3. 试用图形与文字描述无风险资产的引入如何改变投资的有效边界和最佳投资组合。
4. 如何认识资本市场理论的假设条件？
5. 股票 A 和 B 的收益率与风险如表 10-3，其相关系数为 0.5。已知无风险利率为 4%，求最优风险证券组合。

表　10-3

股票	期望收益率（%）	标准差（%）
A	15	20
B	7	8

6. 若短期国库券的收益率为 5%，市场证券组合的收益率为 12%。根据资本资产定价模型，零 β 股票组合的预期收益率为多少？假定你正在考虑购买目前价格为 40 元的某只

股票,预计该股票一年内的红利为 1.0 元,一年后预计价格将达到 42 元。该股票的 β 值为 1.2,问该股票的价格高估还是低估了呢?

7. 若无风险利率为 5%,市场证券组合的收益率为 12%。某公司正在考虑某新项目的投资,若该项目的 β 值为 1.3,则该项目的必要收益率是多少?若该项目预期有 18% 的收益率,则该项目的 α 系数有多少?

8. 设市场证券组合仅仅由两种证券 A 和 B 组成,其比例分别为 0.39 和 0.61,它们的收益率方差($\%^2$)分别为 160 和 340,协方差为 190。计算两种证券的 β 值。

9. 某投资组合由一个风险证券组合(其期望收益率为 12%,标准差为 25%)和一无风险资产(无风险利率为 7%)组成。若整个投资组合的标准差为 20%,则其期望收益率为多少?

10. 若证券 A 和 B 按资本资产定价模型正确定价,证券 A 的期望收益率为 9.4%,β 值为 0.8;证券 B 的期望收益率为 13.4%,β 值为 1.3。求无风险利率和市场证券组合的收益率。

11. 基于资本资产定价模型及单指数模型(市场模型),证券组合 A、B、C、D、E 的部分已知数据如表 10-4 所示。(1)根据给出数据将空格部分填上;(2)写出在此数据下的资本市场线 CML 和证券市场线 SML 的具体形式;(3)五个组合中是否存在有效组合?如果存在,指出具体哪些是,并给出辨别理由。

表 10-4

组合	预期收益率(%)	β 系数	标准差 σ(%)	$\sigma^2(\varepsilon)$($\%^2$)
A		0.8		81
B	19.0	1.5		36
C	15.0		12.0	0
D	7.0	0.0	8.0	
E	16.6		15.0	

12. 股票 A、B、C 和 D 的预期收益率和 β 系数如表 10-5 所示。若市场证券组合的期望收益率为 14%,无风险利率为 8%。试用资本资产定价模型判断上述四种股票是高估还是低估。

表 10-5

股票	预期收益率(%)	β 系数
A	17	1.2
B	14	0.80
C	15	1.50
D	16	0.75

第 11 章

套利定价理论

套利定价理论（arbitrage pricing theory，APT）的主要作者是斯蒂芬·罗斯（Stephen Ross）。他在 1976 年 12 月《经济理论》杂志上发表的论文《资本资产定价的套利理论》及与别人合编的《金融中的风险与收益》一书中的《风险、收益与套利》成为研究者大量引用的主要文献。前几章讲述的资本资产定价理论，从证券组合的可行集，到有效边界，再到最佳组合，讲解并推导了资本市场线和证券市场线及相应的经济意义。所有的模型与曲线的推导分析都以证券或组合的预期收益率 $E(r)$ 和风险 σ_r（也就是常说的均值-方差分析）作为基础，并且对投资者及市场有较强的假设。套利定价理论则以影响收益率的要素作为解释变量定义模型，对投资者行为的假设相对较宽松，只要求投资者对较高水平财富的偏好胜过对较低水平财富的偏好。

11.1 因素模型

套利定价理论的要点是证券的收益率与一组影响它的要素线性相关，这些因素的变化对收益率有直接的影响。因素模型的主要目的是要找出这些因素，并确定证券收益率对这些因素的敏感程度。

11.1.1 单因素模型

这是所有因素模型中最简单的一类。单因素模型假设证券收益率只受一种主要因素的影响，或者说，其他因素的影响并不显著。故有公式：

$$r_i = a_i + b_{i1}F_1 + \varepsilon_i \tag{11-1}$$

式中 r_i——第 i 种证券的收益率；

F_1——影响证券收益率的单一要素；

b_{i1}——第 i 种证券的收益率对要素的敏感程度；

ε_i——随机误差项。

有假设：

$$\begin{aligned} E(\varepsilon_i) = 0, E(\varepsilon_i \varepsilon_j) = 0 \quad (i \neq j) \\ E[\varepsilon_i(F_1 - \bar{F})] = 0 \end{aligned} \tag{11-2}$$

考虑式（11-1）的样本形式，可写为：

$$r_{it} = a_i + b_{i1}F_{1t} + \varepsilon_{it} \tag{11-3}$$

式（11-3）考虑了 t 时刻的证券收益率与要素 t 时刻的值的关系。

11.1.2 多因素模型

如果影响证券收益率的因素不止一个，可设计多因素模型来表达：

$$r_i = a_i + b_{i1}F_1 + b_{i2}F_2 + \cdots b_{in} + \varepsilon_i \tag{11-4}$$

在式（11-4）中，$n=1$，即为单因素模型，如夏普的单指数模型：

$$r_i = a_i + b_i r_F + \varepsilon_i$$

在多因素模型中，最常见的是双因素模型：

$$r_i = a_i + b_{i1}F_1 + b_{i2}F_2 + \varepsilon_i \tag{11-5}$$

在式（11-5）中，F_1、F_2 表示对证券收益率有重大影响的因素，如国内生产总值 GDP 的增长率和通货膨胀率等。下面的套利定价理论的大部分内容，我们将通过双因素模型展开分析。

> **阅读材料**
>
> ### 法玛 - 弗伦奇三因素模型
>
> 最初法玛和弗伦奇考察了公司规模（用公司股东权益的市场价值 ME 表示）、BE/ME（公司股东权益价值与市值比）以及 β 值对证券收益的解释能力。
>
> 在 1992 年的论文中，法玛对所有样本股票按 ME 大小进行分组（共 12 组），发现 ME 越大的公司其收益率反而降低；再以 β 的大小进行分组（共 12 组），若 CAPM 成立，则 β 值应与收益率成正相关，但分组后两者的正相关并不显著。
>
> 以月收益率为被解释变量，β 系数、ln（ME）和 LN（BE/ME）为解释变量的回归分析结果也不支持 CAPM。
>
> 在 1993 年的论文中，法玛和弗伦奇采用了新的变量。
>
> 目前常用的法玛和弗伦奇因素模型中的三因子指的是市场组合的超额收益、SMB 和 HML。SMB 表示小规模公司构成的组合与大规模公司构成的组合的收益差；HML 表示高 B/M 值公司构成的组合与低 B/M 值公司构成的组合之间的收益差。模型形式：
>
> $$E(R_t) - R_{ft} = \beta_1 [E(R_{Mt}) - R_{ft}] + \beta_2 E(SMB)_t + \beta_3 E(HML)_t$$
>
> 回归形式为：
>
> $$R_t - R_{ft} = \alpha + \beta_1 (R_{Mt} - R_{ft}) + \beta_2 SMB_t + \beta_3 HML_t + \varepsilon_t$$

11.2 套利定价理论

11.2.1 套利与套利组合

套利是指利用一个或多个市场存在的各种价格差异，在不冒风险的情况下赚取收益的交易活动。套利存在的前提是市场存在机会，即有资产定价出错、信息不能及时到达或其他原因，导致不同的资产间有价格差异，一旦这些差异消失，套利的目的就能达到。

套利有五种基本形式，即空间套利、时间套利、工具套利、风险套利和税收套利。空间套利是证券市场主要的无风险套利形式，进行空间套利的投资者在相同市场内买入价低的证券或组合，卖空另一种风险相同的价高的证券或组合，两个证券或组合价格趋同时即达到获利的目的。

利用因素模型，我们可以构造非均衡市场资产的套利组合。依照套利的定义，套利活动必须是无风险且有利润，同时又不占有资产，所以，对于多个资产的套利组合，应该满足以下三个条件。

1）套利组合的资产占有净额为零。记 $\widetilde{P} = \{x_1, x_2, \cdots, x_n\}$ 为 n 种资产的套利组合，x_i 表示第 i 种资产的投资比例（小于零表示卖空），则此条件可写为：

$$x_1 + x_2 + \cdots + x_n = 0 \tag{11-6}$$

2）套利组合不具有风险，即对因素的敏感系数为零。因为 $r_{\widetilde{P}} = x_1 r_1 + x_2 r_2 + \cdots + x_n r_n$，引入双因素模型的式（11-5），则两个因素的敏感系数：

$$\begin{cases} b_{P1} = x_1 b_{11} + x_2 b_{21} + \cdots + x_n b_{n1} = 0 \\ b_{P2} = x_1 b_{12} + x_2 b_{22} + \cdots + x_n b_{n2} = 0 \end{cases} \tag{11-7}$$

3）套利组合的预期收益率为正。用公式表达，有：

$$E(r_{\widetilde{P}}) = x_1 E(r_1) + x_2 E(r_2) + \cdots + x_n E(r_n) > 0 \tag{11-8}$$

我们可以用例子来说明套利组合的设计。因为用来确定组合中投资比例的条件公式只有式（11-6）和式（11-7），在资产种类过多时，不妨先确定某些资产的投资比例，再求出套利组合。

例 11-1 假设三种证券资产 A、B、C 的预期收益率仅受因素 F 影响，它们对因素 F 的敏感系数和各自的预期收益率如表 11-1 所示，我们可据此求套利组合 $\widetilde{P} = \{x_A, x_B, x_C\}$。

表 11-1

证券	$E(r)$	b_i
A	10%	0.6
B	15%	1.8
C	18%	3.0

由式（11-6）和式（11-7）可知，各种证券的投资比例应该满足：

$$\begin{cases} x_A + x_B + x_C = 0 \\ 0.6x_A + 1.8x_B + 3.0x_C = 0 \end{cases}$$

上面两个方程要解三个比例系数,需先给出一个预知数。我们不妨令 $x_A = -0.2$,方程变为:

$$\begin{cases} x_B + x_C = 0.2 \\ 1.8x_B + 3.0x_C = 0.12 \end{cases}$$

有解:$x_B = 0.4$,$x_C = -0.2$,

求组合 $= \tilde{P}\{-0.2, 0.4, -0.2\}$ 的预期收益率,有:

$$E(r_{\tilde{P}}) = (-0.2) \times 10\% + 0.4 \times 15\% + (-0.2) \times 18\% = 0.4\% > 0$$

因此,$\tilde{P} = \{-0.2, 0.4, -0.2\}$ 是合格的套利组合。

接下来讲述的套利定价理论主要基于空间套利,讨论均衡市场无套利机会存在时的资产定价。

11.2.2 纯因素证券组合

假设市场内证券价格主要受两个因素 F_1 和 F_2 的影响。记某一证券组合为 $P = \{x_1, x_2, x_3, x_N\}$,用 r 表示证券或组合的收益率,则有:

$$r_P = x_1 r_1 + x_2 r_2 + \cdots + x_N r_N = \sum_{i=1}^{N} x_i r_i \tag{11-9}$$

若第 i 种证券的双因素模型为 $r_i = a_i + b_{i1}F_1 + b_{i2}F_2 + \varepsilon_i$

则有:

$$r_P = a_P + b_{P1}F_1 + b_{P2}F_2 + \varepsilon_P$$

其中,

$$b_{P1} = \sum_{i=1}^{N} x_i b_{i1}, \quad b_{P2} = \sum_{i=1}^{N} x_i b_{i2}, \quad \varepsilon_P = \sum_{i=1}^{N} x_i \varepsilon_i \tag{11-10}$$

因 x_i 的任意性,我们可找到某些组合值,使组合的敏感系数为某个特定的常数,如 0 或 1。下面举一例来进行说明。

例 11-2 假定有三种证券 A、B 和 C,对表 11-2 应因素 F_1、F_2 的灵敏度如表 11-2 所示。

表 11-2

证券	b_{i1}	b_{i2}
A	-0.40	1.75
B	1.60	-0.75
C	2/3	-0.25

若有组合 P 为 $x_1=0.3$，$x_2=0.7$，$x_3=0$，则有敏感系数：

$$b_{P1} = 0.3 \times b_{A1} + 0.7 \times b_{B1} + 0 \times b_{C1} = 0.3 \times (-0.4) + 0.7 \times 1.6$$
$$= -0.12 + 1.12 = 1$$

$$b_{P2} = 0.3 \times b_{A2} + 0.7 \times b_{B2} + 0 \times b_{C2} = 0.3 \times 1.75 + 0.7 \times (-0.75) = 0$$

由此，我们看到，通过调整 $P=\{x_1,x_2,\cdots,x_N\}$，投资者至少可以求得一个收益率只对因素 1 敏感的组合 P_I，即

$$r_{P_I} = a_{P_I} + F_1 + e_{P_I} \tag{11-11}$$

式 (11-11) 有 $b_{P_I1}=1$，$b_{P_I2}=0$，这个组合 P_I 称为 F_1 的"纯因素组合"。

同样，上例中可以找出 F_2 的纯因素组合 P_{II}，$P_{II}=\{0.625,0,0.375\}$，则有：

$$b_{P_{II}1} = 0.625 \cdot b_{A1} + 0 \cdot b_{B1} + 0.375 \cdot b_{C1}$$
$$= 0.625 \times (-0.40) + 0.375 \times \frac{2}{3} = 0$$

$$b_{P_{II}2} = 0.625 \cdot b_{A2} + 0 \cdot b_{B2} + 0.375 \cdot b_{C2}$$
$$= 0.625 \times 1.75 + 0.375 \times (-0.25) = 1$$

可见，通过组合使得：

$$r_{P_{II}} = a_{P_{II}} + F_2 + e_{P_{II}} \tag{11-12}$$

11.2.3 纯因素证券组合的预期收益率

对于纯因素组合，它的预期收益率取决于相关要素的预期值，为方便起见，这种预期收益可写成：

$$\begin{aligned} E(r_{P_I}) = r_F + \lambda_1 \quad & \lambda_1 = E(r_{P_I}) - r_F \\ E(r_{P_{II}}) = r_F + \lambda_2 \quad & \lambda_2 = E(r_{P_{II}}) - r_F \end{aligned} \tag{11-13}$$

也就是把组合预期收益率分成无风险收益率 r_F 和风险贴水 λ 两个部分。因

为纯因素组合中，风险溢价由因素变化所致，所以组合的风险溢价应该等于因素的风险溢价，即有：

$$\lambda_1 = E(F_1) - r_F \qquad \lambda_2 = E(F_2) - r_F \qquad (11\text{-}14)$$

纯要素组合可能有不同的组合方式，但预期收益率在市场均衡时应该相等，都为式（11-13）。

如果有两个相对同一要素的不同的纯要素组合，在某个时刻有不同的预期收益率，此时有套利机会存在。投资者可买入预期收益高的组合，卖空预期收益低的组合，风险对冲为零。起初预期收益高的组合所含证券，经投资者买入后价格上升，预期收益率下降；而被卖空的组合内的证券因价格下跌，导致预期收益率上升，最后，两个组合的预期收益趋同，市场达到均衡。

所以，市场均衡状态下的相对同一要素的纯要素组合必有一致的预期收益率，且预期收益由无风险收益和风险溢价两部分构成，风险溢价来自要素的波动。

11.3 APT 模型

若投资者选择足够多的证券组合可降低非系统性风险，这在前面已讲，若假定证券 k 的收益率与要素 1 和要素 2 之间有模型：

$$r_k = a_k + 0.8F_1 + 1.5F_2 + \varepsilon_k$$

而组合 K 由卖空 1.3 个无风险证券 F，买入 0.8 个纯要素组合 P_I 和 1.5 个纯要素组合 P_II 构成，即

$$r_K = -1.3 r_F + 0.8 r_{P\mathrm{I}} + 1.5 r_{P\mathrm{II}}$$

设投资者有 10 万元资金，若全部投向证券 k，则预期收益率：

$$E(r_k) = a_k + 0.8 E(F_1) + 1.5 E(F_2)$$

在组合 K 中，投资者同样有 10 万元资金，另卖空 1.3 个的无风险证券得到 13 万元，共有 23 万元可用于风险证券投资。其中，8 万元投向纯要素组合 P_I，15 万元投向纯要素组合 P_II，故有：

$$\begin{aligned} E(r_K) &= -1.3 E(r_F) + 0.8 E(r_{P\mathrm{I}}) + 1.5 E(r_{P\mathrm{II}}) \\ &= -1.3 r_F + 0.8 (r_F + \lambda_1) + 1.5 (r_F + \lambda_2) \\ &= r_F + 0.8 \lambda_1 + 1.5 \lambda_2 \end{aligned}$$

我们注意到证券 k 和组合 K 对要素 F_1、F_2 有相同的灵敏度,故在均衡状态下,预期收益率应趋向一致(原因在于套利的存在)。因此,最后有:

$$E(r_k) = r_F + 0.8\lambda_1 + 1.5\lambda_2$$

将例子推广至一般,对于任意一种证券 i,若它对要素 F_1、F_2 的灵敏度分别为 b_{i1}、b_{i2},一定有:

$$E(r_i) = r_F + b_{i1} \cdot \lambda_1 + b_{i2}\lambda_2 \tag{11-15}$$

这就是套利定价理论的资产定价公式,也称 APT 模型。若有 m 种要素 F_1,F_2,$\cdots$,F_m,同样有:

$$E(r_i) = r_F + b_{i1}\lambda_1 + b_{i2}\lambda_2 + \cdots + b_{im}\lambda_m \tag{11-16}$$

11.4 APT 模型与 CAP 模型综合应用

在式(11-16)中,证券 i 的预期收益率可以表达为纯要素组合的预期收益率的多元线性函数,$E(r_i)$ 与 λ_j 存在线性相关关系,但是 λ_j 的大小如何计算却是待定的。

CAPM 模型强调的是市场证券组合 M,无论是 CML 还是 SML 都和 M 的预期收益率 $E(r_M)$ 有直接的关系。SML 的表达式为:

$$E(r_i) = r_F + [E(r_M) - r_F] \cdot \beta_i$$

$$\beta_i = \frac{\mathrm{Cov}(r_i, r_M)}{\sigma_M^2}$$

由要素模型:$r_i = a_i + b_{i1}F_1 + b_{i2}F_2 + \cdots + b_{im}F_m$,可得:

$$\mathrm{Cov}(r_i, r_M) = b_{i1}\mathrm{Cov}(F_1, r_M) + b_{i2}\mathrm{Cov}(F_2, r_M) + \cdots + b_{im}\mathrm{Cov}(F_m, r_M)$$

$$E(r_i) = r_F + [E(r_M) - r_F]$$

$$\cdot \frac{b_{i1}\mathrm{Cov}(F_1, r_M) + b_{i2}\mathrm{Cov}(F_2, r_M) + \cdots + b_{im}\mathrm{Cov}(F_m, r_M)}{\sigma_M^2}$$

记:$\beta_{Fj} = \dfrac{\mathrm{Cov}(F_j, r_M)}{\sigma_M^2}$ 表示要素 F_j 的 β 系数,$j = 1, 2, \cdots, m$,根据上式,则有:

$$\beta_i = b_{i1}\beta_{F1} + b_{i2}\beta_{F2} + \cdots + b_{im}\beta_{Fm} \tag{11-17}$$

把式(11-17)再次代入证券市场线 SML,则有:

$$E(r_i) = r_F + [E(r_M) - r_F]\beta_i$$
$$= r_F + [E(r_M) - r_F](b_{i1}\beta_{F1} + b_{i2}\beta_{F2} + \cdots + b_{im}\beta_{Fm})$$
$$= r_F + \sum_{j=1}^{m}[E(r_M) - r_F]\beta_{Fj}b_{ij} \tag{11-18}$$

对照 APT 模型 $E(r_i) = r_F + b_{i1}\lambda_1 + b_{i2}\lambda_2 + \cdots + b_{im}\lambda_m$，则有：

$$\lambda_1 = [E(r_M) - r_F] \cdot \beta_{F1}$$
$$\lambda_2 = [E(r_M) - r_F] \cdot \beta_{F2}$$
$$\vdots$$
$$\lambda_m = [E(r_M) - r_F] \cdot \beta_{Fm} \tag{11-19}$$

由此可见，APT 模型并没有给出 λ_j 具体的大小，而 CAPM 却给出了较具体的帮助。

例 11-3 假设 $F1$、$F2$ 为影响因素，且对市场证券组合 M 的 β 系数分别为 $\beta_{F1} = 1.2$，$\beta_{F2} = 0.7$。当市场证券组合 M 的预期收益率为 18%，无风险收益率为 6% 时，可以算出两个因素的风险溢价为：

$$\lambda_1 = [E(r_M) - r_F] \cdot \beta_{F1} = (18\% - 6\%) \times 1.2 = 14.4\%$$
$$\lambda_2 = [E(r_M) - r_F] \cdot \beta_{F2} = (18\% - 6\%) \times 0.7 = 8.4\%$$

在已知某证券或组合的因素敏感系数的前提下，我们可以根据计算出来的 λ_1 和 λ_2 的值，来计算该证券或组合的预期收益率。

本章小结

本章通过对套利活动的定义，利用因素模型推出无套利状态下的套利定价模型，得到资产的预期收益率是无风险收益率与因素风险溢价之和这一重要结论。同时，本章还对套利定价模型与资本资产定价模型之间的关系进行了推导。

重点内容

因素模型的定义、套利及套利的条件、纯因素模型、套利定价模型、APT 与 CAPM 的关系。

主要术语

单因素模型　多因素模型　套利　纯因素模型　套利定价模型

 习　题

1. 套利定价模型和资本资产定价模型有何异同之处？
2. 套利有哪些类型？套利的前提和目的是什么？
3. 试述因素模型类型及敏感系数的意义。
4. 在证券预期收益率只受单一因素影响的假设下，某投资者拥有一个证券组合具有下列特征，如表11-3所示。

表 11-3

证券	因素敏感系数	预期收益率	投向比例
A	2.0	20%	0.2
B	3.5	10%	0.4
C	0.5	5%	0.4

若投资者决定通过增加证券A的投资至40%来构造一个套利组合，试问：（1）在套利组合中其他两种证券的投资比例为多少？（2）套利组合的预期收益率为多少？

（提示：套利组合中风险为零，即组合的敏感系数为零，可以卖空。）

5. 在单因素模型的前提下，证券A、B对于因素的敏感系数分别为4.0和2.6，无风险收益率为6%，纯因素组合的预期收益率为8.5%。若某投资者以0.3和0.7的比例投向两种证券构成一个组合，根据APT模型，计算该组合在市场均衡时的预期收益率。

6. 假设资本资产定价模型成立，证券的收益率由两个因素决定，给出如下信息，试计算证券A和B的β系数：$\sigma_M^2 = 324$，$b_{A1} = 0.8$，$b_{B1} = 1$，$\mathrm{Cov}(F_1, r_M) = 156$，

$$b_{A2} = 1.1, b_{B2} = 0.7,$$
$$\mathrm{Cov}(F_2, r_M) = 500$$

参 考 文 献

[1] 滋维·博迪,亚历克斯·凯恩,艾伦 J 马库斯. 投资学(原书第 9 版)[M]. 汪昌云,张永冀,等译. 北京:机械工业出版社,2014.

[2] 威廉 F 夏普,等. 投资学 [M]. 赵锡军,等译. 北京:中国人民大学出版社,1998.

[3] 威廉 F 夏普. 投资组合理论与资本市场 [M]. 胡坚,译. 北京:机械工业出版社,2001.

[4] 朱宝宪. 金融市场 [M]. 沈阳:辽宁教育出版社,2001.

[5] 本杰明·格雷厄姆,戴维·多德. 证券分析 [M]. 邱巍,等译. 海口:海南出版社,1999.

[6] 安德瑞·史莱佛. 并非有效的市场——行为金融导论 [M]. 赵英军,译. 北京:中国人民大学出版社,2003.

[7] 赵锡军. 论证券监管 [M]. 北京:中国人民大学出版社,2000.

[8] 费方域. 现代证券组合理论 [M]. 上海:上海三联书店,1993.

[9] 张亦春. 金融市场学 [M]. 北京:高等教育出版社,1999.

[10] 戴维 G 卢恩伯格. 投资科学 [M]. 沈丽萍,等译. 北京:中国人民大学出版社,2005.

[11] 徐燕山. 投资学 [M]. 台北:三民书局股份有限公司,1995.

[12] 罗伯特 J 希勒. 非理性繁荣 [M]. 廖理,等译. 北京:中国人民大学出版社,2001.

[13] S 克里·库珀,唐纳德 R 弗雷泽. 金融市场 [M]. 朱田顺,等译. 北京:中国金融出版社,1987.

[14] 刘红忠. 投资学 [M]. 北京:高等教育出版社,2011.

[15] 弗雷德里克 S 米什金. 货币金融学 [M]. 郑艳文,荆国勇,译. 9 版. 北京:中国人民大学出版社,2013.

[16] 弗雷德里克 S 米什金. 金融市场与金融机构(原书第 7 版)[M]. 丁宁,等译. 北京:中国人民大学出版社,2013.

[17] Harry Markowitz. Portfolio selection [J]. Journal of Finance,1952(7).

[18] James Tobin. Liquidity preference as behavior towards risk [J]. Review of Economics Stud-

ies, 1985 (25).

[19] William F Sharpe, Gordon J Alexander, Jeffery V Bailey. Investments [M]. 6th ed. Prentice Hall, Inc. , 1999.

[20] William F Sharpe. Capital asset prices: a theory of Capital market equilibrium under conditions of risk [J]. Journal of Finance, 1964 (19).

[21] Jan Mossin. Equilibrium in a capital asset market [J]. Econometrica, 1965 (35).

[22] Harry M Markowitz. Portfolio selection [J]. Journal of Finance, 1952.

[23] John Lintner. The valuation of risk assets and the selection of risky investments in stock portfolios and capital budgets [J]. Review of Economics and Statistics, 1965 (47).

[24] Zvi Bodie, Alex Kane, Alan J Marcus. Essentials of Investments [M]. 2nd ed. Richard D. Irwin Inc. , 1995.

[25] J B Williams. The Theory of Investment Value [J]. Harvard Cambridge Mass, 1938.

[26] M J Gordon. The Investment, Financing and Valuation of the Corporation [M]. Irwin Homewood, 1962.

[27] Stephen A Ross. The Arbitrage Theory of Capital Asset Pricing [J]. Journal of Economic Theory, 1976.

[28] E Fama. Efficient Capital Markets: A Review of Theory and Empirical Work [J]. Journal of Finance, 1970 (5).

[29] B G Malkiel. Expections, Bonds Prices and the Term Structure of Interest Rates [J]. Quarterly Journal of Economics, 1962 (5).

[30] F R Macaulay. Some Theoretic Problems Suggested by the Movement of Interest Rates, Bonds Yields and Stock Prices in the United States Since 1856 [J]. National Bureau of Economic Research, 1938.